LES MAISONS HISTORIQUES DE LA CORSE

LES SEIGNEURS
D'ORNANO
ET
LEURS DESCENDANTS

D'après les Documents conservés
dans les dépôts publics et privés de Gênes, Ajaccio, Paris, Barcelone
Pise, Venise, Rome, Vérone

RECUEILLIS PAR

Le Comte COLONNA DE CESARI-ROCCA

Chargé de mission du Ministre de l'Instruction Publique en Italie et en Espagne

PARIS
JOUVE & BOYER
15, Rue Racine, 15

1899

LES SEIGNEURS
D'ORNANO
ET
LEURS DESCENDANTS

LES MAISONS HISTORIQUES DE LA CORSE

LES SEIGNEURS
D'ORNANO

ET

LEURS DESCENDANTS

D'après les Documents conservés
dans les dépôts publics et privés de Gênes, Ajaccio, Paris
Barcelone, Pise, Venise, Rome, Vérone

RECUEILLIS PAR

Le Comte COLONNA DE CESARI-ROCCA
Chargé de mission du Ministre de l'Instruction Publique en Italie et en Espagne

PARIS
JOUVE & BOYER, ÉDITEURS
15, RUE RACINE, 15

1899

Reproduction interdite.

INTRODUCTION

La généalogie de la maison d'Ornano, établie sur pièces originales ou authentiques depuis le commencement du xvi° siècle, est — pour la période du moyen-âge — rapportée par Giovanni della Grossa, le plus ancien des chroniqueurs de l'île de Corse. Cette généalogie peut se diviser en deux parties : l'une légendaire remplie d'anachronismes et de chansons de gestes mal interprétées, l'autre au contraire rapportée par les autres historiens de l'île et confirmée par le récit des chroniqueurs et des annalistes étrangers.

La tradition qui donne pour premiers auteurs de la maison d'Ornano les anciens seigneurs de Cinarca, maîtres en partie de la Corse, n'a jamais été contestée ; il est moins certain que ces seigneurs fussent une branche de la maison Colonna de Rome, comme tant d'écrivains ont voulu l'établir en s'appuyant sur des textes que toute l'érudition moderne n'a pu vérifier (1).

---

1. On attribue à Alcuin cette phrase sur laquelle est basée la légende de l'investiture de la Corse donnée par Charlemagne à Ugo Colonna : « Etenim inter strenuos et proceres duces Caroli, Ugo Columna romanus, sane quam annorum viginti circiter, ob suam fortitudinem, corporisque majestatem et non ignotam prudentiam, semper veneratus fuit : quatuor millia equitum cum fuisset conductor infra colluviem prosiluit ; ducem barbarorum inter validissimis brachiis accepisset, cum magna laude præsentavit ; quapropter quidem, aliisque servitis eidem magno imperatori prestitis, insulam Cirni prose et suis successoribus obtinuit. » Cette phrase, publiée pour la première fois dans l'ouvrage d'Angelo Colonna, intitulé *Glorie e prerogative del regno di Cor.ica*, a été reproduite sans contrôle par un grand nombre

Quoi qu'il en soit, nous pourrons constater plus loin l'ancienneté de cette tradition et l'unanimité avec laquelle elle fut accréditée tant par les princes Colonna que par les souverains de la France et des autres pays de l'Europe.

La légende de Ugo Colonna fut écrite pour la première fois par le chroniqueur corse Giovanni della Grossa (1388-1464). D'après lui, le peuple de Rome s'étant révolté contre le pape Léon III, les chefs des rebelles n'obtinrent leur pardon qu'à la condition d'aller reconquérir la Corse, dont un chef sarrasin Hugolone ou Negulone s'était fait un royaume. Ugo della Colonna, seigneur romain, qui s'était montré l'un des plus acharnés contre le pontife, passa dans l'île avec douze cents hommes, battit Hugolone et le contraignit, après dix-huit années de guerre, à repasser en Afrique.

Sans parler de la mort d'Hugolone que la légende nous montre frappé par Bianco, fils d'Ugo, au commencement de la *croisade contre Saladin*, Giovanni a accumulé un nombre d'anachronismes suffisants pour nous rendre défiants à l'endroit d'Ugo Colonna (1).

Cependant l'opinion d'une commune origine entre les Colonna de Rome et les feudataires corses est ancienne en Italie. Peut-

---

d'écrivains. On la chercherait inutilement dans les éditions de Duchesne et de Labbé, qui, s'ils en ont eu connaissance, se sont à bon motif effrayés du style stupéfiant attribué à la plume du maître de Charlemagne.

1. Il est à remarquer que Giovanni della Grossa écrivait au temps du pape Martin V, et que l'avénement d'Ottone Colonna au pontificat avait poussé un grand nombre de familles à revendiquer une origine *colonnese*. Les barons de Cesaro, qui vivaient depuis plusieurs générations dans le royaume de Naples, se firent reconnaître par le cardinal Prospero Colonna (1449), neveu de Martin V. Les feudataires corses ne furent pas l'objet d'une reconnaissance analogue, car Giovanni della Grossa n'aurait pas négligé d'en faire mention.

être fût-ce le récit de Giovanni qui la fit naître, peut-être aussi l'auteur commun des deux familles n'était-il pas si éloigné et eût-il suffi de remonter à la cinquième ou sixième génération antérieurement à Truffetta pour retrouver le membre de la famille Colonna qu'une lutte contre le pape aurait contraint à l'exil. La célèbre maison romaine s'est trouvée fréquemment dans ce cas : sous le pontificat de Pascal II, Pietro della Colonna se vit confisquer tous ses biens pour avoir voulu s'emparer d'une forteresse appartenant au Saint-Siège (1). Il ne serait pas impossible que l'un de ses parents passé en Corse s'y soit allié avec l'héritière d'un fief de cette île et y ait fait souche.

D'une façon plus authentique, il est établi que les grands feudataires corses prenaient aux xie et xiie siècles le titre de *Cinarchesi*, ou seigneurs de *Cinarca* (2). Ces seigneurs de Cinarca jouèrent effectivement en Corse, au point de vue généalogique, le rôle que l'on attribue aux ducs d'Aquitaine dans le midi de la France. Ils servirent de souche à toutes les maisons féodales de Corse : Bozzi, Istria, Ornano, Leca, Rocca ; plus tard, d'autres familles se rattachèrent au tronc *cinarchese*, mais faiblement, et suivirent les féodaux dans leurs prétentions au nom et aux armes de Colonna. C'est ce qui explique la profusion d'individus de ce nom qui subsistent encore aujourd'hui. M. Drumont, qui a dû prendre ses renseignements dans les mémoires apocryphes de la duchesse de Créquy, a commis une erreur

1. Baronius, t. XII, anno 1100.
2. Les noms de *Cinarco*, *Cinarchese*, durent primitivement désigner les gouverneurs de la Corse pour l'empire byzantin : Κυρνου αρχος. Remarquons que giudice ou juge, titre porté par les Cinarchesi, traduit exactement le mot grec αρχοντος. L'euphonie explique facilement la suppression du premier ρ. Le pouvoir des *Cinarchi* se restreignant toujours, il est aisé de comprendre pourquoi la Cinarca finit par ne désigner simplement que le Delà des Monts et plus tard que le territoire au nord-est d'Ajaccio.

capitale en faisant de juifs convertis au moyen-âge les ancêtres des homonymes corses des grandes maisons romaines. Le nom de Colonna ne parut dans l'île qu'au xv⁰ siècle (époque à laquelle le juif n'y existait qu'à l'état de légende), et il ne se répandit qu'au xvii⁰ siècle, je dirais presque au xviii⁰, car ce ne fut qu'au moment de l'annexion française que la plupart des familles qui le portent aujourd'hui commencèrent à le faire figurer dans les actes publics. C'est ainsi que nous verrons certains rameaux d'Ornano porter le nom de Colonna, tandis que les autres ont simplement continué de porter le nom de leur fief.

Quoi qu'il en soit, la maison d'Ornano fut reconnue comme issue de celle de Colonna par lettres-patentes du cardinal Ascanio Colonna, datées de mars 1597, et adressées à Sébastiano d'Ornano; cette reconnaissance fut confirmée en 1772 par lettres patentes de Lorenzo Colonna, connétable du royaume de Naples, adressées à Paolo-Vincente Colonna d'Istria, marquis de Galliano.

Quant aux rois de France, ils reconnurent l'identité d'origine des deux maisons par diverses lettres patentes accordées aux Colonna della Rocca et aux Colonna d'Istria, dans lesquelles se trouvent réunies les célébrités des maisons romaine et corse sans y négliger celles de la maison d'Ornano : « Parmi les personnages illustres descendus de cette maison, disent-elles, elle compte des vice-rois, des connétables du royaume de Naples, des grands d'Espagne et des *maréchaux de France*, etc ». (1)

Il reste à citer l'opinion de Limperani (2), aujourd'hui très accréditée. D'après lui, les maisons de Toscane et d'Ivrée, après

---

1. Lettres patentes de Louis XVI aux familles Colonna Cesari-Rocca et Colonna d'Istria aux archives départementales de la Corse (Reg. C. 3).

2. Limperani, *Istoria della Corsica* (Rome 1779), tome I, p. 128.

s'être disputé l'Italie pendant un siècle, auraient continué leurs
luttes dans l'île de Corse, et des Béranger serait issue la famille
de Cinarca. Ce qui est certain, c'est qu'à la fin du dixième
siècle, Othon, empereur d'Allemagne, donna la Corse en fief à
Ugo, fils d'Hubert, marquis de Toscane. Peut-être cet Ugo, le
seul souverain de la Corse que nous sachions avoir reçu une
investiture impériale, fut-il celui dont la légende a fait Ugo
Colonna (1).

.·.

De Ugo Colonna à Arrigo seigneur de Cinarca au commencement du xIII° siècle, Giovanni della Grossa énonce dix degrés (2).
Si les anachronismes les plus fantastiques se croisent et s'entremêlent dans cette période, il ne faudrait pas en conclure à la
mauvaise foi ou à la négligence de l'auteur. Encore serait-il
nécessaire de posséder son texte primitif qui ne nous est parvenu que modifié par ses continuateurs, mutilé par l'ablation
des parties importantes et par l'interpolation des évènements;
évènements qu'il nous avait transmis naïvement, mais consciencieusement. A part quelques erreurs de dates, tous les faits
racontés par Giovanni et contrôlés par de récentes découvertes
se sont trouvés rigoureusement exacts.

1. Voir le tableau comparatif des souverains de la Corse issus des maisons de Toscane et d'Ivrée aux IX° et X° siècles.

2. Ugo laissa deux fils : 1° Bianco, dont la descendance cessa de régner vers l'an 1000, époque où le bon sire Arrigo (Bel Messere) fut assassiné. 2° Cinarco, dont le descendant au sixième degré, Antonio, par son mariage avec Bianca, fille du Bel-Messere, réunit sur sa tête tous les droits de la race de Ugo; mais il ne laissa à son fils Andrea qu'un pouvoir disputé et chancelant. Ce dernier fut dépossédé par ses vassaux et contraint de s'enfuir en Sardaigne, où il mourut. Son fils Arrigo s'y fit un grand renom et épousa la fille du juge de Gallura. Sur la fin de sa vie, avec l'appui des Pisans et des Sardes, fortement secondé par son fils Diotajuti, qu'il avait

On peut affirmer que, pour la période de 1300 à 1450, la chronique de Giovanni est la véritable histoire de la Corse; les généalogies y sont suivies avec le soin méticuleux qui caractérise les pays où la population est peu nombreuse. C'est ~~posdé~~ *donc* dans l'œuvre de l'historien populaire que l'on a puisé la filiation des seigneurs d'Ornano ; mais, Giovanni étant mort en 1460, et ses continuateurs s'étant écartés de son procédé narratif, pour combler les lacunes on a dû recourir à divers manuscrits conservés par les différentes branches de la maison d'Ornano et qui ne concordent pas toujours entre eux d'une façon satisfaisante. Comme celles de la plus grande partie des anciennes familles corses, les archives d'Ornano remontent au seizième siècle ; les générations qui précèdent sont donc fort difficiles à établir, encore que la possession de biens identiques, de privilèges analogues, qui ne pouvaient se transmettre que par héritage direct, ne laisse aucun doute sur l'origine des familles encore existantes. Mais, l'ignorance, l'oubli, ou encore des raisons puériles, grossies par une optique particulière aux petits pays firent s'élever des arbres généalogiques invraisemblables.

Pour ne citer qu'un exemple, certains Ornano d'Ajaccio, à qui l'on reprochait une origine bâtarde, avaient supprimé Alfonso *naturale* de leur généalogie : cependant s'ils se partageaient encore les revenus du fief c'était en raison de la collation qui en avait été faite en 1488 audit Alfonso : ce qui ne les empêchait pas de figurer à Gênes au registre des fiefs sous la rubrique *heredi del qm Bernardino qm Carlo*, alors que Bernardino, fils d'Alfonso, n'était que le petit-fils de Carlo dont toute la

---

fait élever à Rome, il reconquit le fief de Cinarca et soumit à son autorité tout le territoire compris entre Loppio et San-Giorgio.

Diotajuti est le père de Cinarchese, que les chartes désignent sous le nom d'Arrigo.

descendance légitime avait été exclue de participation aux revenus du fief.

Parmi les manuscrits qui ont contribué à la rédaction de ce mémoire, citons :

Ristretto genealogico che di grado, e per ogni sua fede, giustifica l'albero della casa de'signori da Ornano-Colonna di Corsica, feudatorij della Serenissima Republica di Genova. Fatto l'anno 1674.

Cet opuscule de 60 pages in-8 fait partie des archives de M. le Marquis d'Ornano. Il est rédigé fort soigneusement et repose en partie sur la chronique de Giovanni della Grossa, en partie sur des documents dont les copies authentiquées forment environ un recueil d'environ 200 pages in-folio. Il se rapporte particulièrement aux descendants d'Alfonso *naturale*.

Un autre manuscrit appartenant à M. Eug. Chiaroni arrière-petit-neveu du maréchal de camp d'Ornano paraît être la copie d'un mémoire rédigé pour Simone et Pietro-Paolo d'Ornano. Les quelques documents authentiques qu'il cite n'ont rapport qu'aux branches d'Albitreccia ; il a pour titre :

Compendio genealogico in cui si dimostra la vera e non interotta discendenza della famiglia d'Ornano, e come questa avesse la sua orrigine nella Corsica ~~do a Ug~~ Colonna, primo conte di essa. [da Ugo]

On peut assigner pour date à cette copie, qui donne la descendance de la branche de Santa-Maria Siche, les dernières années du xviiᵉ siècle. Des mots et parfois des membres de phrase entiers ont été sautés par le copiste. La partie importante de ce manuscrit, rédigé surtout d'après des traditions orales, a l'avantage d'être conforme aux preuves produites par Pietro-Paolo pour son admission dans l'ordre de Saint-Etienne.

Quelques alliances ont été relevées sur la copie d'un manuscrit appartenant à M. le Comte Jean d'Ornano. Si certains extraits du travail sur la maison d'Ornano dans la *Revue historique de la Noblesse* par Borel d'Hauterive ont été cités, c'est uniquement à titre de curiosités, car la fantaisie s'y est donné cours à un point tel que la vérité, apparente souvent à travers les traditions les plus défigurées, n'y est plus perceptible. Le style du romancier Roger de Beauvoir a faiblement habillé des conceptions dans le goût de celles qui firent le succès jadis des Rosières et des Lhermite Souliers. On ne pouvait cependant passer sous silence les raisons pour lesquelles le cadet de la maison de Faucigny-Lucinge prend le titre de prince de Cystria comme héritier d'une branche de la famille d'Ornano.

Des documents authentiques nouvellement découverts ont apporté un peu de vitalité aux personnages cités dans le cours de ce travail et ont justifié la majorité des traditions respectables qui s'étaient perpétuées dans les différentes branches de cette maison. Remarquable entre tous, le nom d'Ornano, célèbre en France, à Rome, à Venise, en Espagne, éveille assez de curiosité pour que l'on s'intéresse aux liens de sang qui unissent ceux qui l'ont illustré.

LES SEIGNEURS D'ORNANO

ET LEURS DESCENDANTS

1. — ARRIGO, dit CINARCHESE, seigneur de CINARCA, né à la fin du xi® siècle, est nommé dans un acte du 5 septembre 1222, dans lequel Opizzo de Cinarca, chevalier, son frère, et Guglielmo Biancolaccio se font recevoir citoyens de Bonifacio (1). Il était mort en 1239 laissant trois fils :

1° *Arrigo* de Cinarca, chevalier, connu par une suite de procès qu'il eût à soutenir contre les habitants de Bonifacio avec qui il se trouvait continuellement en luttes (2). Le 24 février 1239, il signa avec Galvano Stancone, représentant les seigneurs partisans des Génois, une transaction dans laquelle il s'engageait à restituer à ceux-ci toutes les terres, biens meubles ou immeubles dont il s'était emparé. Stancone, de son côté, promettait, au nom de Pietro Acaja et de son beau-père Guglielmo Bianco, de faire abattre le château élevé par lesdits Pietro et Guglielmo sur la montagne de Rixa. Le 18 avril 1239,

---

1. *Liber Jurium*, t. I, col. 672.
2. Gênes. Arch. di S'ato, Arch. notarile, not. *Thealdus de Sigestro*.

Arrigo de Cinarca signa avec les châtelains de Bonifacio représentant la commune de Gênes un véritable traité de paix que sanctionnait l'évêque d'Ajaccio, Aldebrando (1).

2° *Guido*, seigneur de Cinarca, tige des seigneurs de Leca et de Gozzi. La branche aînée des seigneurs de Leca, dont plusieurs membres portèrent les titres de comtes de Cinarca et de comtes de Corse, s'éteignit au xve siècle dans la personne de Gian-Paolo de Leca, comte de Corse, qui maria sa fille à

---

1. Tealdo de Sestri dressa ce même jour, 18 juillet, quatre actes pour enregistrer ces conventions :

1° Oberto Alsachino, au nom de sa mère, Beldies, de Sicha et de Stregina, toutes trois sœurs de Giovanni Stregia, vend à Arrigo de Cinarca les droits qu'avait son oncle sur le château de Camuglia et son territoire.

2° Arrigo de Cinarca s'engage, pour prix de la susdite cession à remettre à Oberto Alsachino un destrier qu'il a eu de la commune de Gênes quand il a été armé chevalier et trente livres de Gênes payables en deux parts dans le délai de deux années à partir des calendes d'août.

3° Arrigo de Cinarca promet aux châtelains de Bonifacio représentant la commune de Gênes, de restituer aux Bonifaciens tout ce qui a pu leur être pris par ses soldats ou par ses vassaux, il s'engage à se rendre à Bonifacio avant la Saint-Michel pour répondre aux accusations portées contre lui et promet d'employer tout son pouvoir pour obtenir de ses frères Guglielmo et Guiduccio l'observation de ces conventions. Aldebrando, évêque d'Ajaccio, se porte garant et s'engage à excommunier Arrigo s'il manque à sa parole. Les châtelains, de leur côté, promettent de faire restituer audit Arrigo, à ses frères et à ses vassaux, tout ce que les Bonifaciens ont pu leur prendre. Témoins : Guglielmo Bianco, Guido de Cagna, Barulfo de Calcagno.

4° Aldebrando, évêque d'Ajaccio et Arrigo de Cinarca s'engagent à s'employer à faire conclure la paix entre la commune de Gênes d'une part, Guido Rosso et ses frères de l'autre, dans l'espace de quinze jours à partir du dimanche suivant. Si ledit Guido refusait tout arrangement, ils promettent d'aider les Bonifaciens de toutes les forces de la Corse. L'évêque s'engage à excommunier Guido et les siens ; les Bonifaciens à ne pas refuser la paix si Guido veut la faire.

Giovanni, fils de Tomasino de Campo-Fregoso, plus tard doge de Gênes. Plusieurs branches cadettes subsistent encore, entre autres celle des seigneurs de *Cristinacce* et celle dite « *Anfriani* (1) ». Les comtes de *Cantigliana* (2) en Espagne, corses d'origine, se dirent Leca, ainsi que les seigneurs de *Manara* dont le premier, né à Calvi, établit, pour faire ses preuves de noblesse, qu'il était issu de la maison de Leca (1). Don *Miguel de Mañara*, surnommé *don Juan* par ses contemporains et la postérité, dont la légende a inspiré tant de poètes et de dramaturges, appartenait à cette maison.

3° *Guglielmo*, qui continue la descendance.

II. — GUGLIELMO DE CINARCA, seigneur de la Rocca, nommé avec ses frères dans les actes du notaire Tealdo de Sestri. Vers 1240, les Vallinchi, (seigneurs de Rocca di Valle) ayant été chassés de leur fief par les Génois, envoyèrent demander secours aux seigneurs de Cinarca, attachés au parti Pisan. Guido, dans la crainte de s'aliéner la commune de Gênes qui l'emportait alors sur sa rivale, déclina l'offre de suzeraineté faite par les Vallinchi ; mais Guglielmo, moins riche, partant plus ambitieux, tenta la fortune et fut assez heureux pour débarrasser le pays des Génois. Il se fixa ensuite à Rocca di Valle dont ses descendants ont tiré leur nom de seigneurie. Guglielmo périt

---

1. Arrêt du Conseil Supérieur en date du 12 mai 1772 concernant la famille Anfriani aux *Archives départementales de la Corse*.

2. Lopez de Haro. *Nobiliario di Spagna*, p. 267.

3. Cambiaggi, *Istoria di Corsica*, tome I, p. 55. Les registres du notaire Coggia, de Vico, dont les minutes font partie des arch. de M. Fabien Colonna, contiennent les actes dressées sur la demande de Tomaso Mañara et de Anfrino, l'un père, l'autre oncle de D. Miguel de Mañara et qui tendent à établir que ce personnage appartenait des côtés paternels et maternels à la maison de Leca.

assassiné par ses neveux qui l'attirèrent dans un guet-apens. Il laissait trois fils :

1° *Sinucello*, célèbre sous le nom de *Giudice de Cinarca*, seigneur de la *Rocca*, comte de Corse. Souvent publiée, la biographie de Giudice, généralement écrite d'après les chroniques de Giovanni della Grossa et de Petrus Cyrneus, s'établit sur documents comme il suit :

1259, 10 janvier, Giudice ratifie l'hommage rendu en son nom à la communauté de Gênes le 4 décembre précédent (1) ; 1277, 27 octobre, ladite commune constate le refus opposé par Giudice aux propositions amicales des châtelains de Bonifacio et le somme de comparaître devant son tribunal pour se justifier (2); 1278, 11 décembre, Giudice rend hommage à la commune de Gênes entre les mains de Pasquale da Mare, podestat de Bonifacio (3) ; 1280, 20 janvier, Giudice fait des propositions de paix et d'amitié à la commune de Gênes (4) ; 1280, 2 février, Giudice ratifie les promesses faites le 20 janvier (5) ; 1288, 3 avril, Gênes impose à la commune de Pise le soin du désarmement de Giudice (6) ; 1288, 13 avril, traité de paix entre Gênes et Pise qui rend les Pisans responsables de tous les sévices dont Giudice de Cinarca peut se rendre coupable envers la commune de Gênes (7) ; 1289, 9 octobre, Ladro Biancolaccio (seigneur corse, parent de Giudice) s'engage à chasser la femme et les enfants de Giudice auxquels il a donné l'hospitalité (8) ; 1289, 8 décembre, Giudice rend hommage à la commune

---

1. *Liber Jurium*, t I, col. 1280.
2. Gênes. *Arch. di Stato. Materie politiche*, mazzo 6.
3. *Lib. Jur.*, t, I, col. 1478.
4 et 5. Gênes. *Arl*.
6 et 7. *Lib. Jur.*, t. II, col. 114 et 127.
8. Gênes. *Arch. di Stato. Mat. pol*, mazzo 6.

de Gênes entre les mains de Luchetto de Auria, son vicaire (1);
1294, 18 décembre, délégation du recteur de l'hôpital de la Miséricorde de Pise à deux moines pour se rendre auprès de Giudice comte de Cinarca, lui conférer les indulgences dont l'ordre dispose et recevoir ses aumônes (2) ; 1299, 31 juillet, la commune de Gênes exige de celle de Pise le bannissement de Giudice et de sa famille (3). Cet article du traité, dans lequel sombra la puissance de Pise, fut abrogé le 24 juin 1311 (4). Giudice, livré aux Génois par son fils Saluese, fut emmené à Gênes où il finit ses jours à la Malapaga (5), prison réservée aux malfaiteurs. Giudice, dit la chronique, ayant vaincu les Raimondacci, seigneurs d'Ornano, fit épouser une de leurs filles par son frère Trufetta et lui assura ainsi la possession du fief d'Ornano (6). De Giudice sont descendues les maisons de la Rocca et d'Istria qui donnèrent à la Corse sept comtes souverains, et représentées aujourd'hui par les familles Colonna Cesari (7) (Quenza) Colonna d'Istria-Cinarca (8) (Appietto), Colonna d'Istria (9) (Sollacaro, Bicchisano, Appieto, Bastia).

2° *Ladro*, qui rendit hommage à la République de Gênes pour son frère Giudice en 1259 (10);

---

1. *Lib. Jur.*, t. II, col. 228.
2. Pise. *Arch. di Stato*. Not. *Nicolao de Porta*.
3. *Lib. Jur.*, t. II, col. 378.
4. Giudice est nommé en outre dans différents actes du not. Nicolo de Porta. *Arch.* Gênes et dans les *Annali* de Jacopo de Auria. Muratori. t. Pertz.
5. Aujourd'hui la douane ; on montre aux touristes les murs de la prison où mourut Giudice. Banchero, *Memorie sulla città di Genova*.
6. F. t 1.
7. Descendance confirmée par lettres patentes de Louis XVI (1784).
8. Descendance confirmée par lettres patentes de Louis XVI (1778).
9. Descendance confirmée par lettres patentes de Charles X (1822).
10. *Liber-Jurium*, t. I, col. 1280.

3° *Truffeta*, qui continue la descendance.

III. — Truffeta de Cinarca, premier seigneur d'Ornano, acquit ce fief par alliance avec l'héritière des Raimondacci qui en étaient seigneurs. On peut reporter la date de cet événement aux dernières années du xiii° siècle (1). Il eut pour fils :

IV. — Guglielmo (2) de Cinarca, seigneur d'Ornano qui de son mariage « avec Rinalda d'Istria » (3) laissa deux fils.

1° *Lupo*, qui suit ;

2° *Ristorucello*, tige de la maison de *Bozi* (4).

V. — Lupo de Cinarca (5) seigneur d'Ornano, fut le lieutenant de Giudice de Cinarca pendant les dernières guerres que celui-ci eut à soutenir contre les Giovanninelli (6), mais Guglielmo de Pietr'ellerata lui ayant promis en mariage une de ses filles, Lupo se tourna contre Giudice. Dans la suite, il fit la

---

1. Filippini, d'après Giovanni della Grossa, lui assigne une date antérieure à la veduta de 1250. Il faut remarquer qu'en 1289 aucun seigneur d'Ornano ne rendit hommage à Luchetto Doria. (Cf. *Liber Jurium*) Filippini, t. I, p. 175.

2. F. t. I.

3. Alliance rapportée par Borel d'Hauterive.

4. « Ce fut, dit Borel d'Hauterive, la postérité de Colombano de Bozzi, petit-fils de Ristocello Cinarchese, qui produisit la lignée des anciens comtes de Montreal et de Voppia, qui s'éteignirent à la fin du xvi° siècle avec la très illustre princesse Dona Maria de Bozzi, comtesse de Montreal et vice-reine de Sardaigne pour le roi d'Aragon Ferdinand V, dont elle était la filleule et la cousine germaine par sa mère Eléonore d'Aragon, fille du roi Don Juan, surnommé de Penafiel, et laquelle infante Eléonore avait épousé le connétable Don Luiz, comte de Lérins et duc de Santa Fé ». Ces alliances ne peuvent être contrôlées.

5. F. t. I, p. 199 et suiv. Petrus Cyrnæus, p. 119 et suiv.

6. Feudataires réunis contre Giudice sous la conduite de Giovanninello de Pietr'ellerata.

guerre à Rinieri de Cinarca ; l'ayant fait prisonnier, il le garda dans une forteresse jusqu'à sa mort. Il périt dans un engagement contre les fils de Giudice. Vers 1340, Lupo était un des seigneurs les plus influents de l'île. En septembre de cette année, le roi d'Aragon lui écrivit pour le prier de bien vouloir prendre en main les intérêts de Gérard, évêque d'Aleria, dépossédé de son évêché. La lettre est adressée à Luppo Cinarchese de Ornano (1). De ses deux mariages, Lupo laissa quatre fils.

1° *Arrigo* (2), seigneur del Giglio ;

2° *Orlando*, qui suit ;

3° *Guelfuccio* (3), qui eut pour fils *Nicolo* et *Nicolosuccio*. Ce dernier fut mis à mort par Polo della Rocca, et *Ristoru-*

---

1. Barcelone, *Arch. de la Corona de Aragon*, Reg. 3412, f° 192, an 1340.

2. « Arrigo, dit Giov. della Grossa, était tout jeune à la mort de sa mère. Comme sa marâtre, suivant l'usage ordinaire, le traitait moins bien que ses propres enfants, on l'appelait bâtard. Cela ne l'empêcha pas d'acquérir une grande réputation ». Giovanni ne dit pas comment ; Borel d'Hauterive donne sa descendance.

3. M. Borel d'Hauterive l'appelle Gallucio ; il s'exprime ainsi : « Gallucio d'Ornano, chevalier et croisé latin, qui laissa pour fils Guglielmo, seigneur de Bastena et Nicolo d'Ornano qui prit alliance avec Angelica de Bozz, dont il n'eut qu'un fils appelé Guidone et surnommé Vinciguerra, célèbre dans les chroniques de Corse, lequel fut tué dans un combat contre les Pisans en l'an 1254. Ce fut avec lui que s'éteignit la postérité de Galluccio qui n'avait fourni que trois générations.

« C'est aussi le même Galluccio qui se trouve mentionné sous le nom de Gallus Ornanus sur la liste des chevaliers qui suivirent aux guerres de Palestine et de Mauritanie, le prince Roger de Barcelone après s'être embarqués avec lui à Tarente. » Il y a dans ce passage tant d'anachronismes que la critique elle-même en est désarmée. La maison de Bozzi, dite aujourd'hui Colonna Bozzi, a fait reconnaître sa filiation par arrêts du C. S. en date du 13 décembre 1773 et du 22 décembre 1775.

cello, son fils, fut tué dans un combat en voulant venger la mort de son père ;

4° *Guglielmo Buscetta* (1).

VI. — ORLANDO (2) seigneur d'ORNANO, embrassa comme son père le parti des rois d'Aragon. Le 14 juin 1345, le roi don Pedro lui adressa une lettre dans laquelle il lui faisait les plus éclatantes promesses s'il voulait continuer à le servir et prendre en main ses intérêts dans l'île de Corse (3). Orlando épousa la fille de Rinieri da Gozzi, mais, dit Giovanni della Grossa, comme il la trouvait moins belle que celle de Guglielmo son frère, au mépris des lois divines et humaines, il la répudia et prit sa belle-sœur. Sur ces entrefaites, Gottifredi de Zoaglia (général génois) était arrivé en Corse et avait passé à Aleria ; Guglielmo Buscetta se présenta devant lui pour se plaindre qu'Orlando, aveuglé par une folle passion, eût poussé sa criminelle audace jusqu'à lui enlever sa femme et la prendre pour lui-même. Un pareil acte parut monstrueux à Gottifredi, il fit appeler Orlando et lui fit immédiatement trancher la tête. On crut qu'en ordonnant cette exécution, Gottifredi avait voulu surtout se débarrasser d'un seigneur remuant et par conséquent dangereux » (4). On ne lui connaît pour fils que :

VII. — NICOLO (5), seigneur d'ORNANO, était fort jeune lors-

---

1. « Doyen des chanoines de l'Église épiscopale de Nebbio en l'an 1276, comme il apparaissait par son épitaphe en ladite cathédrale » (Toujours d'après M. Borel d'Hauterive).

2. F., t. 1, p. 209.

3. Barcelone. *Arch. de la Corona de Aragon*. Reg. 1013, *Petri III, Sardiniae*, f° 240 v°.

4. Filippini, d'après Giovanni della Grossa, fait passer cet évènement vers 1340. La lettre du roi don Pedro prouve qu'en 1345, Orlando était encore vivant.

5. F., t. 1, p. 247.

que son père mourut. A cette époque eut lieu le soulèvement des Communes provoqué par Sambocuccio d'Alando (1347). Nicolo, comme tous les seigneurs Cinarchesi, fut tenu quelque temps en échec par ses propres vassaux que soutenait la coalition des peuples du Deçà des Monts, mais cet état de choses fut passager dans les pays cinarchesi et Nicolo ne tarda pas à rentrer en possession des piéves de Talabo, Ornano, Cauro et Celavo, qu'il dut partager avec son oncle Ghifuccio et Ristorucello de Bozi. Il eut à lutter contre Arrigo della Rocca et, dans un âge avancé, contre Vincentello d'Istria qui le chassa momentanément de son fief. Nicolo laissa une nombreuse postérité (1) dont :

1° *Carlo*, qui suit ;
2° *Rinuccio* ;
3° *Ristorucello ;*
4° *Giudicello*, qui s'empara du château d'Orese sur Vincentello d'Istria et remit en liberté Andrea Lomellino, gouverneur de la Corse pour les Génois, que Vincentello avait fait prisonnier ainsi qu'Urbano da Mare et Andrea Gentile. Nous ne connaissons la descendance de Giudicello que par la *Colonna Sacra*. Giudicello, dit ce manuscrit, eut pour fils *Francesco Ornano*, dont descendirent le capitaine *Jayme Ornano* et *Paolo Ornano, Salviochi*; le premier mourut à Rome capitaine d'infanterie au service de l'église. Ce Jayme eut pour fils *Pietro-Antonio Ornano di Bastelica*, lequel passa en Sardaigne avec sa femme, Madonna Caterina Ornano di Canopolo pendant les guerres entre Sampiero di Bastelica et la république de Gênes. S'étant fixé à Sassari, il devint secrétaire et trésorier du roi d'Aragon

---

1. F., t. 1, p. 257.
2. Angelo Colonna, *Colonna Sacra*.

en Sardaigne (1). Pietro-Antonio eut trois fils, l'aîné appelé le docteur *Agostino di Bastelica Ornano*, « qualificatore del Sant'Officio »; il fut nommé archiprêtre d'Ampuries en Sardaigne par le roi catholique et chapelain du même roi. Il mourut à Madrid. Le second, appelé *Francesco di Bastelica Ornano*, a servi plusieurs années sa Majesté (catholique) en qualité de capitaine de cavalerie, le troisième fut religieux de la compagnie de Jésus et avocat du Saint-Office. Tola lui attribue encore un fils appelé *Bernardino*, dont naquit *Paolo Ornano* né vers 1614, mort le 6 mai 1682 chancelier de l'université de Torre. A cette branche, Angelo Colonna rattache *Antonio Canopolo*, archevêque d'Arborea puis de Sassari. Il fonda en 1619 en cette ville un collège qui porte le nom de *Canopoleno :* il y établit vingt places gratuites dont deux réservées à des Corses (2).

VIII. — Carlo (3), seigneur d'Ornano, embrassa le parti des Génois, dit Petrus Cyrneus, par crainte de se voir supprimer sa seigneurie. En 1416, Abramo de Campofregoso, embarrassé par les luttes de sa famille contre les Adorni, donna ordre de céder le château de Cinarca, qu'il était fort difficile de garder à Carlo d'Ornano, à condition que celui-ci le rendrait à première réquisition. Carlo versa entre les mains des Fregosi la somme de trois mille cinq cents livres qui lui furent avancées en partie par un marchand bonifacien (4). Vincentello l'assiégea dans Cinarca quelques années plus tard et le contraignit à capituler. Sa vie s'écoula en luttes continuelles contre Polo della Rocca

---

1. Tola, *Dizionario biografico degli nomini illustri di Sardegna*.

2. Tola, *op. cit.* Cordara, *Hist. soc. Jes.* part. VI, liv, VII, fol. 384. — Passamar, *Sinod Diœces. Turritan*, p. 138. Mattei, *Sardinia Sacra*, fol. 168 et 251.

3. F. t. 1, p. 226, 262, 265. Petrus Cyrneus, p. 238.

4. Gènes, *Arch. di Stato, Diversorum communis Januae*, anno 1416.

et Vincentello d'Istria qui envahirent à plusieurs reprises le fief d'Ornano (1). Il eut pour fils :

1° *Luciano*;

2° *Guelfuccio*, qui fut le père de *Francesco* et d'*Anton'-Paolo* d'Ornano l'un des chefs en Corse du parti milanais (2). Il jura fidélité au duc de Milan en 1477 et rendit hommage à la République de Gênes en 1480 (3). En 1490 un de ses fils réclama pour son compte la seigneurie d'Ornano qui était aux mains d'Alfonso *naturale*; malgré l'appui de Renuccio della Rocca qui était alors au mieux avec l'office de San-Giorgio (4), il ne put rien obtenir.

On ignore le nom de ce personnage qui était le gendre d'Arrigo de Conra (5). Pour examiner ses prétentions, Domenico di Nigrono, commissaire de l'Office en Corse, convoqua les Cinarchesi à Santa-Maria d'Ornano. Le résultat de cette assemblée, si elle eut lieu, nous est inconnu (6). Deux fils d'Anton'-Paolo sont nommés dans un document contemporain (7) : ce sont *Guglielmo et Pietro-Andrea*;

---

1. Le 28 février 1438, Carlo d'Ornano fut avisé par le gouvernement génois qu'il eût à conserver désormais les prisonniers turcs qu'il ferait, pour les échanger. Gênes. *Arch. di St. Litterarum Reg.*, 1782.

2. Milan, *Arch. di Stato, Potenze estere, Corsica*.

3. Gênes, *Arch. di Stato, San Giorgio*, Mazzo Bonifacio, 1er juillet 1480.

4. Gênes, *Arch. di Stato, San Giorgio, Lettere di Renuccio della Rocca*.

5. Gênes. *Arch. di St. Lettere di Cristoforo Cattaneo governatore di Corsica*, 1490-1491, 13 août 1490.

6. Gênes, *ut sup.*, lettre du 16 août... « il figlio d'Anton'-Paolo d'Ornano, quale pretende che la signoria di Alfonso sia sua, sono etiam advisato che Domenico de Nigrone ha ordinato una certa veduta a Sancta-Maria d'Ornano a laquale se dovano trovare lo dicto signore Rennuccio, queli da Bozi, e da Istria e da Ornano... ».

7. Gênes, ut sup. *Reg. litterarum*, 1492-1494, p. 129.

3° *Vincentello*;
4° *Orlando* ou *Orlanduccio*, qui suit ;
5° *Alfonso* (1).

IX. — ORLANDO (2) seigneur d'ORNANO, se montra hostile au gouvernement de la banque de San-Giorgio et fut assiégé dans Bozi par le gouverneur Salvagho de Salvaghi. Après une longue résistance, la mauvaise saison ayant forcé le général génois à se retirer, Orlando se prépara de nouveau à la guerre ; « moins, dit Giovanni della Grossa, dans l'espoir de vaincre que pour succomber glorieusement, il noua des intelligences à la suite desquelles il fit entrer en révolte le château d'Ornano. Alors, Giovanni della Grossa, l'historien, qui était commissaire de ce côté pour l'Office de San-Giorgio, se trouvant sans forces, envoya demander du secours aux officiers génois de Bonifacio, à Giudice della Rocca et à Raffaello de Leca. Raffaello ne répondit point à cet appel; mais Giudice arriva avec deux cents cavaliers et quatre cents fantassins, et Bonifacio envoya cinquante arbalétriers. A l'arrivée de ces forces, le commissaire fit brûler douze maisons appartenant aux auteurs du complot et combattit Orlando pendant plusieurs jours ; à la fin, il conclut avec lui une trêve de quelques mois ; après quoi, il licencia ses gens ».

L'Office, informé de ces soulèvements, envoya en Corse Battista d'Oria avec deux cents fantassins. Battista passa les monts, et, comme la trêve conclue avec Orlando était expirée, il s'empara de Bozi, de Cilaccia, d'Orese et d'Ornano ; il ruina les trois premiers châteaux et mit une garnison à Ornano. Les

---

1. Alfonso n'est cité que dans le mse appartenant à M. Chiaroni ; il est dit grand-père de Sampiero.
2. F. t. 1, p. 308, 333.

seigneurs, pour ne point quitter le pays, habitèrent les villages et restèrent soumis à l'autorité de Gênes (1).

En 1453, Orlando partit pour Naples avec Giudice d'Istria, Polo della Rocca et Guglielmo da Bozzi (2). A son retour, il obtint son pardon (1456) (3) et quelques années plus tard, fut remis en possession de ses biens sur les instances de Giocante de Leca, qui retint cependant pour lui le château d'Ornano (4). Le gouvernement Milanais (1464) ayant pacifié la Corse, Orlando d'Ornano se présenta à la *veduta* de Biguglia (1464, 24 septembre) (5) tenue par le gouverneur Giorgio Paxello. Il rendit hommage à celui-ci représentant le duc de Milan et reçut en janvier 1465 de nouvelles lettres patentes (6). A cette époque, les fiefs d'Ornano et de Bozzi réunis comptaient mille six cents feux (7). Entre autres fils, Orlando laissa :

1° *Giovanni*, auteur de la branche d'Albitreccia, devenue des marquis d'Ornano ;

2° *Bernabo*, auteur de la branche d'Albitreccia fixée à Venise ;

---

1. P. t. 1, p. 308.

2. F. t. 1, p. 320 et Gênes, *Arch. di Stato, San-Giorgio*, mazzo *Leca*.

3. F. t. 1, p. 322. Orlando obtint alors un sauf-conduit pour se rendre à Bonifacio avec sa famille. *Arch. de Gênes, Arch. Not.* comm. de M. le général Assereto.

4. Le château d'Ornano passa aux mains de Vincentello d'Istria. Le gouverneur ayant considéré Vincentello comme seigneur d'Ornano, Orlando lui écrivit ce simple billet : « Vi arviso come Ornano del quale se fa menzione in le vestre scritture e uno paese et Vincentello tiene soltanto la Rocha de Ornano et non lo paese el quale come sapete e in piedi. Vester Roll. de Ornano », sans date. Milan, *Arch. di St. Potenze estere, Corsica.*

5. F. t. 1, p. 334. Milan, *Arch. di St.* ut sup.

6. Milan, *Arch. di St.* ut sup.

7. Milan, *Arch. di St.* ut sup.

3° *Antonio*, appelé aussi *Sebastiano*, auteur de la ligne restée à Santa-Maria d'Ornano ;

4° *Alfonso*, qui suit.

X. — Alfonso (1), seigneur d'Ornano, fils naturel d'Orlando, n'hérita de son père qu'une petite portion du fief qu'il vendit à l'Office de Saint-Georges moyennant deux cents écus. Il avait épousé une fille naturelle de Gian-Paolo de Leca et se trouvait ainsi beau-frère de Giovanni de Campo-Fregoso, fils de Tomasino, doge de Gênes. Il s'exila pour suivre son beau-père ; « mais, dit le chroniqueur, sa femme étant morte sans enfants et aucun lien de parenté ne le rattachant à Giovan-Paolo, il se décida à retourner en Corse et à tâcher de regagner les bonnes grâces de l'Office. Sa démarche eut un plein succès : grâce à l'entremise de Giovanni Catacciuoli de Bonifacio, fort en faveur auprès du gouvernement génois, Alessandro Negroni, lieutenant à Bastia, lui pardonna et le garda auprès de lui jusqu'à l'arrivée du gouverneur qui le remplaça en Corse, Raffaelo de Grimaldi. Lorsqu'il s'embarqua pour Gênes, il l'emmena avec lui ; il avait l'intention de ne rien épargner pour lui faire obtenir la grâce de rentrer dans sa patrie. Alfonso fut singulièrement secondé par la fortune. Dans les mêmes jours où il arriva à Gênes, les Fregosi furent chassés par les Adorni ; Alfonso, qui avait pris les armes en faveur des vainqueurs, combattit si vaillamment que, lorsque la tranquillité fut rétablie, l'Office lui rendit toutes ses bonnes grâces. »

Alfonso resta désormais fidèle au parti de Gênes. En récompense de ses services, l'Office de San-Giorgio, qui avait enlevé le fief d'Ornano aux héritiers légitimes d'Orlando (2) en

---

1. Monteggiani, dans *F.*, t. 1, p. 143 et suiv. *Petrus Cyrneus*, p. 360.

2. *F.*, t. 1, p. 476. Banchero, *Annali*, dans le *Bulletin de la société des sciences historiques de la Corse*.

investit Alfonso par lettres patentes de 1488, confirmées le 1er mai 1494 (1). La correspondance d'Alfonso d'Ornano avec l'Office de San-Giorgio conservée aux Archives d'Etat de la ville de Gênes constitue un dossier des plus importants dans lequel on peut suivre pas à pas l'histoire de cette époque (2). Il mourut en 1495, assassiné par les bâtards de Bozzi. Il épousa en secondes noces « Madonna Contessa de' nobili della Rocca (3) ». Ses enfants :

1° *Francesco*, qui suit ;

2° *Bernardino*, auteur de la seconde ligne, dite *Colonna d'Ornano* ;

3° *Paolo*, qui commence la branche devenue des comtes de l'Empire Français ;

4° *Carlo*, qui ne paraît pas avoir laissé de postérité ;

5° *Ottaviano* figure parmi les habitants d'Ajaccio dans les premières années du xvie siècle (4). Son fils, *Alfonso*, épousa Argentina Calvari (fille de Quilico Calvari) (5), dont une sœur, Pelegrina, était mariée à Geronimo Bonaparte (6).

---

1. Investiture de la forteresse d'Orozza et de la seigneurie d'Ornano, du 1er mai 1494, qui confirme le « nobile generoso Alfonso » dans la possession de ladite forteresse et seigneurie, ladite pièce extraite en bonne forme de la chancellerie et tribunal de Saint-Georges le 1er décembre 1675, pièce admise au Conseil Supérieur.

2. Gênes, *Arch. di St.*, *San-Giorgio*, *Lettere diverse*, *Alf. de Ornano*

3. Alliance citée dans le « *Ristretto genealogico...* » F° 12, verso.

4. Gênes, ut. sup. *San-Giorgio*. Reg. sans date du commencement du xvie siècle.

5. Gênes, ut. sup. *Corsica*, *Suppl.* filza 6. *Apprehensioni d'heredità pro Geronimo Bonaparte*.

6. F. t. I, p. 476 (*Chronique* de Monteggiani). Bernardino et Francesco sont seuls nommés comme héritiers d'Alfonso, tant dans Monteggiani que dans l'arrêt d'investiture.

XI. — Francesco, seigneur d'Ornano, décédé en 1557 fut investi de la seigneurie en 1514 (1). De son mariage avec Franchetta d'Istria, il n'eut qu'une fille (2).

XII. — Vannina d'Ornano, qui, par son alliance avec Sampiero, à qui elle apporta la plus grande partie du fief d'Ornano, commence la branche dite des Maréchaux de France.

---

1. Investiture de la seigneurie d'Ornano par les Protecteurs de Saint-Georges le 5 mai 1514 en faveur de Francesco et Bernardino, fils d'Alfonso, desquels Francesco et Bernadino lesdits Protecteurs s'étaient déclarés ci-devant tuteurs, ainsi que de ladite seigneurie sur laquelle les Protecteurs ne se réservent autre chose que la foi et l'hommage. Pièce admise au Conseil Supérieur.

2. Testament de Franchetta aux archives de M. le Marquis d'Ornano.

BRANCHE DES MARQUIS D'ORNANO (1).

(ALBITRECCIA PUIS ROME)

Résidence à Rome, Piazza Navona.

X. — GIOVANNI D'ORNANO dit D'ALBITRECCIA (2), du lieu de sa résidence, fils d'Orlando. Il eut pour fils :

XI. — VINCIGUERRA D'ORNANO, dit D'ALBITRECCIA, lutta contre les Génois pendant les guerres de Renuccio della Rocca et de Gio-Paolo de Leca, il obtint quelques succès sur Camillo Impériale. Fait prisonnier et conduit à Bastia, il aurait été exécuté s'il n'avait pu s'enfuir de nuit, grâce à la complicité de deux soldats chargés de le garder. Il passa en Italie quelques années puis rentra en Corse où naquit son fils Lanfranco.

XII. — LANFRANCO D'ORNANO, dit D'ALBITRECCIA, mourut jeune laissant trois fils :

1° *Simone*, qui suit :
2° *Anton'-Paolo* :
3° *N...*

XIII. — SIMONE CORSO D'ORNANO, dit D'ALBITRECCIA, capitaine

---

1. *Compendio genealogico in cui dimostro la vera e non interotta discendenza della famiglia d'Ornano, e come questa avvesse la sua origine nella Corsica da Ugo Colonna primo conte di essa.* Manuscrit appartenant à M. Eug. Chiaroni. Cette filiation est confirmée par le dossier des preuves de noblesse fournies par Pietro-Paolo d'Ornano. Pise, *Arch. di. Stato*, reg. de l'Ordre de *San Stefano*.

2. Petit village de la seigneurie d'Ornano.

dans l'armée impériale, fut tué d'une arquebusade et enseveli dans l'église San Crisogone (1). Il eut pour fils :

1° *Giulio* ;

2° *Simone*, colonel au service du Saint-Siège en 1525.

XIV. — Giulio d'Ornano, dit Albitreccia. Celui-ci vécut en Corse. Il épousa Francesca Montici (2) dont :

XV. — Simone d'Ornano, dit Albitreccia, colonel au service du Saint-Siège sous le pape Urbain VIII, né en 1572, fut enlevé tout enfant par les corsaires qui exigèrent pour sa rançon huit cents écus d'or, il prit du service à Venise (3) par l'in-

---

1. Epitaphe et tombeau à San-Crisogone. Les Corses étaient alors fort nombreux à Rome. Pendant les dernières guerres des feudataires contre l'office de San-Giorgio, l'émigration des Corses dans les Etats de l'Eglise fut telle que nous ne comptons pas moins de vingt-trois capitaines ou connétables en résidence à Rome l'an 1465. Dix ans plus tard, une bulle du pape Sixte IV exige de tous les Corses qui veulent résider à Rome ou occuper un grade dans l'armée un cautionnement de deux cents ducats. En 1490 on leur impose des règlements particuliers auxquels on leur fait prêter serment de se conformer. En 1497, Alexandre VI chasse du patrimoine de Saint-Pierre tous les Corses qui n'y possèdent pas de biens et oblige les autres à un nouveau serment. En 1517, il y a dans la cité près de trois mille soldats corses commandés par quatorze capitaines. Enfin, Sixte V, institue la garde corse pontificale dont le premier capitaine est Domenico d'Albitreccia Ornano, beau-frère du colonel Simone. Rome, *Arch. di Stato So. tatesche, Cont. Strandinari*. — *Pergamene*. — *Registri S. IV*.

2. Montici ou Montichi, famille issue, croit-on, de la maison d'Ornano.

3. La valeur des corses appréciée hautement par le gouvernement vénitien était un objet de crainte pour l'ennemi qui ne dédaignait aucun moyen de les détacher de la cause qu'ils servaient d'ailleurs avec dévouement. Dans une lettre qu'il adresse au Sénat, le procureur général de terre ferme Zorzi nous apprend que l'on donnait à Milan quinze ducatoni à chaque déserteur corse. En 1615, on voit les Corses aux confins des terres vénitiennes repousser dans les montagnes du Carso (Istrie), les Uscoques et les Allemands. A Fara et à Palma, ils se distinguent encore contre ces derniers

termédiaire du cardinal Aldobrandini et fut gouverneur de la forteresse de Ferrare.

Mais, ayant quitté l'île sans permission du Sénat, il vit ses biens confisqués. Lorsqu'il retourna en Corse, la barque qui le transportait avec les siens fut attaquée et prise par les Génois. Se sachant sous le coup d'une peine capitale, Simone s'enfuit laissant à sa femme, Franceschetta le soin de protester contre la saisie de la barque et de ce qu'elle contenait (1). Franceschetta fut retenue prisonnière quelques temps puis remise en liberté sur réclamation du gouvernement vénitien. Elle était fille de Francesco d'Ornano et d'Angelica d'Ornano, de la branche de Barnaba rapportée ci-après. Ses trois frères furent successivement colonels au service de Venise. Simone mourut en 1649. De Franceschetta, il eut :

1° *Giulio* qui suit ;

2° *Gio-Francesco* capitaine à Venise, tué dans une rencontre en 1614 (2) ;

3° *Isabella;*

4° *Cesare*, baptisé à Ajaccio le 17 mars 1612 (3). De Madalena N...;

5° *Giuseppe* baptisé à Ajaccio le 20 janvier 1632.

XVI. — GIULIO D'ORNANO, chevalier de l'ordre de Saint-Etienne, (4 oct. 1622) colonel des troupes pontificales, patricien de

---

sous les ordres de Baglione et de Giustiniani. Les Corses, dit un auteur véronais, sont des soldats courageux, ils n'ont jamais tourné le dos à l'ennemi et ont contribué à diminuer les tristes conséquences des déroutes vénitiennes.

1. Ces détails sont rapportés dans un certificat du général Simone della Rovere du 23 octobre 1617, Venise *Arch. di St. Notatori.*

2. Venise, *Arch. di Stato Notatori.*

3. Ajaccio, *Arch. com. Reg. paroissiaux.*

Rome, marquis romain, gentilhomme de la chambre de Louis XIV par brevet du 20 novembre 1644, provéditeur général à Piombino pour le roi de France le 9 mars 1647; né en 1593, débuta dans la carrière des armes comme capitaine au service de Venise après la mort de son frère (1). Il tenta en 1649 de racheter le fief d'Ornano aux héritiers du maréchal Jean-Baptiste qui en possédaient la plus grande part. En décembre 1649 il signa un contrat avec François d'Ornano par lequel ce dernier lui cédait tous ses droits sur le fief d'Ornano moyennant douze mille livres (2). Des protestations indignées contre cette vente furent envoyées à Gênes par les habitants de l'Ornano elles représentaient Giulio comme un homme dangereux pour la République et dur pour les vassaux (3). En réalité ceux-ci accoutumés depuis cent ans à se soustraire aux obligations du vasselage par suite de l'éloignement des principaux seigneurs appréciaient les avantages de la situation (4). De son côté le sénat génois redoutant l'esprit entreprenant de Giulio préféra rembourser la somme, acquérant ainsi le fief pour son propre compte à la ratification du contrat (5). Il épousa Nunzia Gentile, fille de Lodovico Gentile, général au service des Médicis, et sœur de Domenico Gentile, colonel de troupes pontificales. Il en eut :

1. Tous les brevets sont conservés à l'*Archivio di San-Stefano*.
2. Contrat aux *Archives de M. le Marquis d'Ornano*.
3. Gênes, *Arch. di Stato, Corsica* 840 *Feudorum Corsica*.
4. Les taillables du fief d'Ornano étaien 1en 1667 déduits au nombre de 669, la plus importante partie du fief étant devenue domaine de la République. Quatorze seigneurs, descendants de Bernadino, et habitant la plupart Ajaccio, se partageaient les maigres revenus du fief en parts inégales. Le mieux doté était Salvatore fils de Delfino d'Ornano dont les vassaux atteignaient le chiffre de 155. Gênes, *Arch. di Stato, Corsica* 810.
5. Bauchero, *Annali*, p. 202, 203.

1° *Simone*, marquis d'Ornano, mort jeune ;

2° *Carlo-Antonio*, prélat ;

3° *Pietro-Paolo*, qui suit ;

4° *Giuseppe*, prêtre, mort à Ferrare, enseveli dans l'église des Carmes déchaussés ;

5° *Alfonso*, prêtre, mort à Rome ;

6° *Domenico*, mort à Rome ;

7° *Francesco-Maria*, { carmes.
8° *Gio-Battista*, {

XVII. — Pietro-Paolo d'Ornano, marquis d'Ornano, patricien de Rome, gentilhomme de la chambre de la reine Christine de Suède, chevalier de Saint-Etienne en 1689. Il avait été élevé à Paris et avait figuré parmi les pages d'honneur du roi de France Louis XIV qui en 1664 le recommanda au grand duc de Toscane dans les termes les plus flatteurs. Des lettres chaleureuses de souverains et de très grands seigneurs figurent dans le dossier des preuves de noblesse de Pietro-Paolo. Avec lui s'éteignit la branche romaine des Ornano. Il ne laissait qu'une fille mariée au marquis de Vera grand d'Espagne qui lui fit élever un tombeau à Rome dans l'église San-Francesco ad Ripam (1). Dans son testament il léguait ses biens au cas où sa fille ne laisserait pas d'héritiers directs aux descendants des maréchaux Alphonse et Jean-Baptiste d'Ornano.

---

1. Voici l'inscription :

D. O. M.
Ossa familiæ Ornani.
Requietorium hoc quod ducentis ab hinc annis gens Ornani sibi et posteris suis elegerat. Aloysius, marchio de Vera Aragonia, ex comitibus Roccæ, in Hispania magnatibus Vertinarum Eques Jerosol, gentis Ornanæ hæres hoc sepulchrum condidit.

BRANCHE DE VENISE (1)

X. — BERNABO D'ORNANO, fils d'Orlando fut père de :

XI. — GIO-BATTISTA D'ORNANO, père de :

XII. — FRANCESCO D'ORNANO, dit ALBITREGGIA, capitaine au service de Venise en 1607 (2). Il eut cinq fils et une fille savoir :

1° *Pietro-Paolo* qui suit ;

2° *Francesco-Maria d'Ornano*, colonel au service de Venise gouverneur de Vérone, mort en cette ville, enseveli dans

---

1. D'après le manuscrit appartenant à M. Eug. Chiaroni, dans le dossier de Pietro-Paolo d'Ornano, on trouve souvent mention de son arrière grand-père et de ses grands-oncles maternels.

2. Venise, *Arch di Stato, Senato Terra*. On trouve mention de Francesco d'Ornano et de ses fils qui prirent part à toutes les guerres de Dalmatie et du Frioul, dans la plupart des historiens de ces temps. Cf. Moïsesso, *Historia della ultima guerra del Friuli*, Venetia 1623. Vernino (Alessandro) *Historia delle guerre di Dalmatia sotto il generalato di Leonardo Foscolo*. Venetia, 1648. Soldat dans le régiment ultramontain du colonel Sorgo, Vernino fut le témoin authentique des évènements qu'il raconte. Certains passages de son livre ont été copiés presque textuellement par Brusoni (Girolamo), *Historia delle ultime guerre fra Venetiani e Turchi dal 1644 al 1671*. Venezia, 1673. Cf. du même Brusoni, *Historia d'Italia dall' anno 1625, fino al 1670*, Venetia 1671 ; Rostagno (Gio. Battista) *Viaggi del marchese Giron-Francesco Villa in Dalmatia e Levante coi successi di Candia ed una mappa di quella città*, Torino, 1668 ; Garzon (Pietro) senatore veneto, *Historia Veneta*. Venezia 1710.

l'église où se voient encore son buste et son épitaphe (1). Il avait epousé N... Martinenghi (2);

3° *Pietro-Maria*, colonel au service de Venise ;

4° *Domenico*, colonel au service de Venise, débuta ainsi que son frère Pietro-Paolo dans les troupes corses du Saint-Siège. En 1592, il demanda à passer au service de la République génoise (3). Cette requête resta sans résultat ;

5° *Franceschetta*, mariée à Simone d'Ornano.

XIII. — Pietro-Paolo d'Ornano (4), colonel au service de Venise, marié à Franceschetta d'Istria dont :

---

1. Son épitaphe :
Francesco-Maria Ornano Johannis Francisci filio
Domo Corsica genere nobili qui pr. a Genuensibus
Deinde Romanis, ac demum Reip. Venę Pretor
De Vincenti, hic ossa translata sunt.

2. En 1623, le colonel Francesco Ornano commandait treize compagnies corses. Combien de familles insulaires furent représentées dans les armées vénitiennes ! Les familles Peres et Pozzo di Borgo n'ont pas fourni, elles deux, moins de soixante officiers de tous grades. Les Paganelli, les Morati donnèrent à Venise des officiers généraux. Sur les rôles de montres et de revues, j'ai relevé au hasard quelques noms corses parmi ceux qui se représentent le plus souvent : Leca, Zicavo, Sonza, Benedetti, Ristori, Morazzani, Buttafoco, Giafferi, Piazza, Colombani, Guelfucci, Poli, Campi, Coccola, Corsi, Lusinchi, Battaglini, Abbatucci, Bastelica, Torre, Agostin, Leccia, etc. Que l'on n'aille pas croire à des cas d'homonymie : l'origine corse de tous ces personnages, aussi bien que de ceux que j'ai nommés plus haut est correctement établie. Cf. Colonna deCesari Rocca, *Les Peres*, Jouve 1895.

3. Gênes, *Arch. di Stato. Corsica, Litterarum*, filza 527.

4. On trouvera dans l'histoire généalogique de la famille Pozzo di Borgo le récit d'une rixe à Ajaccio entre les Ornano d'un côté, les Bastelica et les Pozzo di Borgo de l'autre dans laquelle l'alfiere Pietro-Paolo d'Ornano fut blessé ; son frère Domenico menaça, si satisfaction n'était pas donnée, de quitter Ascoli où il était alors en service et de venir en Corse faire rendre

1° *Francesco*, colonel au service de Venise, mort jeune et enseveli à Ajaccio (1);

2° *Alfonso* qui suit :

XIV. — ALFONSO D'ORNANO, colonel au service de Venise, il fut probablement le père de :

XV. MATTEO D'ORNANO, colonel à Venise en 1704 (2).

---

lui-même justice à son frère. Cette affaire à laquelle tous les habitants d'Ajaccio se trouvèrent mêlés inquiéta le lieutenant et les commissaires à un tel point que l'on prit pour réprimer les excès possibles, les mesures les plus vexatoires pour les deux partis... mesures, on doit l'avouer, qui permirent d'éviter toute effusion de sang (Gênes, *Corsica*, Reg. *Litterarum* 1594, filza *Litterarum*, n° 527).

1. Où son tombeau existait encore en 1680.
2. Venise, Arch. *di St. Notatori*, 24 janv. 1704.

BRANCHE

DITE DES

MARÉCHAUX DE FRANCE

XII. — SAMPIERO (Gian-Pietro, Zan-Pietro, San-Pietro) (1) DE BASTELICA, seigneur d'ORNANO, dit SANPIERO CORSO colonel-général des Corses pour le roi de France, fils, d'après les registres de l'ordre du Saint-Esprit, de Guglielmo d'Ornano (2) et de Cinarchesa de Banzali et petit fils de Vinciguerra (d'Antonio d'Ornano) marié à N. de Cerra.

1. Formes variées du double nom Giovan'-Pietro. Dans une lettre de Bernado Navagero du 23 juillet 1544, il est appelé Gio-Pietro Corso, *Correspondance des ambassadeurs vénitiens*.

2. Dans les premières années du XVIe siècle, Guglielmo de Bastelica fils de feu Vinciguerra, jouissait du privilège d'exemption d'impôts et de tailles. Gênes, *Arch. di Stato, San-Giorgio*, mazzo *Bastelica*. Bien que l'on ne puisse pas assigner de date précise à ce petit document d'une authenticité indiscutable on peut affirmer qu'il est antérieur à 1520. A cette époque les privilégiés étaient en petit nombre et le village de Bastelica où étaient cependant fixés plusieurs descendants des seigneurs de Bozzi, d'Ornano et d'Istria n'en compte que treize. Si ce Guglielmo de Vinciguerra était identifié avec le père de Sampiero ; on pourrait en conclure une prévention favorable à l'origine Ornano si discutée. Les documents procurés par Biagino Leca à Alphonse d'Ornano pour l'établissement de sa généalogie ne supportent pas l'examen ; mais ils pouvaient être l'écho d'une tradition dont Sampiero semble avoir toujours fait peu de cas, vivant dans un milieu et à une époque où le prestige des multiples générations d'ancêtres était fortement assoupi.

Il naquit à Bastelica vers 1498 et fut élevé dans la maison des Médicis (1). Il s'engagea dans les bandes noires (2) et fit ses premières armes sous le duc Giovanni de Médicis appelé par ses contemporains *le Grand-Diable* et resté célèbre sous le nom de Jean des Bandes-noires. Lorsque dans les guerres d'Italie, les Médicis embrassèrent le parti des Français, Sampiero les suivit et resta dès lors attaché à la fortune des Valois. « Depuis ce temps il y a toujours eu des Corses dans l'armée française et ils se montrèrent toujours également braves et dévoués « soldats fort lestes, bien policés et curieux de leurs devoirs » dit d'Aubigné qui ne prodiguait pas ses compliments surtout aux catholiques (3). » On a attribué au connétable de Bourbon l'opinion que « dans un jour de combat, le colonel des Corses valait dix mille hommes ». Cette phrase est textuellement dans l'ouvrage de Fourquevaux. Sampiero accompagna le maréchal de Montmorency à Pavie (1524) (4); dix ans plus tard les bandes corses furent constituées en un régiment français composé de dix mille hommes sous sa conduite, et le roi lui concéda le grade de colonel-général de l'infanterie corse (5).

1. Il ne fut pas page du pape Hyppolyte de Médicis comme certains écrivains l'ont prétendu. Le cardinal naquit seulement en 1511.
2. Gian-Pietro Corsetto commandait à Rome en 1517 une compagnie de cent corses. Peut-être trouvons-nous là trace des débuts militaires de Sampiero dont la jeunesse est bien obscure. Rome. *Arch. di Stato, Soldatesche, Conti Straordinari*, busta 7.
3. Gen. Suzane, *Histoire de l'infanterie française*.
4. Martin du Bellay, coll, Petitot, t. XVII, p. 459.
5. Sampiero était désigné par ce grade, qui ne devint officiel qu'en 1534, depuis 1527. « Cette charge de colonel-général, dit Rombaldi, que François I*er* avait officiellement établie dans les dernières années de son règne était, après celle de maréchal de France, la plus élevée qui fut alors dans l'armée. François I*er* n'avait créé que quatre colonels-généraux. Henri II à

« Sampiero, dit M. X, Poli (1), se trouvait à Rome, créature des Médicis, il en suivait les fluctuations politiques avec tout le désintéressement qu'inspire un dévouement profond et une foi inviolable. Ce dévouement devait le mener définitivement au service du roi de France par un concours de circonstances sur lesquelles nous allons glisser rapidement. Alexandre, devenu duc de Florence, avait par ses vexations éloigné de son parti la plupart des seigneurs Toscans. Le propre neveu du Pape, Hippolyte, cardinal de Médicis avait pris à Rome la direction des mécontents qui comptaient à leur tête les Strozzi, les Valori et les Salviati autant de personnages que, dès 1532, notre ambassadeur signalait comme de bons serviteurs de sa Majesté, capables de bien rendre de grands services « si *guerbouge* venait ». Avec Marie Salviati, veuve du capitaine Giovanni des Bandes Noires, Sampiero avait quitté Florence pour s'attacher à la personne du cardinal Hippolyte (2). Il suivit ce puissant prélat à Marseille en 1533 et assista aux fêtes données à l'occasion du mariage du Dauphin avec Catherine de Médicis,

---

peine monté sur le trône, et comme don de joyeux avènement en désigna quatre autres. Une ordonnance royale, en date du 29 avril 1547, nomma l'amiral de Coligny colonel-général de l'infanterie du deçà des monts (bandes de Picardie); François de Clèves, duc de Nevers, colonel-général de l'infanterie allemande ; l'amiral François de Gouffier, seigneur de Bonnivet colonel-général de l'infanterie du delà des monts (bandes de Piémont, et Sampiero colonel-général de l'infanterie corse. En comprenant Sampiero dans cette promotion, à côté des plus grands noms du royaume, Henri I rendait le plus éclatant hommage à la valeur du colonel des Corses, et affirmait hautement l'estime que professait pour lui l'armée tout entière » (Rombaldi. *Sampiero Corso et la Corse Française*, Paris).

1. X Poli, *Histoire militaire des Corses au service de la France*. Ajaccio 1898, t 1 p. 25.

2. Sismondi, t. XVI p. 90 — Fourquevaux p. 99. — P Decrue p. 185.

duchesse d'Urbin (1). Il négocie avec François 1er pour faire entrer le prince Côme à peine âgé de quatorze ans au service de la France, il approche les Strozzi, les du Bellay, et bien qu'il ne soit pas prouvé qu'il compte parmi les pensionnés du roi, il entre dans le parti français. La mort violente du cardinal Hippolyte le pousse vers Jean du Bellay, qui en 1535, avait été envoyé au Vatican, non tant pour s'assurer de la neutralité du Souverain Pontife que pour s'attacher les capitaines et les grands d'Italie. L'habile diplomate sut en effet faire entrer au service de la France Guido Rangone, Cesare Fregoso, Stefano Colonna, Giovan-Paolo Orsini et Sampiero da Bastelica ».

Sampiero fait contre les impériaux la campagne du Piémont. Il est blessé à la main pendant le siège de Fossano. Au combat de Brignoles, il est mis hors de combat et fait prisonnier (1536). Au siège de Perpignan (1542) « il se signala, dit Lhermite-Souliers, par une action si peu commune que le prince (depuis Henri II) tira sa chaîne d'or qu'il avait au col, pour honorer la vertu de ce grand capitaine, lui concédant dès lors de porter la fleur de lys dans ses armes, lui en ayant vu si glorieusement soutenir les intérêts ». Sampiero, avec ses Corses, retourna en Piémont (1542) et fut blessé à Coni où il perdit un grand nombre des siens. « C'est là, écrit Montluc, que je vis bien faire au brave Sainct-Petre Corse qui fut presque assommé (2) ».

Au siège de Landrecies (1543), au combat de Vitry (1544) on le retrouve, et « faisant partout, dit Brantôme, tant de

---

1. Cini, *Vita del Serenissimo Signor Cosimo de Medici*. Firenze 1611 t. I p. 16. — Du Bellay, *Mémoires*, p. 265.

2. Montluc, *Commentaires* édition de la Société de l'histoire de France, t. 1, p. 163.

beaux faits d'armes, et si déterminés qu'il ne serait possible de les raconter, ainsi qu'il était brave et vaillant pour ne les faire autres que tels (1) ». A Cerisoles, dit-on, Sampiero accourt au bruit du canon avec deux cents arquebusiers seulement et assure la victoire (2).

Sur ces entrefaites Sampiero est rappelé dans le nord et employé à la défense de Saint-Dizier (3). Au combat de Vitry il sauve avec ses arquebusiers le bataillon du comte de Brissac et assure sa retraite (4).

En 1546, les bandes corses furent licenciées. La réputation de Sampiero était alors à son comble. Depuis 1537, il faisait partie de la maison militaire du duc d'Orléans avec MM. de Tavannes, de Castelpers et de Castelnau, « les plus galants hommes de France et connus par leur valeur » (5). L'année suivante, il retourna en Corse et y épousa Vannina d'Ornano, fille de Francesco. Le gouverneur de la Corse Spinola, flairant dans Sampiero un redoutable ennemi, le fit arrêter à Bastia alors que celui-ci revenait de Rome. Henri II fit demander son élargissement immédiat par l'ambassadeur et Sampiero se hâta de quitter la Corse pour prendre part aux

---

1. Brantôme, *Discours sur les couronels français*.
2. Fieffé, *Histoire des troupes étrangères au service de la France*, t. I, p. 104.
3. L'abbé Fourot, *Le siège de Saint-Dizier* (Bar-le-Duc 1875). *Relation du siège de Saint-Dizier en 1544, d'après les documents impériaux*, Arcis-sur-Aube, 1881. La société des lettres, sciences et arts de Saint-Dizier a offert au musée municipal une réduction de la statue de Sampiero par Vital-Debray. Houdard-Casalta, *Sampiero Corso au musée de Saint-Dizier* dans le *Petit Bastiais*, 24 novembre 1891, X. Poli, *op. cit.*
4. Fourquevaux, *op. cit.*, Ch. Paillard, l'*Invasion de 1544* dans le *Bulletin de la Société des Sciences et arts de Vitry*, 1882, t. XII.
5. Saulx-Tavannes, *Mémoires*, an 1537.

luttes qui ensanglantaient l'Italie. Comme la place de Beyne, importante citadelle, avait besoin d'un secours prompt et efficace, le maréchal de Brissac, lieutenant-général du roi en Piémont, y envoya « tout soudain le couronel San-Petre Corse, personnage vaillant et expérimenté (1) ». Si Sampiero se comporta glorieusement il semble presque inutile de le dire. « Le colonel Sampetro Corse, dit Brissac, dans une lettre au connétable de Montmorency (2), n'est pas « de ceux qui ayent sy peu servi qu'ils ont besoing d'emprunter de la recommandation d'ailleurs d'eux-mêmes quand ils se veulent montrer, et que sans mes lettres il ne laisseroit d'estre le bien-venu à l'endroit de Sa Majesté et de vous ».

Ce fut alors que Henri II comprit de quelle utilité serait, dans la Méditerranée, un point de refuge pour sa flotte et celle du sultan. Il jeta les yeux sur la Corse, possession génoise. Gênes était l'alliée de Charles-Quint et par conséquent l'ennemie de la France. Sampiero appuyait fortement cette décision, désireux qu'il était de voir à jamais la Corse débarrassée de ses oppresseurs, et il n'était pas seul de cet avis. Le cardinal de Bellay écrivait au connétable de Montmorency : « Je ne fais doute que les utilités qui en reviendraient ne vous soient aussi bien connues ou mieux qu'à moi. Vous tiendriez les Génevois (3) la corde au col ; le passage de Rome, de Naples, de Sienne et de toutes ces mers vous serait sûr et à tous autres, sinon à vous dangereux. Vous pourriez en tirer dix mille des meilleurs combattants de toute l'Italie et sont si naturellement français qu'un chef qui serait sage les conduirait par un filet à la bouche ; en sorte qu'en peu de temps, il serait fort aisez à se met-

---

1. Duvillars, *Mémoires*.
2. *Bibl. nationale* msc. fr. n° 20542, folio 29.
3. Génois, de *Genova* (Gênes).

tre en sujétion volontaire » (1). Un officier corse au service de la France, nommé Altobello de' Gentili, fut envoyé secrètement en Corse pour y examiner les lieux et y sonder les dispositions des habitants (2). Altobello s'acquitta de sa mission avec une rare habileté et en rendit un compte si nettement favorable que le maréchal de Thermes (3) déclara l'expédition nettement opportune.

Le commandement des troupes de terre lui fut confié ; les vingt-cinq galères françaises dont se composait la flotte étaient commandées par le baron de la Garde, amiral des mers du Levant, secondé par Jean de Selves. Les autres chefs étaient Giordano Orsini (Jourdan des Ursins) mestre de camp, et ses deux frères Maarbal et François, le duc de Somma, Jean de Turin, Charles Caraffa, Passotto Fantuzzi, Bernardino d'Ornano et Moreto il Calabrese. Six compagnies françaises, de trois cents hommes chacune, étaient commandées par le capitaine Vanneron. Sampiero conduisait ses Corses, et soixante galères turques commandées par Dragut Raïs devaient se joindre aux troupes du roi de France.

A la fin du mois d'août 1553, six galères conduites par le duc de Somme se présentèrent devant Bastia. Sommé de rendre la place, le gouverneur Alessandro Gentile, s'y refusa. En vain le conjura-t-on de renoncer à une résistance inutile et dont les suites pouvait être si désastreuses pour la nation que le roi voulait rendre heureuse. « Vous pouvez avoir raison

---

1. Ribier, *Lettres et Mémoires d'Estat*, Paris, 1666.
2. Merello, *Della Guerra fatta da' Francesi nell'Isola di Corsica*.
3. Les instructions de Henri II lui laissant une certaine latitude, il tint à la Stiglione de la Pescara un conseil de guerre dans lequel l'expédition fut définitivement décidée.

répondit Gentile, mais j'ai ordre de défendre la place et je ferai mon devoir sans m'embarrasser du nombre des assaillants et sans discuter les intentions du roi de France (1) ». Mais cet avis n'était pas celui de la garnison; Gentile ne put que se retirer, avec quelques hommes déterminés dans la citadelle, où il ne fit qu'une courte résistance. Le 23 août, De Thermes prenait possession de la Corse au nom du roi.

En présence de cet heureux résultat, de Thermes entrevoit une conquête rapide, il met en campagne les soldats qui avaient rendu la place et les capitaines insulaires s'occupent d'accroître le nombre des troupes. On fait battre le tambour pour former des compagnies corses et de tous côtés les habitants « élevant jusqu'au ciel le nom de Sampiero et l'appelant le défenseur et le libérateur de la patrie, promettent de vivre et de mourir au service de la France. (2)

« A côté des soldats de profession, dit le capitaine X. Poli, (3) viennent se ranger les brillants montagnards insulaires. Leur nombre s'accroît au point qu'ils représentent bientôt les deux tiers de la petite armée. Ces soldats improvisés n'avaient point d'uniforme spécial. C'était la nation armée dans toute l'acception du mot. Au signal d'alarme, ils quittaient famille et foyer avec un enthousiasme indescriptible. Les capitaines désignés leur distribuaient des piques et des arquebuses, ceux qui ne pouvaient avoir une arme venaient occuper les gorges et les défilés et refoulaient l'envahisseur à coup de pierres.

De solde point « on les accommode avec belles paroles »; au moment de l'évacuation la France doit encore la paie d'une

---

1. Ceccaldi, Merello, de Thou, liv. XII,
2. Filippini, t. II p 49, Roccatagliata De Bello cyrnico.
3. X. Poli, op. cit. A p. 64.

année à l'armée régulière ! Les habitants enrôlés pour la durée de la guerre ne demandent rien (1). Ils se contentent de conserver l'arquebuse qui leur a été confiée. Eux-mêmes fournissent les vivres nécessaires à leur subsistance. Le samedi, jour où l'on fait le pain, ils quittent le rang, courent aux provisions et reviennent prendre leur place ».

Les Corses conduits par Sampiero marchent aussitôt sur Corte. Simultanément les troupes françaises et turques attaquent toutes les places fortes. Dragut bloque Bonifacio. De Thermes Saint Florent, La Garde Calvi. Corte et Saint-Florent cèdent immédiatement et Sampiero marche sur Ajaccio, colonie ligurienne où les Corses n'étaient admis à habiter qu'en très petit nombre. Devant l'armée française les Génois fuyaient. « Ils se réfugièrent, dit Ceccaldi, (2) dans les villages voisins chez des amis particuliers, qui, dans un si grand revirement de fortune s'empressèrent de les assiter et de leur fournir obligeamment toutes les choses nécessaires. Ils imitaient en cela l'exemple de Francesco d'Ornano qui, se trouvant, grâce à la faveur dont jouissait Sampiero, le partisan des Français le plus influent dans le Delà des Monts, avait généreusement soustrait aux fureurs des insurgés Geronimo Doria, lieutenant de cette province et quelques-uns des principaux habitants de la ville. Sampiero d'ailleurs, ajoute la chronique, se montra toujours prêt à faire respecter la vie de tous et l'honneur des femmes. » Cependant, pour encourager les Corses, il partagea les terres abandonnées entre les différents membres de la famille de Cinarca et les chargea d'utiliser l'influence qu'ils tenaient de leurs ancêtres pour former de nouvelles bandes. Parmi ceux qui suivaient la

---

1. Rapport de Strozzi au duc de Guise sur les affaires de la Corse. Lettre de Sampiero au duc de Guise. 7 mars 1558.

2. F. t. II p. 58.

fortune des français, il faut nommer les cinq frères Ornano, fils de Bernardino : Orlando, Anton-Paolo, Angelo-Santo dit Bernadine, Anton-Guglielmo, Pier-Giovanni.

Les soixante galères turques de Dragut-Raïs bloquaient Bonifacio. Pier-Giovanni d'Ornano combattait avec eux, et tant que dura le siège de Bonifacio il ne cessa d'engager les habitants à se rendre pour éviter l'effusion du sang. Sa tête fut mise à prix par les Génois en même temps que celle de Sampiero. Peu après, la liste des proscrits s'augmenta des noms des principaux chefs corses, parmi lesquels Francesco et Bernardino d'Ornano. Au bout de seize jours Bonifacio se rendit « vie et bagues sauves » ; mais Dragut Raïs, sans respect pour la foi jurée mit la ville à sac et massacra la garnison génoise.

Calvi seule résistait encore : en haine de Sampiero, Orlando d'Ornano s'y réfugia avec deux de ses frères. Sampiero fit alors appel à tous ses partisans, réorganisa ses troupes et forma de nouvelles compagnies dont il confia le commandement à des hommes dont l'attachement à la cause française avait été éprouvé. Le maréchal de Thermes exigea d'ailleurs de chaque capitaine un serment individuel.

« Quant aux Genevois (Génois), ils sont délibérez de dépenser tout ce qu'ils ont, jusqu'à leurs propres vies, sans y épargner leurs femmes et leurs enfants, au recouvrement de la dite île de Corsègue ». Charles-Quint s'était engagé à supporter la moitié des frais de la guerre. La Banque de San-Giorgio se décida aux plus grands sacrifices : on arma vingt-six galères, l'empereur fournit douze mille hommes de pied et cinq cents cavaliers, le duc de Toscane trois mille soldats. Le commandement de ces troupes fut confié à l'amiral Andrea Doria.

Les Génois mirent le siège devant Saint-Florent où commandait Giordano Orsini ; c'était au commencement de l'hiver de

1553, au mois de février 1554 la ville résistait encore et quand ils purent y entrer (17 février), ils n'y trouvèrent qu'une trentaine de Corses. Les autres conduits par Bernardino d'Ornano, se frayèrent un chemin sur des barques à la pointe de l'épée : ce fait d'armes passa, en ce siècle guerrier, pour un des plus merveilleux qui aient jamais été exécutés. Brantôme et De Thou le narrent en y joignant les témoignages de la plus énergique admiration.

Cependant les Génois avaient obtenu d'importants succès sur différents points de l'île, et avaient repris Bastia. Bien que De Thermes eut battu à trois reprises le général génois dans les environs de Furiani, celui-ci, ayant reçu d'importants renforts, refoula les Français jusqu'à Vescovato. La trahison d'un français, le capitaine Lachambre, leur avait ouvert les portes de Corte. Les Catalans de l'empereur ravageaient toute la partie septentrionale de la Corse. Pour hâter la conquête, Doria publia une amnistie générale en faveur de ceux qui consentiraient à abandonner le parti des français : furent cependant exclus des bénéfices de l'amnistie les principaux chefs insulaires : Sampiero, Pier'-Giovanni, Bernardino et Francesco d'Ornano.

« Thermes, dit Tavannes, avait trois incommodités : maladie, butin et désir de retraite », et ces trois défauts étaient peu compatibles avec le tempérament des Corses. Comme il ne connaissait pas la nature du pays, ses qualités de tacticien lui devenaient inutiles, et il était obligé de s'avouer inférieur au colonel des Corses. Sur la demande des chefs insulaires, le général français dégagea sa responsabilité, en confiant sinon le commandement officiel, du moins la direction de la guerre à Sampiero. Aussitôt l'armée ligurienne est obligée de se replier sur les forts. Dans un combat sur les rives du Golo, Sampiero taille en pièces les troupes de Spinola. Malheureusement Sampiero reçoit une balle dans la cuisse. Des alternatives de succès et de revers obligent les Français à quitter Morosaglia, dont ils s'étaient emparés, puis Corte. Malgré son courage et son énergie, Sampiero, fort souffrant de sa blessure est obligé de laisser à un autre le soin de continuer la guerre. Giacoposanto da Mare, le plus puissant seigneur du Cap-Corse, que le baron de la Garde avait adroitement intéressé à la cause des Français et fait nommer colonel, se montra digne de la confiance de Sampiero. Il fit appel à la jeunesse corse et en peu de jours quarante insulaires des familles les plus influentes escortés chacun de cent hommes venaient apporter un contingent précieux à l'armée franco-corse.

Cependant Spinola sut tirer parti de l'absence de Sampiero. A Morosaglia, après une lutte de plusieurs heures, les Corses écrasés par le nombre sont massacrés, et le général génois ordonne de livrer aux flammes les villages et les hameaux des environs. Aussitôt les soldats envahissent la campagne, marchent sur Orezza qu'ils mettent à feu et à sang, ils incendient les pièves d'Ampugnani, de Rostino, de Tavagna et d'Alesani,

Mais l'absence de Doria, rappelé par Charles-Quint pour faire face au corsaire Dragut, et la réapparition de Sampiero sur le théâtre de la guerre, allaient modifier la marche des évènements. L'indiscipline se glissait dans les rangs des alliés. Le château de Corte abandonné par la garnison française après la déroute de Morosaglia est repris par les Corses. Les premiers succès de Sampiero convalescent furent couronnés par une grande victoire. A Tenda, cinq cents Génois succombèrent. Les Corses prirent douze drapeaux et firent sept cents prisonniers, parmi lesquels Brancadoro, général de l'armée, le commissaire Polo Casanova, Giordano da Pino, l'historien Marc-

Antonio Ceccaldi et l'un des Spinola. Mais les Corses, de leur côté perdirent l'un des plus braves d'entre eux : Giacoposanto da Mare (13 septembre 1554). « Ce qui, écrivit M. de Thermes au roi, est un grand dommage pour votre service et tout ce pays ». En même temps, les Corses triomphaient dans deux combats à Belgodere et au pont d'Omessa.

Sur ces entrefaites, le baron de La Garde fit savoir à Sampiero que le roi le mandait à Paris, pour apprendre de sa bouche les détails de l'expédition. Cet appel ressemblait fort à une disgrâce et de Thermes fut soupçonné de n'y pas être étranger. Aussi le Corse se plaignit-il à Henri II du généralissime en termes fort amers. Après avoir tenté en vain de les réconcilier, le prince comprenant que la présence de Sampiero en Corse était plus utile que celle de Thermes, substitua doucement Giordano Orsini à celui-ci dans le commandement de l'expédition, et lorsque le vieux général revint en France (juin 1555), il l'envoya en Toscane appuyer le maréchal de Brissac.

Au mois d'août, Giordano Orsini, d'accord avec Dragut commandant une escadre de cent galères, résolut de s'emparer de Calvi. Après un siège où de part et d'autre on fit des prodiges de valeur, la ville allait succomber quand la défection de Dragut oblige les Français à se retirer. Les galères turques cependant accompagnent Giordano à Bastia; mais après quelques jours de siège, Dragut, alléguant le manque de vivres met à la voile pour Constantinople (1).

Il était temps que Sampiero revint, les insulaires se décou-

---

1. Lettre de M. de Codignac au roi, du 13 août 1555. Ribier, *Mémoires et lettres d'Etat*, t. II, p. 592. Charrière, *Négociations de la France dans le Levant*, t. II, p. 353.

rageaient : les provinces du Nebbio et de la Balagne se soumettant à Gênes sans coup férir, donnaient un dangereux exemple et le gouverneur génois, Pallavicini, faisait publier une amnistie générale, moyen qui ne manquait jamais de rallier quelques timides à la République. L'expédition se dessinait sous un jour inquiétant pour la France, quand la présence de Sampiero vint arrêter le cours des défections. Il s'efforça d'apaiser les haines de famille à famille que les Génois mettaient tant d'art à entretenir, fit conclure des trêves et s'appliqua à diriger toutes les animosités vers l'ennemi commun : Gênes.

Au commencement d'octobre, il joignit le mestre de camp de Crozes en Balagne. A la suite d'un engagement malheureux contre le capitaine Giustiniani, dont les forces étaient bien supérieures à celles des Français, Sampiero faillit être fait prisonnier.

Dès que le bruit commença à se répandre en Corse, qu'une trêve avait été signée, Français et Génois redoublèrent d'ardeur, chaque nation devant aux termes de la trêve conserver les forteresses et places qu'il occupait en ce moment. Le 7 avril 1556, la trêve de Vaucelles, qui avait été conclue le 6 février fut notifiée aux troupes françaises et génoises. Les dernières rencontres ayant été malheureuses pour l'armée ligurienne un différend s'éleva aussitôt entre les officiers des deux nations. Les Génois prétendaient que chacun devait occuper pacifiquement tous les pays qu'il possédait le jour même où la trêve avait été signée, c'est-à-dire le 5 février. Les Français interprétaient les termes de la trêve dans le sens qui leur était favorable et prétendaient conserver ce qu'ils possédaient au jour de sa publication en Corse. Les Génois ne pouvaient que protester, car à l'exception de Bastia, Calvi, Erbalunga et de quelques petites tours sans importance, l'île était entièrement occupée par l'armée franco-corse. D'ailleurs, la trêve qui avait rendu sa tranquillité à l'Europe fut en Corse fort mal observée.

Au mois de septembre, Giordano, sur le point de partir en France convoqua les Corses à une veduta générale à Corte. Chaque piève y fut représentée par deux procurateurs. Les *Douze*, élus suivant l'usage corse, rédigèrent une série de requêtes que Giordano s'engagea à mettre sous les yeux du roi et désignèrent pour accompagner celui-ci à la cour deux ambassadeurs : Giacomo de la Casabianca et Léonardo de Corté.

A son retour, Giordano Orsini, vice-roi de Corse pour le roi de France réunit les Corses en consulte à Vescovato (15 septembre 1557) et prononça un discours dans lequel il notifiait l'incorporation de la Corse au royaume. La Corse semblait à jamais délivrée des Génois. Les gentilshomme français s'établissaient dans l'île et s'alliaient aux familles du pays (1). Français et insulaires brûlaient les uns pour les autres d'un enthousiasme réciproque. Leur sang s'était mêlé sur les champs de bataille et les nationaux des deux pays avaient appris dans les rigueurs de la guerre à se connaître et à s'estimer. La Corse était devenue française.

La joie des insulaires fut de courte durée, le 3 avril 1559 fut signée la paix de Cateau-Cambrésis qui enlevait plus en un jour à la France « qu'on ne lui eut osté en cent ans de revers ». La Corse était sacrifiée. Malgré sa douleur, Sampiero ne désespéra pas. Pendant quatre ans, il ne cessa de parcourir l'Euro-

1. Telle était l'idée qu'on avait de la noblesse corse que nos plus grandes maisons recherchaient l'honneur de lui appartenir par les liens du sang. Notre gouvernement lui réservait les mêmes places et les mêmes honneurs qu'à la noblesse française avec de précieuses et de flatteuses distinctions. Germanes, *Hist. des Révolutions de l'Ile de Corse*.

pe, sollicitant de tous les pouvoirs aide et secours. Reçu par les cours de Navarre et de Florence avec tous les égards dus à sa réputation de bravoure et de loyauté, il n'en obtint cependant que des promesses. Il n'en conserva pas moins son courage et son énergie, et résolut de s'adresser aux princes mulsumans (1). Khaïr-Eddin Barberousse, en Alger, le reçut avec de grands honneurs. Ce fut là que, prêt à partir pour Constantinople, il apprit que sa femme, Vannina d'Ornano, entretenait une correspondance avec des sujets génois. Sampiero charge aussitôt son ami Antonio de San-Firenzo de surveiller Vannina et, à son retour il l'étrangle de ses propres mains. Puis, fièrement il se rend à la cour: « A la nouvelle de ce crime, dit de Thou, la plupart des courtisans avaient été saisis d'indignation; les femmes surtout. La reine-mère ne voulait pas supporter la présence d'un homme aussi méchant. Sampiero montra sa poitrine couverte des cicatrices des blessures reçues au service du roi de France: « Qu'importe au roi et à la France, dit-il, de savoir si Sampiero a bien ou mal vécu et comment il s'est comporté avec sa femme ». La dignité de son attitude et le souvenir des services qu'il avait rendus, modifièrent l'impression de la Cour et il ne fût exercé contre lui aucune poursuite ».

De Paris, Sampiero ne perdait pas de vue la délivrance de son pays: il excitait les Fregose à la révolte contre la République qui tenait leurs biens en séquestre, il engageait le duc de Toscane à joindre la Corse à ses Etats, il priait le duc de Parme de mettre quelques troupes à sa disposition ; il faisait espérer aux Corses la délivrance prochaine et les exhortait à travailler

---

1. Il fut cependant question de joindre la Corse à la Sardaigne que Philippe II abandonnerait volontairement au roi de Navarre ; la mort d'Antoine de Bourbon empêcha de donner suite à ce projet.

d'un accord de forces unanime. De ce côté la tâche était facile pour Sampiero, car la tyrannie de l'Office de San-Giorgio était plus intolérable que jamais. Les impôts étaient tels que « dans toute la Corse, dit Filippini, il n'y eut terre, rocher, étang, marais, forêts, buisson, lieu sauvage, rien enfin qui ne reçut son estimation. »

Le premier gouverneur, Gasparo del Oliva, avait encore montré une certaine modération, son successeur, Nicolo Cibbà, déploya vis-à-vis des insulaires une sévérité inexplicable ; un grand nombre de Corses, coupables du seul crime d'être suspects, subirent la torture et furent bannis ou incarcérés. En 1561, Gênes déposséda la compagnie de San-Giorgio et prit directement le gouvernement de l'île ; les choses n'en allèrent guère mieux ; en 1564 tout était mûr pour la révolte. (1)

Le 12 juin, Sampiero aborda dans la baie de Vallinco avec vingt-cinq Corses (2) et vingt-cinq Français ; à peine ses hommes ont-ils débarqué, qu'il fait couler les deux galères qui les ont amenés afin de leur ôter tout espoir de retraite. Il marche aussitôt sur le château d'Istria, s'en empare et se dirige vers Corte ; sa petite troupe grossit en chemin, la ville attaquée ne fait aucune résistance.

Partout où il passe, Sampiero harangue les habitants, leur

---

1. Le 10 mai 1533, la République avait publié une amnistie générale en faveur de ceux qui n'étaient coupables que de rébellions aux officiers de la République. Etaient exclus de cette mesure comme coupables de lèse-majesté : Sampiero de Bastelica, Giovanni della Rocca, Antonio di San-Firenzo Achille Campocasso. (Ajaccio, Arch. dep. C. 45).

2. Parmi les compagnons de Sampiero, il faut citer Antonio de San-Firenzo, Bruschino d'Orezza, Achillo de Campocasso, Baptista della Pietra, Pier'-Giovanni d'Ornano. Gênes. Arch. di. St. Corsica, filza Litterarum anno 1564. Lettres de Giovanni Spinola du 15 juin 1564, de Giuliano de Franchi du 16.

reproche leur peu de patriotisme et les exhorte à prendre les armes ; à Vescovato, il rencontre l'armée génoise commandée par Nicolo de' Negri ; il la culbute et achève sa victoire près de Caccia, où le général ligurien est tué.

Celui-ci fut remplacé par Stefano Doria. « Si deux noms, dit Gregorovius (1), pouvaient résumer toute la haine des Corses et des Génois, ce seraient bien ceux de Sampiero et de Doria, de ces deux hommes que séparait une haine profonde et qui étaient en même temps les représentants les plus purs de leurs nationalités. Stefano Doria surpassa tous ses prédécesseurs en cruautés ». Il débarqua à Bastia le 29 juillet avec 4.000 hommes et signala son arrivée en livrant aux flammes le village de la Volpajola. La guerre offrit dès lors des alternatives de succès et de revers compensés, mais naturellement fatales aux deux nations.

Bien que de la cour, Sampiero fût invité à cesser la lutte et à se contenter de voir les Corses mieux traités qu'ils ne l'avaient été par le passé (2) ; il recevait cependant des secours en armes et en argent. A la fin de l'année, la position de Stefano Doria n'était plus tenable. Le 8 décembre 1564, il écrivit pour demander du secours (3).

Andrea Doria vint à son tour appuyer les troupes de la république avec vingt-quatre galères chargées de soldats espagnols et italiens. Ces troupes passèrent les monts et ravagèrent tout

---

1. Gregorovius. *Corsica*.
2. Lettre du comte de Tende, en date du 2 juillet 1564, au sénat dans laquelle en donnant ces explications, il exigea la liberté immédiate du navire français qui porte les cargaisons royales au colonel Sampiero. Gênes, *Arch. di Stato, Corsica, Litterarum*. filza an 1565. Cf. aussi Laferrière : *Lettres de Catherine de Médicis*, Paris 1885.
3. Gênes, Arch. di St. *Corsica. Litterarum an*. 1564.

l'Au-delà des Monts. Bastelica, Olmeto et Sartène furent incendiées; par représailles on rasa la maison de Sampiero à niveau du sol (1); on brûla les blés. Cette campagne des Doria détruisit cent vingt-trois hameaux; mais elle coûta à la République plusieurs milliers d'hommes.

Lassés de la guerre, les Génois étaient rentrés dans leurs places fortes. Sampiero profita de ce moment de repos pour convoquer une consulte à Piedicorte di Bozio; un impôt de trente sous par famille fut décrété pour subvenir aux frais de la guerre, on rétablit l'antique commission des douze, et on décida qu'une députation serait envoyée au roi de France pour lui exposer la conduite des Génois et lui demander sa protection. Les députés Antonio-Padovano de Pozzo di Brando et Leonardo di Casanova, de Corté, obtinrent de la reine-mère neuf mille écus que Sampiero avait avancés deux ans auparavant pour la solde de ses troupes. Ils rapportèrent en outre quatre-vingt-deux pistolets, soixante-deux selles (2) et treize drapeaux sur lesquels on lisait : *Pugna pro patria*. Telle était la misère des patriotes que ces faibles témoignages d'intérêt furent accueillis avec joie, et les chefs corses se disputèrent l'honneur de posséder un des drapeaux envoyés. Avec les députés, arrivait de France, Alphonse d'Ornano, fils de Sampiero.

A la même époque Doria fut remplacé par Vivaldi, auquel succéda peu après Fornari. « La république ligurienne, dit Gregorovius, n'espérait plus venir à bout de Sampiero par la

1. Gênes, ut. sup. « Giungesimo a Bastelica et la notte feci buttar a terra la casa di San Pietro e la mattina brugiar tutta la terra a l'usanza di Corsicha ».

2. *Gênes, Archiv. di St. Corsica, Secret.* f. 338. Procès de Gio-Antoni Cernocoli, dit le Piovanello, de Calvi.

force ouverte. Contre cet homme pauvre, proscrit, arrivé en Corse avec quelques proscrits, elle avait usé toutes ses forces, sa flotte, une flotte espagnole, ses mercenaires allemands, quinze mille Espagnols, ses plus grands généraux Centurione et Doria ; elle avait triomphé des Pisans et des Vénitiens, elle ne pouvait soumettre un peuple misérable, abandonné de tous, faisant la guerre sans vivre, en guenilles, nu-pieds, mal armés, et qui, après tant de combats ne retrouvait le plus souvent dans ses villages que des ruines et des cendres fumantes. » La République voulait en finir avec cet homme invincible qui, à soixante-neuf ans ne se laissait atteindre, ni par la fatigue, ni par le découragement. On résolut de le faire tomber dans un guet-apens.

Trahi par son domestique Vittolo, il fut conduit par lui au défilé de Cauro où l'attendaient, en embuscade, les trois fils de Ludovico d'Ornano : Michel'-Angelo, Giovan-Antonio et Gian-Francesco, à la solde du commissaire d'Ajaccio. Après avoir constaté l'inégalité de la lutte, Sampiero ordonna à ceux qui l'accompagnaient de partir au plus vite, (son fils était du nombre) ; suivant son habitude, il restait à l'arrière-garde et protégeait la retraite. Giovan-Antonio d'Ornano le joignit le premier. Après quelques instants de lutte, Michel'-Angelo et Gian-Francesco étant accourus seconder leur frère, Sampiero, atteint de tous côtés, succomba. Sa tête fut tranchée et portée en grande pompe à Ajaccio (1) (17 janvier 1567). On ne saurait croire aux transports de joie des Génois à la nouvelle de sa mort si nous n'en trouvions la preuve authentique dans la correspondance même des officiers : « Dieu soit loué ! commence Fornari dans sa lettre au Sénat, ce matin j'ai fait mettre la tête

---

1. Gênes, *Arch. di St. Corsica, suppl.* filza 2.

du rebelle Sampiero sur une pique à la porte de la ville et une jambe sur le bastion ; je n'ai pu réunir le reste du corps parce que les cavaliers et les soldats ont voulu en avoir chacun un morceau pour mettre à leur lance en guise de trophée (1) ».
« Fornari, dit Filippini, ressentit une joie si vive de cet événement qu'il croyait rêver ; il ordonna des réjouissances solennelles, fit tirer toute l'artillerie d'Ajaccio qui était fort nombreuse et jeta de l'argent au public par les fenêtres de l'appartement qu'il habitait » (2).

Terminons cette biographie sommaire de Sampiero par le jugement que porte sur lui un historien génois :

« Sampiero, dit Casoni (3), ayant donné les plus éclatantes preuves de fermeté et de courage, a obtenu dans notre siècle très belliqueux un des premiers rangs parmi les capitaines de l'Italie. Doué d'une grande intelligence et d'un génie pénétrant, il possédait deux qualités qui se trouvent rarement réunies, savoir : un esprit vif et élevé et un jugement sain et solide... Rapide dans ses décisions, ferme dans leur exécution, insoucieux de la fatigue et des dangers, sachant tirer parti de toutes les chances que lui offrait la fortune et de toutes les fautes commises par ses adversaires. Sampiero soutenait le fardeau de la guerre autant par sa valeur que par sa sagesse. Ce fut un très grand capitaine et un très brave soldat. On peut même le considérer comme le plus grand guerrier de l'Italie en son temps. »

Sampiero laissa de Vannina d'Ornano deux fils :

1° *Alfonso-Geronimo* dit *Alphonse* qui suit.

---

1. Gênes, *ut. sup.* filza *Litterarum*, année 1567.
2. F. t. III. p. 232.
3. Casoni, *Annali di Genova*, liv. VII, p. 294.

2° *Antonio-Francesco d'Ornano*, qui fut assassiné à Rome par plusieurs gentilshommes français en 1575 (1).

XII. — Alfonso-Geronimo dit Alphonse d'Ornano, maréchal de France, colonel général des Corses, chevalier des Ordres du Roi, Gouverneur du Dauphiné et ensuite de la Guyenne. Il naquit en 1548 et fut dans son enfance page du Dauphin, depuis François II. A la mort de son père, quoiqu'il ne fût âgé que de dix-huit ans, les Corses l'élurent général. Après avoir délégué en France des députés pour annoncer au roi et à la reine mère la mort de Sampiero et solliciter des secours il recommença la guerre.

A Renno il remporta deux victoires et Delfino dalle Ciamanacce, son cousin détruisit un détachement génois. En mai 1568 Fédérico d'Istria et Paolo-Lorenzo de Bozzi, arrivèrent de France avec quelques munitions et annoncèrent que le roi ayant fait la paix avec les huguenots s'apprêtait à envoyer des secours à Alphonse (2). Mais l'enthousiasme n'était plus le même qu'au temps de Sampiero, Alphonse ne tarda pas à constater partout autour de lui la fatigue et l'épuisement, les défections étaient nombreuses et la lutte impossible. Au commencement de 1569, Giorgio Doria pria l'évêque de Sagone de s'entremettre pour la pacification de la Corse et de faire quelques ouvertures dans ce sens au fils de Sampiero. Celui-ci rédigea sur le champ ses conditions en quinze articles : le premier avait rapport à la tête de Sampiero toujours exposée à Ajaccio dont il demandait la disparition dans les six jours qui suivraient la signature du traité. Giorgio Doria ne voulut pas se charger de transmettre des conditions présentées sur

1. F. t. III, p. 306.
2. Gênes, *Arch. di Stato*, *Corsica* filza *Litterarum*. 1568.
3. Gênes, ut sup.

un ton aussi peu respectueux ; il fit observer avec douceur à l'évêque d'Ajaccio que, dans son intérêt, Alphonse en pouvait modifier les termes. Il s'engageait d'ailleurs à obtenir une amnistie générale et la liberté de partir pour tous les Corses qui voudraient aller en terre ferme. Il promettait en outre que le fief d'Ornano serait rendu à Alphonse s'il jurait fidélité. Le 6 février Alphonse présentait sa requête qui fut agréée. Aussitôt il s'embarqua pour Marseille avec trois cents corses montés sur deux galères envoyées par Catherine de Médicis. Quelques jours après, Giorgio Doria, ayant réuni les notables de l'île en diète, à Bastia, y proclama l'amnistie générale requise par Alphonse d'Ornano (1er avril 1569).

Par ordonnance de cette même année le roi Charles IX constitua un régiment corse dont Alphonse d'Ornano fut nommé colonel. En même temps la reine-mère lui fit restituer par la République génoise la portion du fief d'Ornano qui lui revenait. Ornano-Corse fut d'abord envoyé en Dauphiné, puis en Languedoc, où Montmorency-Damville contenait difficilement les réformés. Alphonse se fit connaître à la défense de Beaucaire et au siège de Sommières, et il fut remarqué « non point comme tant d'autres par une violente animosité, mais par une grande fermeté et un rare esprit de justice qui lui attirèrent l'estime de tous les partis ».

Alphonse d'Ornano, obtint du sénat génois l'autorisation de lever mille hommes en Corse. Il retourna avec ses nouvelles troupes dans le Dauphiné et y battit Montbrun qu'il fit prisonnier.

En cherchant à porter secours à la ville de Sommières toujours assiégée, il reçut une grave blessure dans les reins. A peine guéri il recommence la guerre, s'empare de Mongilin et de Montfort et avec l'aide de Domenico d'Ornano et de Cacciaguerra de Niolo, ses principaux lieutenants, il tailla en pièces un corps de cinq milles suisses qui venait au secours des huguenots. Huit cents hommes et le baron d'Aubonne, leur général, furent faits prisonniers (10 août 1587). Le roi pour cette victoire le nomma lieutenant-général du Dauphiné.

A la mort de Henri III, Alphonse d'Ornano suivit le parti de Henri IV et conclut avec Lesdiguières un traité d'alliance pour le maintien du Dauphiné sous l'autorité royale.

Le 7 février 1594, il s'empara de Lyon par surprise et cet exploit lui valut le collier de l'ordre du Saint-Esprit, il continua, avec Lesdiguières, à pacifier le midi de la France, et reçut en 1597, le bâton de maréchal de France. Henri IV, jugeant qu'il lui avait par là insuffisamment témoigné sa reconnaissance, lui donna la lieutenance-général de Guyenne, qui « ne se donnait qu'à un prince du sang ».

Alphonse d'Ornano, mourut de la pierre à Paris, le 21 janvier 1610, âgé de soixante-deux ans. Nous lisons dans le journal du règne de Henri IV, que quelques jours avant de mourir, il alla voir le roi, qui « le reçut gracieusement et parla longtemps d'affaires avec lui, pendant lequel on remarqua que les larmes coulaient le long du visage du roi, et lorsque Ornano prit congé, ce prince avait le cœur si serré qu'il ne pouvait parler (1).

---

1. Journal du règne de Henri IV, t. I. Si l'on en croit le Journal du règne de Henri III (t. II, p. 93), la fidélité d'Alphonse d'Ornano à son souverain était telle que Henri III, ayant devant lui manifesté les craintes que lui causait la conduite du duc de Guise, il lui offrit d'apporter à ses pieds la tête du rebelle.

Voici l'épitaphe d'Alphonse d'Ornano au couvent des pères de la Merci à Bordeaux, qu'il avait fondé :

« Adsta, et lemma hoc perlege invicti Heroïs, Alfonsus Ornanus est, gentilitio illustris stemmate, quem, radiante Martis sidere, nascentem vidit Corsica, adultum jam bello fulminantem excepit Galia, mox victoriis incla-

Alphonse d'Ornano épousa Marguerite de Flassans, dont :
1° *Jean-Baptiste*, qui suit ;

2° *Henri-François-Alphonse d'Ornano*, seigneur de Mazargues, gouverneur de Tarascon (1) (avec 2000 écus de pension), de Porquerolles (2), de Pont-Saint-Esprit (3), de Crest (4) et de Saint-André (5), colonel-général des Bandes corses, premier écuyer de Gaston de France, duc d'Orléans, épousa par contrat du 28 janvier 1615 Marguerite de Raymond de Montlor, dame de Sarpèze, veuve de Claude, comte de Grolée, fille de Louis de Raymond, comte de Montlor et de Marie de Maugiron. De cette union naquirent :

a. — *Jean-Paul*, dit l'abbé *d'Ornano*, fut enterré aux Augustins déchaussés de la place des Victoires (Paris) le 15 février 1656 ;

b. — *Marguerite*, mariée à Louis-Gaucher d'Adhémar de Monteil, comte de Grignan, fils de Louis-Gaucher, comte de Grignan et de Jeanne d'Ancezune, par contrat du 20 mai 1628 ;

c. — *Marie*, abbesse de Villedieu.

rescentem miratus est orbis, Romulinorum urbis liberatorem, Helvetiorum domatorem. Lugdunensis defectionis averruncum et consiliatorem ; ex hinc equitum tribunatu decoratus, et Provinciæ Aquitanæ prorex, in Deum pius in Deiparam mire devotus, in Regem semper fidus, in omnes constanter æquus, disciplinæ Castrensis retinentissimus, justiciæ forensis reverendissimus, summis, mediis, infimis, ordinibus insolabile sui desiderium reliquit.

Obijt decimo kalendas Februarij anno salutis CICCICX Joannes Baptista Ornanus, regiorum ordinum Eques, corsicanorum peditum magister, Nustriæ Provinciæ Vice-regia-moderator, et Gastonis, Ludovici Regis decimitortij, fratris unici, præfectus morum et custos adolescentiæ, hoc piis Alfonsi Ornani meritissimis parentis manibus monumentum amoris et observentiæ æternum pignus. D. D. S. S. tu qui sculptos magni vultus cernis viri, gloriam suscipe tanti nominis compositos manes, voce bona devenerare. »

1, 2, 3, 4, 5. Tous ces brevets conservés dans les archives d'Ornano.

d. *Anne*, comtesse de Montlor, marquise de Maubec, baronne d'Aubenas, mariée par contrat du 12 juillet 1645 (1), à François de Lorraine, prince d'Harcourt, fils de Charles de Lorraine, duc d'Elbœuf, et de Catherine-Henriette légitimée de France. Elle fut fiancée le 12 juillet 1645 dans le Palais-Royal à Paris par le cardinal archevêque de Lyon en présence de toute la cour. La fille d'Anne d'Ornano, Marie-Angélique-Henriette de Lorraine, épousa le 7 février 1671 Nuno Alvarès de Portugal, duc de Cadaval, de la maison de Bragance. Anne d'Ornano mourut en septembre 1695;

3° *Pierre d'Ornano*, dit aussi Sampiero, fut d'abord abbé de Sainte-Croix de Bordeaux, puis ayant quitté l'Eglise, il devint mestre-de-camp du régiment d'Orléans. Il épousa Hilaire de Lupé de Sansac, fille du baron de Tingros dont il eut :

a. — *Jacques-Théodore d'Ornano*, marquis de Saint-Martin, capitaine (2), marié à Catherine de Bassapat de Pourdrac, veuve de Jean de Roquelaure seigneur de Beaumont, il n'a pas laissé de postérité.

b. — *Marie*, mariée le 27 février 1659 à François de Lasseran-Massincomme-Montluc, marquis de la Garde et de Miremont (de la maison de Montesquiou) (3), lieutenant du roi en Guyenne et gouverneur d'Orthez, fils du baron de la Garde et de Catherine de Cominges.

---

1. Contrats. Archives d'Ornano.
2. Rôle de monstre et revue d'une compagnie du marquis d'Ornano. Archives d'Ornano.
3. Il descendait d'Odon de Montesquiou qui avait épousé en 1318 Aude de Lasseran, dame de Lasseran, qui apporta dans cette branche de la maison de Montesquiou les fiefs de Massincomme, Montluc, Puck, Gontaut, Gonnema et autres lieux, à charge pour le dit Odon de Montesquiou de substituer à son nom et à ses armes le nom et les armes de Massincomme.

c. — *Françoise*, mariée à Jacques de Marmiesse, baron de Lussan, président au parlement de Toulouse ;

4° *Joseph-Charles* d'*Ornano*, d'abord abbé de Montmajour-les-Arles ; puis maître de la Garde-Robe du duc d'Orléans. Il mourut le 1ᵉʳ juin 1670 laissant de Charlotte Perdriel, dame de Beaubigny, sa femme :

a. — *Gaston-Jean-Baptiste*, marquis d'Ornano, mousquetaire, puis enseigne au régiment des gardes en 1664, capitaine de cavalerie en 1668, mort sans alliance en 1674;

b. — *Anne*, première fille d'honneur de la duchesse d'Orléans, mariée le 30 mars 1669 à Louis Lecordier, marquis du Tronc, seigneur de Varaville, morte le 13 janvier 1698 ;

c. — *Anne-Charlotte*, demoiselle de Beaubigny, morte sans alliance le 4 juin 1682 ;

5° *Anne*, mariée à Antoinette de Roure, comte de Saint-Brets, baron d'Aiguèze, fils d'Antoine comte de Roure et de Claudine de la Fare-Moutclar, maréchal de camp des armées du roi qui eut deux fils tués au service du roi.

6° *Louise*, mariée à Thomas de Linche (1), seigneur de Moissac, par contrat du 1ᵉʳ novembre 1596, de cette union naquit un fils qui épousa Marguerite de Blacas et dont un descendant direct François-Thomas de Linche, hospodar de Moldavie, fut décapité par ordre du sultan Mustapha III le 14 mai 1760 (2). Sa postérité existe en Roumanie ;

---

1. C'est à la maison de Linche, corse d'origine, que revient la gloire d'avoir porté la première le drapeau français sur les côtes africaines. Thomas Linchi, gentilhomme de l'île de Corse, consul de Marseille, fonda en 1560 le Bastion de France, premier établissement français en Barbarie. Thomas de Linche, sire de Moissac, époux de Louise d'Ornano, releva cette colonie que les négociants génois avaient ruinée.

2. Hammer, *Histoire de l'empire Ottoman*.

7° *Madeleine*, mariée à Pierre d'Esparbès, seigneur de Lusan, fils de Philippe d'Esparbès et de Charlotte de Goulart.

XIII. — JEAN-BAPTISTE D'ORNANO, maréchal de France, chevalier des Ordres du Roi, lieutenant-général au gouvernement de la Normandie, gouverneur de la personne de Monsieur (Gaston d'Orléans), naquit en 1581. Il n'avait que quatorze ans lorsqu'il se signala au siège de la Fère où il commandait une compagnie de chevau-légers. L'année suivante il fut nommé colonel-général des Corses en remplacement de son père qui venait de recevoir le bâton de maréchal. Il fit les campagnes de Roussillon et de Savoie (1600-1601) ; en 1602, il passa en Piémont et prit la ville de Pena. Après la mort de Henri IV, il eut à maintenir sous l'obéissance du roi les provinces de Guyenne et de Languedoc dépourvues de gouverneur, et fut peu après préposé au gouvernement de la Normandie. En 1619, on lui confia la direction de Gaston d'Orléans, frère du roi ; mais sa conduite ne plut pas au cardinal de Richelieu qui le fit embastiller. Plus tard, il rentra en grâce, et en récompense des nombreux services qu'il avait rendus, il fut nommé maréchal de France (7 avril 1726). Richelieu essaya de gagner à son parti Jean-Baptiste d'Ornano, qui lui semblait redoutable, et, devant l'insuccès de ses efforts, le fit arrêter une seconde fois à Fontainebleau et conduire au château de Vincennes. En 1626, à peine âgé de quarante-cinq ans, le maréchal mourut dans sa prison. La postérité a accusé Richelieu de l'avoir fait empoisonner.

De son mariage avec Marie de Raymond-Montlor, sœur de Marguerite, il n'a pas laissé de postérité.

BRANCHES DE LA MAISON D'ORNANO

REPRÉSENTÉES AUJOURD'HUI

PREMIÈRE LIGNE

(*Résidence : Vico d'Ornano, Sainte-Marie Siché*).

X. — ANTONIO D'ORNANO, fils d'Orlando (frère de Giovanni, tige des marquis d'Ornano), dernier seigneur feudataire d'Ornano de la branche légitime, fut dépossédé comme on l'a vu plus haut par la République ligurienne. Antonio ne paraît pas avoir quitté la Corse, il n'est connu que par une pièce en date de 1598, dans laquelle Anton-Francesco et Francesco d'Ornano établissent qu'ils sont fils du capitaine Paolo et petits-fils d'Antonio d'Ornano (1).

XI. — PAOLO D'ORNANO, capitaine au service de la France, obtint un décret des commissaires de la République de Gênes, Andrea Imperiali et Pellegro Giustiniani, en date du 19 avril 1560, l'autorisant à armer de fusils les hommes à son service personnel, à charge pour lui de donner caution et de ne s'en servir que pour la chasse et pour la défense de ses biens con-

---

1. Voir la note 2 de la page suivante. Antonio est appelé Sebastiano dans le *Compendio genealogico*. Il est, sur un arbre généalogique du xviii° siècle, confondu avec le fils de Guelfuccio, Anton-Paolo, dont l'héritage était déjà réclamé en 1490 (Voir plus haut).

tre les Corsaires. (1) Paolo d'Ornano retourna en France où il mourut laissant deux fils de N... da Cozza, fille de Vinciguerra da Cozza (2) son épouse.

1. *Anton-Francesco*, qui suit ;

2. *Francesco*, capitaine au service de la France, (3) sollicita et obtint du Sénat Génois un décret en date du 19 août 1627 (4) l'autorisant à rentrer en Corse avec sa famille (5). Il fit le 18 octobre 1642 son testament par devant Gio-Battista Benielli, notaire (6). Il y nomme sa femme Giulia Franceschini, sœur de l'alfier Geronimo Franceschini, orateur à Gênes du Delà des Monts, et ses filles:

   a. — *Franzona*,

   b. — *Marta*, mariée à Guglielmo de Bozzi.

XII. — ANTON-FRANCESCO D'ORNANO (7), né en 1571, capitaine au service de la France, rentra en Corse en 1598. Ce fut de

---

1. Pièce extraite des archives d'Ajaccio le 11 janvier 1775, dûment legalisée et admise au Conseil Supérieur pour vérification de noblesse.

2. Acte du 22 novembre 1597, admis au Conseil Supérieur.

3. En 1608, il était en garnison à Pont-St-Esprit, comme l'établit une quittance admise au Conseil Supérieur.

4. Pièce admise au Conseil Supérieur, la requête à Gênes, *Arch di. Stato Corsica, Supplicationum*, filza 63.

5. « Nota delle persone che detto Capitan Francesco conduce : La Moglie : tre figliuoli, un maschio, due femine, Giovannin della Fretta, Francesco suo servitore, Due donne serventi con doi figlioli piccoli, numero nove ». Décret précité.

6. Pièce admise au Conseil Supérieur.

7. La filiation et l'âge d'Anton'-Francesco et de Francesco, ainsi que la mort en France du capitaine Paolo sont établies par les pièces dressées par Simon de Suzzino, podestat de Sainte-Marie en 1597 et 1598, pour l'héritage du capitaine Paolo, fils d'Antonio d'Ornano, dont extraits admis au Conseil Supérieur.

son vivant que fut reconstruite à Vico d'Ornano la maison de Sampiero à demi ruinée, qui est aujourd'hui encore habitée par ses descendants (1). A la suite de violents actes de vendetta, il fut relégué à Bastia quelque temps (1600). En 1630 le Sénat renouvela en sa faveur le décret de 1560 (2). Il épousa Giulia d'Istria (3) dont il eut quatre fils :

1° *Renuccio*, qui suit ;

2° *Antonio*, dont la branche sera rapportée ci-après ;

3° *Pier-Andrea*, sergent-major (4) des milices génoises (5), sans postérité ;

4° *Gian-Battista*, capitaine au service de Gênes (6), sans postérité.

XIII. — Renuccio d'Ornano, colonel au service de Gênes comme il apparaît d'un acte notarié en date du 26 janvier 1668 (7), était major du régiment corse en garnison à Forli en 1672 (8), on voit par une autre pièce en date du 17 janvier 1658 (9) que Renuccio était l'aîné des fils du capitaine

---

1. L'évêque de Sagone accusa Mgr Contardi évêque d'Ajaccio avec qui il était en rivalité d'avoir poussé les habitants de Santa-Maria à rebâtir la maison de Sampiero. Contardi était d'ailleurs noté comme partisan des Français. (Gênes ut. sup. *Secretorum*, 338).

2. Pièce en parchemin admise au Conseil Supérieur.

3. Msc de M. le comte J. d'Ornano.

4. Grade supérieur à celui de colonel, inférieur à celui de maréchal de camp.

5. Gênes, *Arch. di St.*, *Militarium*, filza 60.

6. Gênes, ut. sup., filza 60.

7. Pièce admise au Conseil Supérieur.

8. Gênes, ut. sup., *Militarium*, filza 60.

9. Pièce originale en parchemin, rédigée en latin, admise au Conseil Supérieur.

Anton'Francesco. Le 17 décembre 1664, un décret du Sénat de Gênes l'autorisa à parler la tête couverte devant le Sénat, et la tête couverte et assis devant les autres tribunaux de la République. Il se fixa à Vico d'Ornano, où il mourut en 1681. De Geronima d'Istria (1), son épouse, fille de Giovan'-Maria des sgrs d'Istria, il eût :

1° *Giovan-Luca* qui suit ;

2° *N...*, mariée à Ettore, fils du capitaine Gio-Giacomo Ettori-Quenza (2).

XIV. — Giovan-Luca d'Ornano, représenta Bartolomeo Sauli, commissaire de la République, au baptême du fils de Giovanni-Valerio, coseigneur d'Istria (3) en 1657. Il épousa Jéronima Bacciochi et mourut avant son père, ne laissant qu'un fils unique :

XV. — Paolo-Francesco d'Ornano, comte d'Ornano, major au service de Gênes. En 1677, il fut envoyé à Gênes pour y exposer les besoins de la juridiction d'Ajaccio (4). Par décret en date du 28 novembre 1680, confirmé en 1681, il fut autorisé à faire porter par ses gens selon ses besoins toutes sortes d'armes (5). La même année le commissaire d'Ajaccio le mit en possession des biens de son aïeul, le colonel Renuccio, dont il se trouvait par suite de la mort de son père l'héritier immédiat (6). On le trouve en 1682 (le 20 décembre) témoin à Ajac-

---

1. Ajaccio, *Arch. dép. de la Corse*, actes du not. Luigi Rastelli, 20 septembre 1639.

2. Dont Renuccio et Anton-Palovano Ettori (Gênes, *Arch. di St. Supplicationum*, f. 103).

3. Expédition de l'acte de constitution admise au Conseil Supérieur.

4. Ajaccio, *Arch. comm.*, série A. A. 1677.

5. Expédition admise au Conseil Supérieur.

6. Sentence, dont expédition admise au Conseil Supérieur.

cio du mariage de Giuseppe Bonaparte (1), avec Maria de Bozzi (2). En 1700, il fut nommé officier près du commissaire d'Ajaccio en remplacement de son grand-oncle Pier-Andrea d'Ornano appelé à Gênes, avec le grade de sergent-major (3).

Un brevet du gouverneur général de Corse, Pietro Fiesco, daté de Bastia, 31 mai 1706 lui donna le commandement des milices du Delà des Monts (4).

Ainsi que la plupart des membres de la famille d'Ornano, Paolo-Francesco embrassa la cause du parti national sous Théodore de Neuhof, dont il reçut le titre de comte (5). Il l'accompagna à Naples en 1734. De Constancia d'Ornano (6), son épouse, il eut cinq fils :

1° *Ignazio*, né en 1684 ;

2° *Giovanni-Luca*, né en 1690 ;

3° *Pasquale*, né le 3 mai 1710 ;

4° *Pier-Andrea*, né le 22 mai 1716 ;

5° *Domenico*, père de Fabrizio, sans postérité.

XVI. — IGNAZIO D'ORNANO, fils de Francesco d'Ornano, mort le 22 juin 1715. Il eut pour fils unique *Francesco-Maria*.

XVII. — FRANCESCO-MARIA D'ORNANO, né le 29 mars 1715, marié à Angela Colonna d'Istria, reconnu noble au Conseil supérieur. Il laissa deux fils :

---

1. Ancêtre direct de Napoléon.

2. Ajaccio, *Arch. communales*, Série C C. Actes paroissiaux.

3. Expédition du décret du magistrat de Corse du 23 septembre 1700 portant nomination dudit Francesco d'Ornano en lieu et place de Pier-Andrea, sergent-major, en service à Gênes. Pièce admise au Conseil Supérieur.

4. Pièce originale admise au Conseil Supérieur.

5. Rostini. Mémoires dans le *Bulletin de la Société des sciences historiques de la Corse*, p. 173 et suiv.

6. Msc de M. le comte J. d'Ornano.

1° *Antoine*, qui suit ;
2° *Ignace*, dont la postérité est rapportée plus loin.
XVIII. — ANTOINE D'ORNANO, marié à N. Foatelli, dont :
1° *Augustin*, ⎫
2° *Laurent*, ⎭ sans postérité ;
3° *Dominique*, qui suit ;
4° *Jean-Baptiste*, sans postérité.
XIX. — DOMINIQUE D'ORNANO, marié à Nunzia Forcioli, mort en 1846.
XX. — PAUL-AUGUSTIN D'ORNANO, né le 2 décembre 1818, marié à Anne-Marie Colonna d'Istria, décédé en 1893 sans postérité.

Second rameau.

XVIII. — IGNACE D'ORNANO, fils de Francesco-Maria d'Ornano il a eu deux fils :
1° *Jean-Luc*, qui suit ;
2° *Silvestre*, dont la postérité est raportée plus loin.
XIX. — JEAN-LUC D'ORNANO, marié a N. Colonna d'Istria, dont un fils qui suit.
XX. — FRANÇOIS-MARIE D'ORNANO, né le 16 mars 1795, marié à Angela-Maria Forcioli, mort le 20 mai 1871, laissant :
1° *Vincent*, qui suit ;
2° *Luc-Ignace*, né le 26 janvier 1821, marié à Hélène Emili, dont il a :
   a. — *Ange-Marie*, née le 13 novembre 1856 ;
   b. — *Ignace-François*, né le 12 février 1859 ;
   c. — *Marie-Innocence*, née le 6 mars 1869 ;
   d. — *Marie-Françoise*, née le 3 juin 1874 ;

3° *Marie-Ignazina*, née le 25 décembre 1816, mariée à Ascagne-Félix d'Ornano.

XXI. — Vincent d'Ornano, né le 22 mai 1818, décédé en 1897 sans alliance.

Troisième rameau.

XIX. — Silvestre d'Ornano, fils d'Ignace d'Ornano marié à N. Colonna d'Istria.

XX. — François-Antoine d'Ornano, né en 1799, décédé le 10 février 1872, marié à Diane Colonna d'Istria, dont :

1° *Silvestre d'Ornano*, né en 1824, lieutenant de vaisseau, mort en 1878, sans postérité mâle ;

2° *Luchinette*, mariée à Paul-François d'Ornano ;

3° *Marthe*, mariée à Frédéric Colonna d'Istria ;

4° *Sampiero*, qui continue la filiation.

XXI. — Sampiero d'Ornano, né le 2 octobre 1832, marié à Félicité Poli, dont :

1° *Marthe-Marie-Rose*, née le 30 mars 1856 ;

2° *Marie-Aurélie-Joséphine*, née le 24 juillet 1858 ;

3° *Marie-Ignazina*, née le 24 juillet 1864 ;

4° *Jean-Paul*, né le 26 juin 1867 ;

5° *Rosine-Lucienne*, née le 24 juin 1870 ;

6° *François-Antoine*, né le 26 août 1873 ;

7° *Marie-Diane*, née le 26 avril 1876.

Quatrième rameau.

XVI. — Giovan-Luca d'Ornano, fils de Francesco d'Ornano, n'eut que le fils unique qui suit ;

XVII. — Joseph-Marie d'Ornano, eut deux fils.

1° *Jean-Luc*, qui suit ;

2° *Antoine Padoue*, dont la postérité est rapportée ci-après.

XVIII. — Jean-Luc d'Ornano, né en 1789, mort le 25 janvier 1832, marié à Jacqueline Natalelli, dont un fils qui suit.

XIX. — François-Antoine d'Ornano, né le 19 décembre 1826, marié à Zelmira-Maria-Ferdinanda de Turicque, dont :

1° *Jean-Baptiste*, mort sans enfants ;

2° *Vannina*, mariée à Xavier d'Ornano ;

3° *Luc-Alfred*, qui suit.

XX. — Luc-Alfred d'Ornano, né en juillet 1861.

Cinquième rameau.

XVIII. — Antoine-Padoue d'Ornano, fils de Joseph-Marie dont :

XIX. — Pierre-François d'Ornano, né le 26 février 1805, décédé le 14 juin 1859, marié à Anne-Marie Marcelli, dont :

1° *Antoine-Padoue*, qui suit ;

2° *Paul-François*, né le 14 septembre 1838, sans alliance ;

3° *Jean-Baptiste*, né le 16 octobre 1846, marié à Thérèse Cervi, dont Marie-Caroline, née en septembre 1870 ;

4° *Dominique-Sébastien*, abbé *d'Ornano*, né le 28 juillet 1853 ;

5° *Jéromine*, mariée à Pierre-Pascal d'Ornano.

XX. — Antoine-Padoue d'Ornano, né le 17 août 1836, marié, à Toussainte Tiroloni, dont :

1° *Marie-Pétronille*, née le 21 mars 1876 ;

2° *Anne-Marie*, née le 8 août 1879 ;

3° *Vannina*, née le 8 septembre 1883 ;

4° *Sébastien*, né le 20 juillet 1887.

Sixième rameau.

XVI. — Pasquale d'Ornano, fils de Paolo-Francesco, n'eut qu'un fils, qui suit.

XVII. — Pietro-Francesco d'Ornano, né le 12 novembre 1745, fut reconnu noble au Conseil supérieur. Il ne laissa que le fils qui suit.

XVIII. — Michel-Antoine-Noel d'Ornano, qui eut trois fils.

1° *Joseph-Antoine-Noel d'Ornano*, capitaine d'infanterie, mort sans postérité, le 9 juillet 1834;

2° *Pascal-Alesius*, qui suit;

3° *Jean-François*, mort le 16 octobre 1885, sans postérité.

XIX. — Pascal-Alesius d'Ornano, né le 17 juillet 1811 décédé le 28 juillet 1843, marié à Marie Aiqui.

XX. — Pascal-Alesius Pierre-François-Raphaël d'Ornano, né le 24 octobre 1843, marié à Jéromine d'Ornano, dont :

1° *Jacques-Alphonse*, né le 9 février 1861;

2° *Julie-Marie*, née le 22 mai 1867;

3° *Pascal-Victor*, né le 3 mars 1871.

Septième rameau.

XVI. — Pier-Andrea d'Ornano, comte d'Ornano, fils de Paolo-Francesco, capitaine de troupes Corses ou service de Gênes, né le 22 mai 1676, marié à Ottavia d'Ornano, a eu pour fils :

1° *Anton-Francesco*, comte *d'Ornano*, qui a eu pour fils *Lillo*, pour petit fils *Luigi*, dont la postérité est éteinte, et pour petite fille *Caroline*, mariée à Antoine-François d'Ornano;

2° *Paolo-Francesco*, qui suit;

3° *Ferdinando*, dont la postérité est rapportée plus loin.

XVII. — Paolo-Francesco d'Ornano, comte d'Ornano ; podestat de Santa-Maria-Siche né le 14 avril 17..., marié à N. Colonna d'Istria, présenta conjointement aux autres membres de sa famille, une requête au Conseil Supérieur de la Corse tendant à obtenir des lettres patentes de reconnaissance de noblesse. L'arrêt conclut en ces termes : « Le conseil supérieur a admis les titres produits par les dits... Antoine-François, Paul-François, et Ferdinand frères, fils de feu Pierre-André..., tous d'Ornano, comme bons suffisants et valides, en conséquence les déclare nobles de noblesses prouvée au-delà de deux cents ans (1), ordonne qu'eux, leurs enfants et descendants jouiront des droits, privilèges, prérogatives et prééminences attachées à ladite qualité et que le présent arrêt sera inscrit tout au long sur le registre des familles nobles ayant fait preuve ».

XVIII. — Antoine-Sébastien d'Ornano, comte d'Ornano, fils unique de Paolo-Francesco, marié à N. d'Ornano.

Il mourut en 1838, laissant trois enfants :

1º *Paul-François* qui suit ;

2º *Nunzia* ;

3º *Isabelle*.

XIX. — Paul-François d'Ornano, comte d'Ornano, né en 1796, marié à Innocence Colonna-Bozzi, il mourut le 11 décembre 1852, laissant :

1º *Antoine-Sébastien*, qui suit ;

2º *Jacques-Pierre d'Ornano*, né le 4 mars 1834, marié à Louise Bellinger, dont :

a. — *Paul-Ernest*, né le 4 mai 1869 ;

b. — *Marie-Joséphine*, née le 11 octobre 1872, religieuse.

---

1. L'enquête ne remontait jamais au-delà.

XX. — Antoine-Sébastien d'Ornano, né le 2 novembre 1827, mort le 29 décembre 1855, marié à Marie-Herminie-Elisabeth Colonna-Ceccaldi, fille de Vincent et de Marc-Antoinette Ceccaldi.

1° *Paul-François*, qui suit;

2° *Vincent-Joseph-Toussaint d'Ornano*, né le 15 juillet 1855, marié à Louise Deshayes dont :

a. — *Isabelle*, née en 1887 ;

b. — *Paul-Antoine-François*, né en 1891, décédé le 19 janvier 1896 ;

c. — *Roland-Sébastien*, né le 19 août 1895.

XXI — Paul-François d'Ornano, comte d'Ornano, marquis romain, autorisé par bref pontifical en date du 5 mai 1899 à « relever le titre de marquis conféré à Pietro-Paolo d'Ornano par le pape Pie V ».

Il est né le 15 novembre 1851 et a épousé, le 26 octobre 895, Hélène Achillas-Achilopullo fille de Evangèle Achillas-Achillopulo et de Pénelope Stephanidès.

Huitième rameau.

XVII. — Ferdinando d'Ornano, comte d'Ornano, marié à N. Ottaviani, mort en 1824, n'eut qu'un fils, qui suit.

XVIII. — Pierre-André d'Ornano, comte d'Ornano, né en 1785, marié à Angèle-Marie Colonna d'Istria, mort le 2 octobre 1846, laissant :

1° *Pierre-Félix*, né en 1810, décédé le 7 septembre 1881 sans postérité ;

2° *François-Antoine*, qui suit.

XIX. — François-Antoine d'Ornano, né à Sainte-Marie-

Siché le 28 juin 1817, marié en 1840, à Marie-Caroline, fille de Lillo d'Ornano et de Laura d'Ornano.

1° *Jean-Louis*, qui suit ;

2° *Don-Camille d'Ornano*, né le 2 juin 1843, marié à Nuntia Leonardi, dont :

a. — *Marie-Françoise*, décédée ;

b. — *François-Antoine-Pierre-André*, né le 23 octobre 1880 ;

c. — *Marie-Caroline*, née le 15 octobre 1882 ;

d. — *Félix-Pierre-Lelie*, né le 9 juillet 1885 ;

e. — *Sampiero-Louis-Camille-Ferdinand*, né le 16 octobre 1887 ;

f. — *Marie-Françoise-Madeleine*, née le 27 août 1892 ;

3° *Laure-Marie*, née le 19 juin 1845, mariée à Antoine d'Ornano ;

4° *Angèle-Marie*, née le 8 septembre 1848.

XX. — Jean-Louis d'Ornano, comte d'Ornano, né à Sainte-Marie-Siché, le 28 octobre 1841, marié à Elise de la Montagne, dont :

1° *Charlotte-Geneviève*, née en 1874 ;

2° *Marie-Adèle*, née en 1875 ;

3° *Antoine-Pierre-André*, né en 1880 ;

4° *Jacques-Pierre*, né en 1881 ;

5° *Jeanne*, née en 1887.

SECONDE BRANCHE

Résidence: la Casabianca, Sainte-Marie-Siché.

XIII. — Antonio d'Ornano, fils d'Anton-Francesco d'Ornano, colonel au service de Gênes puis de Venise (1). En 1619, il fut poursuivi et condamné pour acte de vendetta (2).

Au mois d'octobre 1643, un de ses parents, Sampiero d'Ornano (3) ayant été assassiné par plusieurs membres de la famille Bozzi à la rivière de Bocognano, Antonio, à la tête deux cents hommes, se mit à la poursuite des meurtriers et ne s'arrêta qu'à Sollacarò. Là il mit le siège devant l'habitation de Pier'-Francesco d'Istria où il supposait que les Bozzi s'étaient réfugiés. Le siège de la maison dura un jour et deux nuits et pendant tout ce temps assiégeants et assiégés ne cessèrent d'échanger des coups d'arquebuse. Après quoi Pier-Francesco permit à Antonio de s'assurer qu'il ne cachait personne dans sa maison.

Informé de l'évènement, le commissaire d'Ajaccio se rendit avec des troupes à Sollacarò où Pier'-Francesco se plaignit de

---

1. Gênes, *Archiv. di San-Giorgio, Corsica Suppl. filza*, 55.
2. Germanes. Tome III. Sur la noblesse de Corse.
3. Dont la filiation n'a pu être établie.
4. Banchero, *Annali*. Dans le *Bulletin de la Société des sciences historiques de la Corse*, p. 182.

l'injure qu'Antonio lui avait faite. Antonio, invité par le commissaire à se rendre à Ajaccio, demanda un sauf conduit. Cette précaution lui fut de peu d'utilité car, mis en état d'arrestation par le gouverneur, il fut condamné à une grosse amende et à la relégation.

Antonio avait obtenu confirmation des privilèges accordés à son père et à son aïeul relativement à l'armement de sa maison, par décret du 15 octobre 1640 (1), il mourut vers 1649, laissant de sa femme, Madaglena de Bozzi :

1° *Cesare*, qui suit ;

2° *Giuseppe*, dont la postérité est rapportée plus loin.

XIV. — CESARE D'ORNANO, colonel au service de Gênes, commissaire-adjoint au commissaire d'Ajaccio par lettres patentes du 27 juin 1681, portant « injonction à certains cap'taines de bataillon d'obéir audit magnifique colonel César ». Il mourut le 29 juin 1711, laissant trois fils :

1° *Antonio*, qui suit ;

2° *Giovanni-Luca*, dont la postérité est rapportée plus loin ;

3° *Gian-Francesco*, né le 22 août 1710, sans postérité.

XV. — ANTONIO D'ORNANO, mourut avant son père, laissant deux enfants en bas-âge (2).

1° *Gio-Battista*, qui a eu pour fils *Paolo-Francesco* et *Domenico*, tous deux sans postérité ;

2° *Pietro-Maria*, qui suit.

XVI. — PIETRO-MARIA D'ORNANO, épousa le 22 septembre

---

1. Expédition dudit acte délivrée par Louis Pozzo-di-Borgo, notaire le 30 janvier 1776 et admise au Conseil Supérieur.

2. Comme il appert d'une vente faite en 1703 par les magnifiques Gio-Battista et Pietro-Maria d'Ornano, mineurs avec le consentement du colonel César d'Ornano leur grand-père.

1710, Jeronima, fille de Pier-Andrea d'Ornano (1), dont un fils qui suit.

XVII. — Gio-Battista d'Ornano, né le 25 mars 1726 (2), marié à Maria-Cornelia N... dont :

1° *Antoine* ;

2° *Alphonse*, né le 5 avril 1766 ;

3° *Pierre-Marie*, le 17 mars 1771, sans postérité.

XVIII. — Antoine d'Ornano, né le 20 mai 1751, reconnu noble au Conseil supérieur avec ses deux frères, il laissa trois enfants.

1° *Jean-Baptiste d'Ornano*, né le 11 juillet 1779, directeur des postes du royaume de Naples, décédé le 24 février 1859, sans postérité ;

2° *Dominique-Marie*, qui suit ;

3° *Paul-François d'Ornano* dont le rameau est rapporté ci-après.

XIX. — Dominique-Marie d'Ornano, né le 1er décembre 1785 décédé le 4 janvier 1865, officier, au service de Naples, a laissé cinq fils de Félicité Giustiniani, sa femme.

1° *Antoine-Pierre*, né le 28 juillet 1824 ;

2° *Joachim*, né le 7 janvier 1835, qui a épousé Anne-Marie Forcioli, dont :

a. — *Antoine*, né en 1867 ;

b. — *Félix*, né en 1870 ;

3° *Pierre-Marie*, né le 21 octobre 1832 ;

4° *Jean-Baptiste*, né le 24 avril 1838, marié ;

5° *Joseph*, né le 5 décembre 1842, marié.

XX. — Antoine-Pierre d'Ornano, marié à Julie, fille de Paul-François d'Ornano, dont :

---

1. Expédition dudit acte de mariage admise au Conseil Supérieur.

2. Extrait baptistaire admis au Conseil Supérieur.

1° *Paul-François,* qui suit ;
2° *Jean-Baptiste,* né le 25 octobre 1858 ;
3° *Félix-Antoine,* né le 5 mai 1860 ;
4° *Antoinette-Lille,* en religion, sœur Saint-Henri, née le 10 décembre 1864 ;
5° *Dominique-Marie,* né le 5 novembre 1866 ;
6° *Alphonse,* né le 14 février 1869 ;
7° *Luchinette,* née le 31 mai 1873 ;
8° *Pierre-Jules-Antoine,* né le 1ᵉʳ novembre 1875.
XXI. — Paul-François d'Ornano, né le 15 août 1852.

Second rameau.

XIX. — Paul-François d'Ornano, né en 1798, décédé en septembre 1852. De Luchinetta d'Ornano, sa femme, il a laissé :
1° *Alphonse,* qui suit.
2° *Antoine-Valère,* né le 5 novembre 1839, décédé le 11 juin 1891, marié à Laure-Marie d'Ornano, dont :
a. — *Paul-François,* né le 18 septembre 1874 ;
b. — *Luchinette-Marie,* née le 9 mars 1876 ;
c. — *Xavière,* née le 1ᵉʳ septembre 1878 ;
d. — *Marie-Caroline,* née le 6 avril 1881 ;
e. — *Marie-Antoinette,* née le 15 septembre 1884 ;
f. — *Alphonse-Antoine,* né le 12 mai 1887 ;
3° *Xavière,* décédée ;
4° *Diane,* mariée à N. Riccardoni.
XX. — Alphonse d'Ornano, né le 9 novembre 1836, marié à Toussainte Gherardi, dont :
1° *Xavier-Toussaint,* né le 1ᵉʳ novembre 1872 ;

2° *Pauline*, née le 11 août 1875 ;
3° *Antoinette*, née le 22 mai 1878 ;
4° *Madeleine*, née le 11 mai 1882 ;
5° *Luc-Alphonse*, né le 14 juin 1884 ;
6° *Pierre*, né le 14 août 1887.

Troisième rameau.

XV. — Giovan-Luca d'Ornano, fils de César d'Ornano, capitaine au service de Gênes, né en 1671, mort en 1711 comme il résulte de son acte mortuaire (1), en date du 4 janvier. Il laissa un fils unique.

XVI. — Alfonso d'Ornano, né le 22 août 1710 (2), marié à Livia-Maria d'Ornano, dont il a eu deux fils reconnus nobles au Conseil Supérieur.

1° *Gio-Battista*, né le 15 mars 1744, qui eut pour fils Pasquale sans postérité ;

2° *Giovan-Luca*, qui suit.

XVII. — Giovan-Luca d'Ornano, né le 17 juillet 1756 (3).

1° *Toussaint*, sans postérité ;

2° *Ascagne-Félix*, qui suit ;

3° *Jean-Baptiste*, capitaine d'infanterie, sans postérité.

XVIII. — Ascagne-Félix d'Ornano, né le 30 juin 1793, marié à Ignazina, fille de François-Marie d'Ornano, il est décédé le 22 août 1845.

1° *Luc d'Ornano*, qui suit.

---

1. Dont expédition admise au Conseil Supérieur.
2. Extrait baptistaire admis au Conseil Supérieur.
3. Extrait baptistaire admis au Conseil Supérieur.

2º *Jean-Baptiste*, né le 10 novembre 1843, sans alliance.

XIX. — Luc d'Ornano, né le 6 mai 1840, marié à Pétronille Robaglia, dont postérité.

Quatrième rameau.

XIV. — Giuseppe d'Ornano (1) fils du colonel Antonio d'Ornano, eut pour fils :

1º *Luca*, qui suit :

2º *Saverio*, marié à Barbara Forcioli fille de Visconte Forcioli dont : Laura mariée à Francesco Saverio fils de Cesare, des seigneurs d'Istria mère : 1º de Mgr Colonna d'Istria comte du Prat, évêque de Nice ; 2º de Laura mariée au général baron de Cesari.

XV. — Luca d'Ornano, marquis d'Ornano, fut colonel au service de Gênes, et en d'autres temps général pour Théodore de Neuhof « qui l'affectionnait beaucoup, tant pour sa naissance que pour sa simplicité guerrière. » Théodore le désigna pour faire partie du Conseil de régence conjointement à Hyacinte Paoli et à Giafferi.

En 1739, Luca d'Ornano vint à Corte avec sa famille faire sa soumission à M. de Maillebois qui commandait les Français en Corse ; il déclara en même temps que tout son district ne tarderait pas à suivre son exemple. « C'était, dit Germanes (2), un gentilhomme d'un nom très illustre, d'une taille avantageuse, ayant la figure extrêmement noble et intéressante, suppléant

---

1. Acte passé le 18 août 1632, établissant la filiation, admis au Conseil Supérieur.

2. Germanes. *Histoire des révolutions de l'Ile de Corse*, tome II, p. 35.

par les ressources naturelles, aux défauts d'une éducation trop négligée. Le marquis de Maillebois lui fit l'accueil le plus gracieux pour l'engager davantage à seconder ses desseins dans un pays où sa naissance lui donnait presque autant d'autorité que son généralat et où le marquis savait qu'il aurait de grands obstacles à vaincre ». Luca d'Ornano usa de toute son influence pour amener les seigneurs d'Istria à prêter serment de fidélité aux français. Mais en 1746 il cessa brusquement sa lutte contre Gênes, il arma « douze cents hommes en faveur de la République, non qu'il eût changé de sentiments à l'égard des Génois et qu'il les affectionnât beaucoup ; mais il voulait par dépit mortifier Gaffori et surtout se venger de Matra qui avait entrepris de faire passer des troupes dans l'au-delà des monts et d'y exercer un pouvoir absolu au mépris de son généralat. Plusieurs notabilités corses embrassèrent le parti de Gênes, ainsi que M. d'Ornano, mais par d'autres motifs. » Il laissa deux fils :

1° *Francesco-Maria* (1) *d'Ornano*, comte d'Ornano, brigadier des armées du roi, gouverneur de Bayonne, chevalier de Saint Louis, né le 4 octobre 1726, mort en 1794. Il servait dans l'armée française en 1751 lorsqu'irrité de l'état de suspicion dans lequel la République tenait son père, commandant alors un régiment génois, il prit sur lui de lui faire abandonner une cause anti-patriotique. Germanes (t. II, p. 115), raconte l'évènement avec force détails. « C'est donc en vain, disait-il (le comte d'Ornano), qu'il a servi de son épée les Génois et qu'il leur a sacrifié sa réputation ; mais j'oserai le rappeler à lui-même ; j'irai lui faire entendre la voix d'honneur. » Il part livré à la vivacité de son imagination, passe par Corte où il voit Gafforio

---

1. Et non Jean-Baptiste comme il a été souvent dénommé dans les biographies.

qui le loue avec transport de son dessin, et va trouver ensuite M. de Fontette qui commandoit dans la partie d'Ajaccio, pour lui porter les ordres que M. de Cursay avait reçus, de faire évacuer l'au-delà des monts.

« Comme le départ subit des troupes du Roi étonnait les esprits et occasionnait du désordre, M. d'Ornano se fit un devoir de favoriser la retraite de nos soldats et de les protéger contre les embuscades des brigands. Après cette expédition, il se rendit en hâte chez son père qui demeurait tranquille spectateur de ce changement de scène. « Les troupes Françaises, lui dit-il avec le ton de la douleur, se retirent de la Corse : tous les bons citoyens en sont alarmés, et songent à leur propre défense ; les Génois qui ont amené cet évènement s'en réjouissent dans l'espérance d'assujettir la nation à leur gré, mais nous vivons... Il est temps que vous sortiez d'une inaction funeste au bien commun et peu assortie à vos sentiments ; abandonnez ces tyrans, ces ennemis de votre gloire, qui ne répondent actuellement à vos services que par des soupçons injurieux ; si vous avez contracté quelques engagements ils sont nuls, vous ne pouviez les prendre contre les intérêts de votre patrie ; songez à réparer votre honneur ; vous le pouvez encore : les représentations, que j'ose vous faire, me sont dictées par le respect et l'amour que je vous dois.

— « Mon fils, lui répondit le seigneur d'Ornano, vos discours sont inutiles, Gafforio et Matra m'ont manqué, vous savez que je ne varie point dans mes sentiments. — « Mais, mon père, répondit M. d'Ornano, la Corse va être abîmée, elle vous tend les bras, elle vous implore : la laisserez-vous périr d'un œil indifférent ? Quoi pour un vain dépit vous demeurez dans une inaction scandaleuse, vous entretenez une division qui nous perd ? eh ! vous ne craignez point ces noms odieux que l'on vous donnera, de traître, de lâche, de parricide? Est-ce ainsi que se conduisaient nos ancêtres? est-ce ainsi que vous vous comportiez vous-même? respectez leur mémoire, épargnez vos belles actions passées, et qu'un instant va flétrir, si vous êtes insensible à ces raisons pressantes, oserez-vous déshonorer un fils que vous aimez et qui ne fait que d'entrer dans le monde.

« Il s'était jeté à ses pieds en prononçant ces dernières paroles ; mais son père détournant son attention de ces images pathétiques, aima mieux, obstiné dans sa vengeance, voir sa nation malheureuse que de se réconcilier avec ses rivaux. Outré de son obstination, son fils quittant le ton suppliant, lui dit alors d'une voix plus ferme : « Puisque vous abandonnez la Corse, elle trouvera d'autres défenseurs ; je vais convoquer les pièves au nom de la patrie en danger, il n'y a point de bons citoyens qui se refusent à cette convocation ». Il l'assurait parce qu'il connaissait le caractère de ses compatriotes. En effet, les procureurs du pays et les députés des pièves vinrent tous avec empressement au couvent de Sainte-Marie d'Ornano, qu'il avait désigné pour le lieu de la consulte. Il leur fit sentir dans une harangue pleine de chaleur et de patriotisme qu'il était nécessaire pour le bien public de nommer un autre général à la place de son père : sa bonne mine les prévint en sa faveur et la force de ses raisons décida leurs suffrages. Ils jetèrent les yeux sur lui-même, et malgré sa résistance ils l'élurent général d'une voix unanime et avec acclamation ; tous les peuples applaudirent à son élection ; Gafforio qui en augura bien pour la liberté commune le fit associer au généralat du reste de l'Ile dans une assemblée qui se tenait à Corte (1).

1. Le 11 juin 1751, Francesco-Maria adressa aux peuples du Delà des Monts une éloquente proclamation. Son ardeur était si communicative et les chefs insulaires avaient en lui une telle confiance que lors du départ de

« En conséquence, le comte d'Ornano rendit des édits, imposa des taxes et exerça toutes les fonctions de la souveraineté (1). Le marquis de Cursay, son ami, fit voir que cette démarche irrégulière avait été l'effet de sa jeunesse et d'un amour pour sa patrie. M. de Chauvelin l'excusa en faveur de la bonne réputation qu'il avait acquise dans les troupes du roi ; mais il protesta qu'il ne suffisait point qu'il conservât plus longtemps un emploi aussi incompatible avec la qualité d'officier au service de la France. En effet, il manda tout de suite le comte d'Ornano qui obéit sans retardement à ses ordres. M. de Cursay l'avait prévenu de ne pas s'effaroucher de l'accueil froid que M. de Chauvelin serait obligé de lui faire et d'être persuadé que, dans tout autre cas, il éprouverait de sa part les civilités les plus affectueuses. Il arrive à Bastia préparé par cette lettre à une entrevue aussi embarrassante à cause du rôle qu'il jouait. M. le commandant lui fit sentir toute la grièveté de la faute qu'il avait commise en s'érigeant en chef des rebelles, et lui déclara que l'unique moyen de la réparer était la renonciation la plus prompte et la plus authentique à l'emploi qu'il avait accepté témérairement. Le comte d'Ornano fut d'abord convaincu de la nécessité de prendre ce parti ; mais il demeurait dans l'état d'irrésolution par la crainte de déplaire aux peuples.

« M. de Chauvelin qui s'en aperçut, lui dit alors pour le soulager, qu'il ne voulait point de lui une réponse précipitée et qu'il

---

l'armée française, ceux-ci craignant qu'il ne les abandonnât lui adressèrent une lettre collective pour le conjurer de rester. Les chefs étaient Gaffori Ciavaldini, Clément Paoli, Carlotti, Santucci, etc. Gênes, *ut svp*. filza 1370.

1. En apprenant ces faits Luc d'Ornano, irrité, écrivit au commissaire d'Ajaccio une lettre qui commençait par ces mots : « Je dois le dire à ma honte, la nation en partie et mes parents sont excités par mon fils... » Gênes, *Arch. di Stato, Deputazioni di Corsica*, filza 1370.

lui permettait de consulter ses amis. Après le veduta de Saint Florent (27 juillet 1751) François-Marie d'Ornano donna sa démission de général des Corses. A la fin de septembre il reçut une lettre du comte d'Argenson qui lui ordonnait de la part du roi d'aller joindre son régiment. Il obéit sans regret, ce n'avait jamais été son dessein d'abandonner le service de France, où il tenait par goût et par l'exemple de tant d'illustres Ornano qui sont inscrits dans nos annales ; il n'avait accepté le généralat que pour rendre à sa patrie, par l'influence d'une autorité passagère, des services qu'il lui croyait essentiels ».

Francesco-Maria fut affecté au régiment Royal-Corse assimilé au rang de Colonel le 9 février 1759. Il fit la campagne du Canada et se distingua devant Québec.

Le 1er juillet 1762 il fut nommé colonel avec effectif et chevalier de Saint Louis. Le 20 avril 1768, il reçut le brevet de brigadier. Maréchal de Camp, et gouverneur de Bayonne en 1780, il fut chargé en qualité de plénipotentiaire de la délimitation des frontières de France et d'Espagne. Cette ligne prit dès lors le nom d'Ornano. Il fut compris en 1790 sur l'état des lieutenants-généraux ; mais cette promotion n'eut pas lieu.

La Révolution éclata. Après avoir installé à Bordeaux sa fille unique il se rendit à Versailles où il résidait ordinairement pour mettre ordre à ses affaires et se retirer en Corse. Prévenu de son arrestation prochaine pendant son voyage il retournait sur ses pas quand il fut arrêté au château de Castels près Langon au mois de décembre 1793. Conduit à Paris et enfermé au Luxembourg il fut accusé d'avoir entretenu une correspondance avec les princes étrangers et fut décapité le 9 juillet 1794. Il avait épousé en premières noces à Saint-Domingue Charlotte Maingart, qui lui légua en mourant une fortune considérable. Comme il n'avait pas d'enfants, il ne voulut point profiter des dispositions de sa femme et restitua le tout à ses parents.

Il épousa en secondes noces N... fille de Jean-Baptiste de Caupennes, marquis d'Amon, gouverneur de Bayonne et de Marie-Charlotte de Menou dont il eut une fille, Victoire, mariée à André-Guy-Victor, vicomte du Hamel, plus tard maire de Bordeaux. Elle mourut en 1796, sans enfants.

Francesco-Maria fut le tuteur de Mlle de Cafbarrus, plus tard, madame Tallien et princesse de Chimay.

2° *Giusep'-Antonio*, qui suit.

XVI. — Giusep'-Antonio d'Ornano, commissaire de la junte de Guagno par brevet du 2 novembre 1772 (1), né le 20 janvier 1738 (2), épousa Angela-Maria Seta, veuve de Bernardino Ramolino et mère du comte André Ramolino. Il en eut :

1° *Luc-Antoine*, comte d'Ornano, major de l'armée française, a laissé deux filles : *Claire*, mariée d'abord à Vincent Poli (3) et ensuite à Charles Folacci; et *Rosine*, mariée à Pompée Colonna d'Istria.

2° *François-Xavier*, qui suit ;

3° *François-Marie*, lieutenant-colonel d'infanterie, né en 1783, mort à Ajaccio le 20 mars 1825.

XVII. — François-Xavier d'Ornano, marié à N. d'Ornano.

XVIII. — Visconti-Gaspard d'Ornano, né en 1805, marié à Pétronille Levie, décédé le 26 octobre 1879. Ses fils.

1° *François-Marie*, mort sans postérité.

2° *François-Xavier*, qui suit ;

3° *Joseph-Antoine*, décédé ;

---

1. Extrait baptistaire admis au Conseil Supérieur.

2. Original présenté au Conseil Supérieur.

3. Dont une fille a épousé M. Pompée Chiaroni d'Aullène. Ses héritiers possèdent une partie des archives de cette branche d'Ornano,

4° *Luc*, abbé d'*Ornano*, décédé ;
5° *Visconti-Gaspard*, né le 28 janvier 1854 sans alliance :
6° *Barbe-Marie*, décédé ;
7° *Angèle-Marie*, mariée à Pierre-Paul Colonna d'Istria.

XIX. — FRANÇOIS-XAVIER D'ORNANO, né le 4 septembre 1842, marié à Vannina d'Ornano, dont deux fils :

1° *Joseph* ;
2 *Luc*.

SECONDE LIGNE

DITE AUJOURD'HUI

COLONNA D'ORNANO

XI. — BERNARDINO, co-seigneur d'ORNANO, fils d'Alfonso, investi de la seigneurie avec son frère Francesco le 5 mai 1514 (1) et confirmé par lettres-patentes du 15 juin 1538. Il eut pour fils (2) :

1° *Orlando*, qui suit ;

2° *Anton'-Paolo*, qui fut tué par son frère Anton'-Guglielmo. Ces deux frères, dit Ceccaldi, « jeunes gens braves et distingués, étaient restés dans leurs maisons. Comme ils avaient épousé tous deux des femmes fort belles ils devinrent extrêmement jaloux l'un de l'autre, si bien qu'un jour ils mirent les armes à la main et s'entretuèrent ; je veux dire qu'Anton'-Guglielmo tua Anton-Paolo et qu'un serviteur d'Anton-Paolo le tua à son tour (1558) » (3). Anton-Paolo fut père de *Giordano* qui eut deux fils : 1° *Cesare* sans postérité et *Camillo*

---

1. Investiture de seigneurie d'Ornano par les protecteurs de Saint-Georges le 15 mai 1514 en faveur de Francesco et Bernardino, fils d'Alfonso, desquels Francesco et Bernadino lesdits protecteurs s'étaient déclarés ci-devant tuteurs, ainsi que la dite seigneurie sur laquelle les protecteurs ne se réservent autre chose que la foi et l'hommage. Pièce admise au Conseil Supérieur.
2. F. t. II, p. 62.
3. F. t. II, ut sup.

père de *Vincenzo* et de *Giordano*. Nous ne saurions dire si la branche d'Anton-Paolo est encore représentée.

3° *Anton-Guglielmo*, qui eut pour fils :

a. — *Bernardino*, marié à Bannina da Sarla (1). Capitaine au service de la France, il rejoignit sur le continent Alphonse d'Ornano en 1572 et rentra en Corse en 1577 (2) et se reconcilia avec son oncle Orlando dont la guerre l'avait toujours séparé (3). Il reprit du service et, blessé dans les guerres de Provence, il revint mourir en Corse en 1591 après avoir fait son testament devant Marco de Saltaone notaire à Ajaccio (4). Il laissa deux filles, Giulia et Barbara ;

b. — *Domenico*, dit *Domergue d'Ornano*, capitaine de cavalerie au service de la France, acquit rapidement une grande réputation. Accompagnant Alphonse d'Ornano dans toutes ses campagnes, il fut l'un de ses plus vaillants et plus habiles auxiliaires. Il commandait à Remoulins en 1586, il se couvrit de gloire à Pont-Saint-Esprit (5). Pendant la campagne de Dauphiné, il perdit un œil dans des conditions qui méritent d'être rapportées. Laissons ici la parole au capitaine X. Poli (6) :

« Pendant ce combat (combat de Septèmes), M. de Saleveu enseigne de M. de Nemours avait combattu avec un courage et une audace remarquable. A peine rentré dans Vienne il envoie un héraut proposer à Dominique d'Ornano la rencontre de

1. Gênes, *Arch. di St. Corsica, suppl.* filza 27.
2. Gênes, *Arch. di St. Corsica, suppl.* filza 6.
3. Gênes, *Arch. di St. Corsica Secretorum,* filza 339. Lettre datée à Marseille (1578) de Domenico d'Ornano à son frère dans laquelle il l'approuve d'avoir fait la paix avec Orlando.
4. Gênes, *Arch. di St. Diversorum.* (Anno 1592).
5. D. Vaissette. *Hist. du Languedoc*, t. V, Canault, etc.
6. X. Poli, op. cit.

quinze cavaliers corses contre quinze de ses cavaliers. Le duel fut accepté. Les conditions étaient particulièrement sévères ; le combat devait avoir lieu à cheval, casque en tête, cuirasse sur la poitrine ; comme armes, la lance et l'épée. Défense de frapper les chevaux. Le lieu de la rencontre fut fixé entre Vienne et Septème, au Nord-Est de Pont-Évêque. Trente cavaliers de chaque parti étaient chargés de veiller à ce que le combat fût loyal. A l'heure indiquée, une foule de gentilshommes se trouvaient aux rendez-vous à cheval, regardant avec des yeux d'envie les beaux guerriers qui dans un instant allaient en venir aux mains. Au signal convenu, les trompettes sonnent la charge et les deux lignes s'avancent l'une contre l'autre ; chaque cavalier choisit son adversaire. D'Ornano et Saleveu sont en présence, ils saluent de la lance et engagent le combat. Les bois se rompent bientôt ; ils mettent alors l'épée à la main. D'Ornano blesse Saleveu à la cuisse ; mais celui-ci riposte par un si violent coup de taille qu'il envoie rouler à terre le casque de son adversaire. La lutte devient palpitante ; parades, ripostes se succèdent avec une rapidité et une énergie qui soulèvent les applaudissements des spectateurs. Un coup de pointe de Saleveu atteint d'Ornano à l'œil gauche et lui perce la tête ; mais en même temps Saleveu est lui-même frappé au défaut de la cuirasse, il tombe comme foudroyé.

« Au premier choc, cinq cavaliers corses et six cavaliers ligueurs avaient été blessés et jetés à terre. D'un commun accord ils remontèrent à cheval. La lutte fut si chaude qu'en moins d'une heure, il y avait six morts et deux blessés mortellement. « Les vivants étaient si blessés qu'ils n'avaient plus la force de tenir leurs armes, dit Canault ; ils furent donc séparés et ramenés comme on put dans leur demeure. A mon avis, jamais duel ne fut plus âpre ».

4° *Angelo-Santo* (1) dit *Bernardino*, fut un des capitaines corses qui contribuèrent le plus à la conquête française. On a vu, dans la biographie de Sampiero, le curieux fait d'armes, dont il fut le héros lors de la reddition de Saint-Florent. En 1554, il fut surpris au village de Mocale par les Génois, et trouva encore moyen, malgré la trahison de son hôte, de leur échapper (2). Mais il avait reçu une blessure, par suite de laquelle il mourut peu après, laissant un fils nommé Alfonso. Sa postérité connue en 1675 ne s'est pas fait reconnaître au conseil supérieur.

5° *Pier-Giovanni* capitaine au Service de la France, reçut de Sampiero, avec son frère Angelo-Santo, la seigneurie de la Rocca. Il se fit confirmer la possession de ce fief par lettres patentes du roi Henri II (1558) (3) mais devant les protestations des héritiers des derniers seigneurs et des vassaux affranchis par l'usage depuis soixante ans, l'autorité revint sur sa décision Il serait trop long d'énumérer les romanesques aventures de Pier'-Giovanni, banni par la justice française, emmené en esclavage par les Turcs, rencontré à Alger par Sampiero qui le rachète et le ramène en Corse. Fait prisonnier par les Génois sur la route de Porto-Vecchio à Bonifacio, la hauteur et le mépris avec lesquels il traita le commissaire génois Giustiniani furent tels que celui-ci le poignarda de sa propre main (4). Sa tête fut portée à Bastia et Giustiniani réclama les deux cents livres promises à qui livrerait Pier-Giovanni mort ou vif (5). On lui connaît deux fils Anton'-Francesco et Giovan'-

---

1. F. t. II. p. 41 et suiv.
2. F. t. II. p. 211.
3. F. t. II. p. 291.
4. *Filippini*, t. III p. 185.
5. Gênes, *Arch. di. St. Corsica, Supplicationum*, filza 1, *Litterarum* filza an. 1565. Lettre de Stefano Doria du 12 avril. filza 368.

Francesco dont la postérité était encore représentée en 1675 par *Vincenzo, Pietro-Paolo* et *Valerio Colonna d'Ornano* (1). Quelques mois avant sa mort il avait épousé une veuve d'Olmeto (2) dont la fille Serena se maria à Anton'-Pietro, fils de Cesare da Quenza, des seigneurs de la Rocca.

XII. — ORLANDO, co-seigneur d'ORNANO, embrassa le parti des Français par prudence et par crainte de Sampiero (3). Il passa en 1555 aux Génois auxquels il était apparenté ayant épousé la sœur de Giacomo et de Battiste Sorba (4). Soupçonné par les Génois, il fut emprisonné et mis à la torture. « Orlando d'Ornano, dit Filippini, outre la peine de la corde, subit encore le feu aux pieds et aux mains. Il fut mis encore une fois à la torture, et comme il ne fit aucun aveu on le laissa en prison pendant trois ans (5) ». Il ne fut mis en liberté qu'après la mort de Sampiero (1567) (6). Ses biens qui avaient été saisis pendant sa détention lui furent rendus (11 juillet 1567) (7). Mais

---

1. Arrêt du Conseil Supérieur.
2. Le beau-fils de Pier'-Giovanni « Pier'-Giovanni di Bernardino d'Olmeto » est nommé dans le procès du Piovanello de Calvi. *Gênes*. ut sup. *Secretorum*, filza 368. Cette veuve appartenait à la famille dite Istria, et plus tard Galloni d'Istria. Le 27 mai 1610, Bernardino, fils d'Anton'-Guglielmo dell' Olmetto et ses fils Anton'-Guglielmo et Anton'-Marco furent autorisés par les seigneurs d'Istria, (acte passé devant Francesco Bonaparte, notaire et lieutenant des feudataires) à porter le nom et les armes de cette maison. Le même acte les exemptait de la taille en temps que besoin. Gènes. *Arch. di St. Divers. notariorum*, communication de M. le général Assereto.
3. F., t. II, p. 61.
4. F., t. II, p. 144 et 168.
5. F., t. III, p. 84. Gènes, *Arch. di St. Corsica suppl.* filza 2).
6. F., t. III, p. 236 et 249.
7. Gènes. *Arch. di St. Corsica suppl.*, f. 2.

ce ne fut qu'en 1574 qu'il obtint le décret (1) d'investiture de son fief (2). De sa femme N... Sorba il eut :

1° *Sebastiano*, qui suit;

2° *Orazio*, qui ne paraît pas avoir laissé de postérité.

XIII. — Sebastiano d'Ornano, reçut du Cardinal Ascanio Colonna des lettres patentes reconnaissant la commune origine des Colonna romains et des Ornano de Corse (3). C'est à partir de cette époque que la descendance d'Alfonso, (à l'exception de la branche d'Ajaccio) prend le nom de Colonna d'Ornano. En 1600 Sébastiano Colonna d'Ornano obtint des lettres-patentes de confirmation de noblesse portant exemption d'impôts et contributions de toutes sortes (4). Il eut pour fils :

1° *Pancrazio*, qui suit;

2° *Brancadoro*, qui eut pour fils *Gio-Paolo*; sept de ses descendants furent reconnus au Conseil Supérieur, ce furent : *Michel-Angelo, Giulio-Maria, Carlo-Geronimo, Bernardino,*

---

1. Requête dans laquelle il réclame les droits de son fief d'Ornano et en demande la confirmation, en date du 2 avril 1574 ; décret au bas qui vise la commission des protecteurs de Saint-Georges et confirme le suppliant dans tous les droits de la seigneurie d'Ornano en qualité de fils de Bernardino. Pièce admise au Conseil Supérieur.

2. En 1627 Orlando adressa au Sénat une requête dans laquelle il sollicitait l'autorisation de sortir de Corse, chargé qu'il était d'une mission par son parent, don Antonio Manca, baron de Sarli en Sardaigne. Gênes, *Arch. di St. Corsica*, suppl. filza 63. Manca, aujourd'hui ducs de Vallombrosa, marquis de Morès.

3. Voir aux pièces justificatives le texte des lettres patentes.

4. Patente en parchemin du 5 mars 1600, dans laquelle il est déclaré que le noble Sebastiano Colonna d'Ornano, et avant lui Orlando, son père et tous ses ancêtres, ont toujours été exempts d'impôts, et portant ordre à tous les gouverneurs présents et à venir de maintenir dans la même distinction, possession et jouissance, tant ledit Sebastiano Colonna que ses descendants.

Salvadore, Carlo-Antonio et *Vincente Colonna d'Ornano*. Leur postérité ne nous est pas connue ;

3° *Mario* capitaine des gardes du maréchal d'Ornano. Cinq de ses descendants firent leurs preuves devant le Conseil supérieur ; ce furent : *Gio-Battista, Pietro, Francesco-Maria* et *Filippo Colonna d'Ornano*. Leur postérité ne nous est pas connue. Dans sa descendance, *Giuseppe-Maria Colonna d'Ornano*, capucin connu sous le nom de « père *Ignazio-Fidele* (1) » ;

4° *Bernardino*, qui fut père de *Valerio* et grand-père *d'Ascanio*, son arrière petit-fils *Silvio-Lorenzo*, capitaine d'infanterie en France fit ses preuves devant le Conseil supérieur. Il épousa Jeanne Dergny, dont il eut un fils, qui fut baptisé le 5 janvier 1783 à la paroisse Saint-Barthelemy de la Rochelle sous les noms de « *Charles-Philippe-Catherine-Silvio-Marc-Antoine* fils de haut et puissant seigneur Silvio-Lorenzo Colonna, chevalier et feudataire d'Ornano en l'île de Corse, ancien capitaine d'infanterie au service de France, pensionné du roi, issu sans discontinuation de mâles de Hugues Colonna, premier comte souverain du royaume de Corse de l'illustre maison Colonna de Rome... » (2). La postérité ne nous est pas connue ;

5° *Orlando*, dont la postérité semble éteinte en 1675 ;

6° *Marc-Antonio* dont la postérité est rapportée plus loin.

VIV. — PANCRAZIO OU BRANCASSI COLONNA co-seigneur D'ORNANO, se fixa à Aubenas en Dauphiné, capitaine au régiment corse par brevet du 16 septembre 1600 épousa le 15 mars de cette même année Isabeau de Bernard dont il eut :

1° *Jean-Georges* qui suit ;

---

1. Rossi, *Osservationi soprà la Corsica*, liv. XII.
2. Acte communiqué par M. le Comte O'Kelly de Gallway.

2° *Marie*, mariée le 15 février 1623 à Antoine de Chansiergues (1).

XI. — JEAN-GEORGES COLONNA D'ORNANO, marié par contrat du 27 juillet 1634 à Andrée de Moustiers dont :

1° *Jean-Baptiste*, né en 1640 reçut des lettres patentes de reconnaissance du prince Colonna. Il passa au service de l'empereur Léopold et mourut en Hongrie ;

2° *Sébastien* qui suit ;

3 et 4 *François* et *Joseph* dont on ignore la descendance.

XVI. — SÉBASTIEN COLONNA D'ORNANO, maintenu dans sa noblesse par jugement du 10 juillet 1669. Il épousa : 1° Marie-Justine de Ginestoux de Vernon par contrat du 19 mars 1683; 2° Judith de Teissier de la Terisse, veuve de Jean-Baptiste de Modène seigneur de Perverange. Ses enfants :

1° *Jean-Joseph-Thomas*, qui suit;

2° *Marie-Anne*, mariée à Jacques de Grimaud du Roure d'Uze ;

3° *Marie-Thérèse*, mariée à Claude-Nicolas d'Estouvat.

XVII. — JEAN-JOSEPH-THOMAS COLONNA D'ORNANO, né en 1688, mort en 1761, marié à Marie-Rose de Blou, dont :

1° *Antoine-François-Benoit*, qui suit;

2° *Marie-Thérèse*, abbesse de Saint-Benoit d'Aubusson, décédée en 1804;

3° *Rose-Marie-Charlotte*, mariée à Antoine de Fages, seigneur de Chazeaux.

XVIII. — ANTOINE-FRANÇOIS-BENOIT, chevalier de COLONNE D'ORNANO, né en 1727, mort en 1800, seigneur de Blequet, Per-

---

1. De cette union naquirent François de Chansiergues, béatifié par bref de 1770 et Paul de Chansiergues capitaine au régiment de Provence. C'est en raison de cette alliance que quelques membres de la famille de Chansiergues ont parfois ajouté à leur nom celui d'Ornano.

veranges et autres lieux, (1) reçut le 9 mars 1770 du connétable Lorenzo Colonna des lettres patentes reconnaissant la commune origine des familles Colonna et Ornano, il épousa en 1752 Marie Mège, dont :

1° *Jacques-François-Henri,* qui suit ;

2° *Marie-Pauline,* née à Aubenas en 1757, mariée le 8 août 1786 à Joseph-Raymond Benigne de Chaumouroux, capitaine au régiment d'Auvergne.

XIX. — Jacques-François-Henri, comte de Colonne d'Ornano, né en 1754, mort en 1810, maréchal de camp au service d'Espagne, sans descendance.

Deuxième rameau.

XIV. — Marc-Antonio Colonna d'Ornano, fils de Sebastiano est nommé dans le testament de son père en date du 13 juillet 1611 (2). Il fit son testament le 17 décembre 1643 et y nomma son fils *Diego* et sa femme Contessa N...

XV. — Diego Colonna d'Ornano marié à Brigita N... dont :

XVI. — Antonio Colonna d'Ornano, (3) baptisé le 8 avril 1658, marié à Giacominetta N.., dont :

XVII. — Carlo-Maria Colonna d'Ornano, baptisé le 12 juin 1677 eut six fils :

1° *Francesco-Maria,* qui suit ;

2° *Ignazio,* sans postérité ;

---

1. Arch. dep. de l'Ariège. D. 5. Il fit lever le 27 juin 1772 une expédition de l'arrêt de 1669 qui fut transmise à ses parents d'Ajaccio.

2. Pièce admise au Conseil supérieur.

3. Extraits baptistaires admis au conseil Supérieur pour Diego et sa descendance.

3° *Silvestro*, qui eut pour fils *Marc-Antonio* qui en 1786 fut député de la noblesse d'Ajaccio aux Etats de Corse avec Carlo Bonaparte, A. P. Abbatucci, F. Gentili, A. Follacci (1). On ignore sa descendance ;

4° *Domenico*, dont les trois fils *Sebastiano*, *Antonio* et *Silvestro*, furent connus nobles au Conseil Supérieur. Nous ne leur savons pas de descendance ;

5° *Mario*, sans postérité ;

6° *Giusepp'-Antonio*, sans postérité connue.

XVIII. — Francesco-Maria Colonna d'Ornano, baptisé le 22 novembre 1694.

XIX. — Diego Colonna d'Ornano, baptisé le 2 mars 1727, eut pour fils :

1° *Anton'-Francesco*, qui suit ;

2° *Carlo-Maria*, baptisé le 22 novembre 1756, reconnu noble avec son frère au Conseil supérieur ; nous ignorons sa descendance.

XX. — Anton'-Francesco Colonna d'Ornano, baptisé le 21 janvier 1748, reconnu noble au Conseil supérieur, eut trois fils :

1° *François*, qui suit ;

2° *Ignace*, qui a eu pour fils Pierre ;

3° *Diego*, sans postérité.

XXI. — François Colonna d'Ornano, père de :

XXII. — Jacques-Antoine Colonna d'Ornano, né en 1799, marié à Jeanne Versini, mort en 1890. Il eut pour enfants :

1° *Marc-Antoine*, qui suit ;

2° *Dominique*, sans alliance ;

3° *François*, décédé, sans alliance.

---

1. Ajaccio, *Arch. comm.* Série B. B. reg. 34

4° *Marie*, mariée en 1878 à Jean-Dominique Lucciani, inspecteur général des établissements de bienfaisance en Algérie.

XXIII. — MARC-ANTOINE COLONNA D'ORNANO, ancien conseiller à la Cour d'Alger, marié en 1872 à Marie-Thérèse Giacobbi, dont :

1° *Marco*, décédé ;
2° *Jacques*, né en 1878 ;
3° *Jean*, né en 1890.

BRANCHE DES ORNANO D'AJACCIO

AUJOURD'HUI

COMTES DE L'EMPIRE FRANÇAIS

XI. — PAOLO D'ORNANO, fils d'Alfonso et frère de Francesco et de Bernardino, n'eut pas de part sur le fief d'Ornano ; aussi, sa filiation eut-elle besoin d'être prouvée ultérieurement. Paolo d'Ornano était personnellement attaché au parti génois (1). Sampiero, après la prise d'Ajaccio (1554), le confina dans cette ville avec Giovannone de Sarla et Giovannone de Tavera à cause des liens de parenté que ces trois personnages avaient avec les Génois (2).

XII. — LUDOVICO D'ORNANO, lieutenant au service de la République Génoise, eut quatre fils que le meurtre de Sampiero a rendus célèbres (3) :

1° *Michel-Angelo*, capitaine au service de Gênes, eut deux filles (4) ;

 a. *Laura*, mariée à Gio-Paolo d'Ornano ;

 b. *Camilla*, mariée à Alessandro de Bozzi;

2° *Gio-Antonio*, dont l'article suit ;

---

1. Gênes, *Arch. di St. Corsica, Secretorum* f. 338. Une liste des *benemeriti in Ajaccio* réunit les noms d'Orlando, Michel-Angelo, Polo, Gio-Francesco (d'Albitreccia) Ornano, sur une liste de huit personnes.

2. F., t. II, p. 77, 78.

3. Voir la biographie de Sampiero.

4. Gênes, *Arch. di Stato Corsica Litt.* Reg. 438.

3° *Cesare*, sans postérité ;

4° *Gian-Francesco*, qui eut trois fils :

a. — *Valerio*, qui eut un fils : *Paolo-Francesco* ;

b. — *Pasquale*, major au service de Gênes, épousa N. fille de Suzzone Pozzo di Borgo (1) il fut le père de *Paolo-Francesco d'Ornano* qui parvint au même grade, *Gio-Battista*, fils de Paolo-Francesco, acquit une grande réputation dans les guerres de Savoie (1675) (2) ;

c. — *Gio-Battista*, dont on connaît le fils *Carlo*, et le petit-fils *Pasquale*.

XIII. — GIOVAN-ANTONIO D'ORNANO (3) qui eut deux fils.

1° *Giacomo*, sans postérité ;

2° *Mario*, qui suit.

XIV. — MARIO D'ORNANO, capitaine d'une compagnie franche au service de Gênes, par brevet du 21 novembre 1614 (4).

1° *Michel'-Angelo*, marié à Giovanna Greni fille de Roggiero Greni (5), capitaine au service de Gênes, sans postérité ;

2° *Giovan'-Antonio*, qui suit;

3° *Giacomo*, qui eut une fille, *Lucrezia*, mariée au capitaine Bacciochi, et un fils, *Mario*, père de *Rocco*, dont nous ne connaissons pas la postérité.

XV. — GIOVAN-ANTONIO D'ORNANO, servit d'abord comme lieute-

---

1. Ancêtre direct de la maison aujourd'hui ducale. Gênes, *Arch. di Stato, Corsica*, suppl. 50.

2. *Ristretto genealogico...* Cambiaggi, t. III, p. 291, le confond avec Jean-Baptiste d'Ornano, fils de Joseph Charles, descendant de Sampiero, voir la branche des maréchaux. Crollalanza en son *Dizionario delle famiglie nobili d'Italia*, par une indication inexacte d'armoiries, semble partager cette erreur. Voir l'inventaire des archives d'Ornano.

3. *Ristretto genealogico*.

4. *Archives d'Ornano*.

5. Gênes. *Arch. di St. Suppl.* p. 103.

nant en 1631, dans une compagnie de son cousin Pasquale d'Ornano, qui le nomma capitaine de cette même compagnie l'année suivante (1632). Un décret du 13 août 1639 constatant que de Giovan-Antonio d'Ornano, dit l'Ancien, sont nés Giacomo et Mario, que de Mario sont nés Michel Angelo, Giovan-Antonio et Giacomo, confirme les trois frères dans les privilèges de leurs ancêtres (1). Giovan'-Antonio se fixa à Ajaccio où il fit construire une maison qui appartient encore aujourd'hui à ses descendants. Il épousa Jacqueline Fiorella (2). Il eut deux enfants.

1° *Laura*, mariée au « magnifique Arrigo de Franchi » (3), noble Génois ;

2° *Gio-Battista*, qui suit.

XVI. — Gio-Baptista d'Ornano, capitaine au service de la République de Gênes, par brevet en date de 1672, membre du Conseil des Anciens d'Ajaccio en 1675 (4). Il épousa Colomba Splendiano.

XVII. — Ludovico d'Ornano, chancelier du Conseil des Anciens, syndic d'Ajaccio en 1728 (5), né le 14 février 1675, marié à Marfisa Monticchi dont il eut trois enfants :

1° *Bartolomeo*, abbé, piévan d'Ornano ;

2° *Filipp-Antonio*, qui suit ;

3° *Simone-Taddeo*, capitaine au service de Gênes, breveté en 1748, il était né le 1er novembre 1722.

XVIII. — Filipp-Antonio d'Ornano, né le 6 mai 1717, marié en mars 1745 à Marie-Jérôme Maggiono. En 1778 Filipp'-Antonio et Taddeo d'Ornano, pour se conformer à l'arrêté du roi de France qui ordonnait aux sujets nobles de l'île de Corse de faire valoir

1. *Ristretto genealogico*.
2-3. Borel d'Hauterive, op. cit.
4. Ajaccio, *Arch. municipales*, série DD.
5. Ajaccio, ut sup. BB Reg. 23.

leurs droits, demandèrent à Gênes une copie authentique de l'acte où il était constaté que leur ancêtre direct était le meurtrier de Sampiero Corso « *per il quale, il Michel'-Angelo d'Ornano e suoi fratelli si meritaveno dalla publica munificenza e promozione e priveleggi* » (1). Le Conseil supérieur jugeant qu'il n'était pas convenable pour son patriotisme de mentionner un tel acte dans un arrêt de noblesse, rendit la pièce à la famille et ajourna sa décision (2).

XIX. — Louis d'Ornano, né en 1748, mort en 1816 ; colonel de la garde nationale d'Ajaccio, il épousa Isabelle Bonaparte, fille unique de Napoléon Bonaparte, oncle de Napoléon. Il en eut six enfants :

1° *Jean-Baptiste*, né le 8 août 1767, mort en 1811. Il épousa Maria Spoturno dont il eut :

a. — *Napoléon*, officier de cavalerie, chevalier de la Légion d'Honneur, né le 27 septembre 1806, mort en 1859, fut l'un des compagnons d'exil de Louis Napoléon Bonaparte, depuis Napoléon III. Après l'expédition de Boulogne, il fut jugé par la cour des Pairs et enfermé à Doullens. A l'avènement de Napoléon III il fut nommé inspecteur des palais impériaux et mourut le 2 décembre 1859 à Vic-sur-Aisne;

b. — *Thadée*, né le 15 juillet 1809, mort en 1849 ;

2° *Michel-Ange*, membre du Corps Législatif sous le premier empire, chargé d'affaires de France au Maroc, officier de la Légion d'Honneur, né le 24 septembre 1771, mort en 1859, marié à Marianne Levie (3) ;

1. Gênes, *Arch. di Stato, Corsica* f. 2. Lettre du 22 mai 1778.
2. C. Rossi, *Osservationi storiche soprà la Corsica*, msc de la Bibl. nat. publié dans le *Bulletin de la Société des sciences historiques de la Corse*.
3. Ses fils adoptifs, nés Agostini (jugement du tribunal civil d'Ajaccio en date du 1er février 1884.

a. *Michel d'Ornano*, né à Tauger le 3 août 1805, décédé à Ajaccio le 22

3° *Hieronyme*, née en 1775, mariée à Joseph Ottavi ;

4° *Justine*, née en 1779, mariée à François Forcioli (aïeul du comte Forcioli-Conti), dont la fille épousa le comte Félix-Pozzo di Borgo, neveu de l'ambassadeur ;

5° *Philippe-Antoine*, qui suit ;

6° *Barthélemi*, né le 14 mai 1786, officier de cavalerie, tué en Espagne à l'affaire d'Alba, le 28 novembre 1809.

XX. — PHILIPPE-ANTOINE D'ORNANO, comte d'Ornano et de l'Empire Français, maréchal de France, le troisième du nom.

Engagé à seize ans, Philippe-Antoine d'Ornano commandait à Austerlitz un bataillon des chasseurs corses. Colonel après Iéna, il fut nommé général de brigade le 5 mai 1811. Il prit part aux batailles de Dresde, de Bautzen, de Leipzig et de Hanau. En 1814 il concourut puissamment à la défense de Paris et fut blessé pendant les Cents jours. Exilé par Louis XVIII, il rentra en France en 1828 et fut appelé en 1830 au commandement de la 4ᵉ division militaire. Pair de France sous Louis-Philippe, sénateur en 1852, grand chancelier de la Légion d'honneur et gouverneur des Invalides, il reçut le bâton de maréchal de France, le 2 avril 1861 ; mort en 1864. Il avait été créé comte de l'Empire Français par lettres-patentes enregistrées au Sénat le 22 novembre 1808. Marié à Marie Leckzinska, veuve du comte Colonna-Walewsky.

XXI. — RODOLPHE-AUGUSTE-LOUIS-MAURICE D'ORNANO, comte d'Ornano et de l'Empire Français, né à Liège, le 9 juin 1817,

---

août 1831 ; marié à Marie-Thérèse Semidei dont *Jérome-Louis* né le 22 juin 1841, tué d'une chute de cheval le 22 juillet 1857.

b. *Philippe d'Ornano*, né à Tanger le 10 novembre 1807, mort à Villé près Schelestadt le 23 juin 1886, marié à Adèle Elbert dont :

Edgar-Michel-Ange d'Ornano né le 6 décembre 1851, sans alliance.

marié le 16 juin 1845 à Elisabeth-Aline de Voyer d'Argenson, fille de Charles-Marc-René, marquis d'Argenson.

Le comte Rodolphe d'Ornano a été successivement attaché d'ambassade, préfet du département de l'Yonne, chambellan de l'Empereur Napoléon III, député au corps législatif, et premier maître des cérémonies de l'Empereur. Il est mort le 14 octobre 1865, laissant six enfants :

1° *Vannina-Marie*, née le 12 septembre 1846, mariée à Jules-Adolphe, baron de Bouvet, décédée ;

2° *Alphonse-Antoine-René-Napoléon* dont l'article suit :

3° *Isabelle-Aline*, née le 18 février 1850, mariée à Cesare de Grua et Talamanca, prince de Carini, décédée ;

4° *Laure-Rodolphine-Louise*, née le 5 novembre 1852, mariée à Emmanuel, comte de Beaurecueil;

5° *Ludovic-Philippe-Auguste-Alexandre*, né le 10 octobre 1855, marié à Olga-Anne-Alexandrine Gérard de Rayneval, mort le 6 mars 1886, laissant deux enfants :

a. — *Vannina-Marie-Aline-Olga*, née le 3 janvier 1885;

b. — *Ludovic-Antoine-François-Joseph*, né le 9 août 1886 ;

6° *Marie-Anne-Berthe*, mariée à Cesare de la Grua et Talamanca, prince de Carini, son beau-frère.

XXII. — ALPHONSE-ANTOINE-RENÉ-NAPOLÉON D'ORNANO, comte d'Ornano et de l'Empire français, né le 29 janvier 1848, marié à Marie Colonna d'Istria, fille du comte Colonna d'Istria et de la comtesse, née Pozzo di Borgo. De ce mariage :

1° *Philippe-Antoine*, né le 14 mai 1883.

2° *Jean-Baptiste*, né le 18 juin 1887.

Nous donnons ici, uniquement à titre de curiosité, un extrait de la généalogie d'Ornano publiée dans la Revue de la Noblesse par M. Borel d'Hauterive. Les personnages qu'elle concerne. nous sont inconnus.

BRANCHE DES PRINCES DE CYSTRIA
DUCS DE MITTILIANO, D'AGRIGENTE ET DE CORNOLA

Arrigo d'Ornano, seigneur de Chiglio en Corse, d'Agliere en Sardaigne et d'Alezano d'Otranta. Il avait eu pour femme Gregoria Frangipani, laquelle était issue de cette vieille et vénérable maison romaine, qui, suivant les plus anciens chroniqueurs et les traditions de la Ville éternelle, était descendue du frère aîné de Saint Grégoire le Grand. C'est Arrigo d'Ornano, qui est l'auteur de la branche des princes de Cystria, despotes de Corcas et ducs de Mittiliano, ainsi que du rameau des ducs d'Agrigente et de Cornola, qui étaient les agnats de cette branche puinée, et dont l'héritage est passé dans la maison de Faucigny-Lucinge, ainsi qu'on le verra plus loin. Scipion d'Ornano, fils d'Arrigo et de ladite Gregoria Frangipani, comtesse de Vidallia, fut créé successivement comte du Sacré-Palais, gonfalonnier de la Sainte Église Romaine, Porte-Glaive du pape Clément V et maréchal de la Sainte-Inquisition pour la foi. Il épousa vers l'an 1280 Damascène Lascaris, des empereurs d'Orient, laquelle était fille unique de Manuel Lascaris, prince de Cystria, duc de Mittiliano, despote de Corcas et des Quatre-

Iles, lequel avait épousé Constance Paléologue, troisième fille de l'empereur Michel, et lequel Manuel Lascaris était issu au 3e degré de Théodore Lascaris I*er*, despote de Nicée, puis empereur d'Orient, auquel succédèrent son fils Théodore le jeune et son petit-fils Jean Lascaris, empereur d'Orient, ce dernier mort prisonnier à Burse en l'an 1309. SCIPION II D'ORNANO, prince de Cystria, fils aîné de Scipion I*er* et de Damascène Lascaris, épousa par traité du 12 août 1342 Archangela Participatio, des ducs de Venise et de Dalmatie, laquelle était fille de Jean Participatio, noble vénitien, sénateur et procureur de la Saint-Marc, et de sa deuxième femme Marina Justiniani, tante maternelle de Catherine Cornaro, reine de Chypre et fille adoptive du Sénat Vénitien. Le cardinal *François d'Ornano*, de la création de Nicolas V en 1328, évêque d'Albano, était le frère aîné de Scipion II, dont le fils aîné SCIPION III, épousa Marie d'Avalos, des marquis del Vasto, princes de Montesarche et ducs de Troja. Il appert d'une quittance, ainsi que d'un acte souscrit par le maréchal Trivulce que ladite Marie d'Avalos, princesse d'Ornano-Cystria était une tante paternelle de Béatrix d'Avalos femme de Jean-Jacques Trivulce, marquis de Vigevano, ainsi que de Constance d'Avalos, femme de Jean des Beaux, prince d'Altamine, et que d'Iphèse d'Avalos, mère de Louis d'Aragon, marquis de Gérace et duc de Catalanecci en 1439. Scipion III d'Ornano laissa de son mariage avec Marie d'Avalos, entr'autres enfants :

a. — *Léon d'Ornano* des comtes de Corse, lequel est qualifié Eugénissime seigneur et prince de Cystria, despote de Corcas et des Quatre-îles, duc de Mittiliano, comte de Vidallia, librebaron de Cervi, de Rossilione et de San-Marco, souverain seigneur de Castel-Nove et chevalier de l'ordre impérial du Rédempteur, lequel avait eu pour femme Agnès Altempo, duchesse d'Agrigente et comtesse de Serra-Mare.

b. — *Jérome d'Ornano*, patriarche d'Antioche et prolégat apostolique en Hongrie sous le pontificat de Léon X.

c. — *Gabriel d'Ornano*, chevalier-grand-croix de l'ordre militaire et hospitalier de Saint-Jean-de-Jérusalem de Rhodes et de Malte, grand baillif de Morée, commandeur de Lymisson, en Chypre, et ambassadeur de l'éminentissime Don Juan de Homedes, grand-maître de l'ordre, auprès de l'empereur Charles-Quint.

d. — *Julien d'Ornano*, duc de Mittiliano, d'Agrigente et de Cornola dont la petite fille et unique héritière épousa son cousin Marco d'Ornano, prince de Cystria, par dispenses du Pape Pie IV, attendu qu'elle était sa parente au degré prohibé par les lois de l'Église.

Annibal d'Ornano, fils aîné de Marco, prince de Cystria, rentra dans la possession du duché de Mittiliano du chef de sa mère Angélique-Charlotte et épousa en 1564 Alienor de Gonzague et de Vescovato, princesse du Saint-Empire Romain, noble vénitienne, petite fille de Frédéric de Gonzague, marquis de Mantoue et de Marguerite de Bavière ; laquelle Alienor était veuve de Pierre de Rossi, comte de San-Secondo, chevalier des Ordres du roi de France. De ce mariage entre Annibal d'Ornano et Alienor de Gonzague, il était issu pour fille unique et seule héritière Charlotte d'Ornano, princesse de Cystria, despote des Quatre-îles, comtesse de Vidallia, laquelle apporta le riche héritage et la titulature de sa branche dans la maison de Faucigny-Lucinge, en épousant par contrat du 6 avril 1606, Jean VI de Faucigny souverain comte de Lucinge et prince du Saint-Empire. Il est assez connu que cette illustre famille, dont les auteurs remontent aux anciens princes de Piémont, marquis d'Italie et des Alpes, souverains des pays de Faucigny, d'Aoste, de Valais, de Genevois, de Chablais, de Bugey, de

Fribourg et de Berne, avait eu l'honneur de s'allier directement avec les maisons royales de Souabe et d'Angleterre, de Savoie, de Bourgogne, d'Anjou, de Hapsbourg, de Portugal et de Lusignan d'Arménia. Il appert de l'histoire de la maison royale de Savoie par Samuel Guichenon, que la reine Marguerite de Provence, femme du roi saint Louis était la petite fille et la filleule de Marguerite de Faucigny, comtesse de Savoie, laquelle avait épousé le comte Thomas, prince de Piémont, vicaire perpétuel de l'Empire. C'est de leur mariage que sont issus les ducs de Savoie, devenus successivement rois de Chypre, de Sicile et de Sardaigne. C'est par suite de son alliance avec la maison d'Ornano, que le chef actuel de la maison de Faucigny use encore de la double qualification de prince de Lucinge et de Cystria.

ARCHIVES D'ORNANO

1528.

Contrat de mariage (ou plus exactement, d'engagement de mariage) du colonel Sampiero d'Ornano avec Bannina d'Ornano, 20 août 1528.

Expédition en papier du 4 mai 1596.

1555.

Testament de la magnifica Signora Franceschetta d'Ornano, fille légitime de Vincentello d'Istria et épouse du magnifique seigneur Francesco d'Ornano signé Michel Ombrone cancelliere, en présence du magnifique Sampiero, 2 avril 1555.

Minute en papier délivrée le 15 octobre 1637 par Benielli, notaire, certifiée et légalisée par Simone Giovanni Casalonga, chancelier, pour l'évêque d'Ajaccio, Ottaviano Rivarola.

1576.

Contrat de mariage d'Alphonse d'Ornano, seigneur de Vico, chevalier de l'ordre du Roi et Colonel-général pour Sa Majesté des compagnies corses, et de Marguerite de Pontevès, fille de haut et puissant seigneur, messire Durand de Pontevès, seigneur de Flassans et de dame Marguerite de Boniface.

Minute sur papier, 2 juin 1576.

---

1. Bibliothèque Nationale, pièces originales 48906-2.

1580.

Provision de gouverneur de Porquerolles pour le sieur Alphonse d'Ornano.

Pièce originale sur parchemin, le 27 octobre 1580.

1588.

Provision du gouvernement de Saint-André-lez-Avignon pour messire Jean-Baptiste d'Ornano, maréchal de France.

Pièce originale en parchemin, 1588.

159.

Manuale de l'Illustrissimo signor Alfonso d'Ornano, delli vassali di Corsica. Pièves de Cauro, y compris Bastelica, Ornano, et Talavo.

Manuscrit en papier de 48 pages, avec couverture en parchemin.

1596.

Rôle de la monstre et revue du régiment d'Alphonse d'Ornano en date du 1er août 1596.

Pièce en parchemin, huit pages grand in-4.

Parmi les signatures : Alphonse d'Ornano, maréchal de France, Domenico d'Ornano, lieutenant, Ottaviano d'Ornano, Bonavita, Chiaramonte, Mariano da Caccia, Marco (de Renno) Anton-Giovanni da Casta.

1614.

Brevet de capitaine d'une compagnie franche de 150 soldats à Mario d'Ornano.

Pièce en parchemin, sceau de la République de Gênes.

1619.

Lettres patentes à Michel'-Angelo, Gian-Francesco et Gian-

Antonio frères, par lesquelles la République de Gênes accorde aux dits Michel-Angelo, Gian-Francesco et Gian Antonio une pension de 200 livres avec réversibilité sur leurs enfants en récompense du meurtre de Sampiero.

Pièce en parchemin.

XVIIᵉ siècle.

Liasse : requêtes et ordonnancements concernant la pension accordée aux héritiers des bénéficiaires des patentes ci-dessus citées.

Seize pièces papier.

1619.

(mai).

Provision de gouverneur de Crest à François d'Ornano, seigneur de Mazargues, guidon de la compagnie de gendarmes de la reine en l'absence du colonel d'Ornano, son frère.

Pièce sur parchemin.

1619.

Ordre (signé Jean-Baptiste d'Ornano, lieutenant général et gouverneur de Normandie, et contresigné « par Monseigneur, Quenault », orné de son scel) au bailli de Gisors de prendre le commandement du fort et château de la dite ville.

Pièce en parchemin, 28 juillet 1619.

1624.

Lettres patentes conférant à François d'Ornano, seigneur de Mazargues, gouverneur de la ville de Saint-Esprit, le commandement de la galère la Vigilante.

Pièce en parchemin, 1624, Signé Louis, et par le Roi Philippeaux.

1526.

Ordonnances concernant les don et continuation de jouissance de la baronnie de Lunel, signées Louis.

Pièces sur parchemin, 23 mai 1626, 12 février 1627, 18 juillet 1628, 23 juin 1628.

Extraits des enregistrements des dits ordonnances.

1630.

Liasse de pièces concernant les affaires privées du maréchal Jean-Baptiste d'Ornano, acquisitions, reçus, reconnaissances, etc.

1632.

Brevet de gouvernement de Tarascon pour le Seigneur d'Ornano de Mazargues, signé Louis.

Pièce sur parchemin.

1633.

Ordonnancement du parlement de la généralité de Provence concernant l'enregistrement du brevet de gouverneur de Tarascon pour le sieur d'Ornano de Mazargues.

Pièce sur parchemin, le 29 octobre 1633.

1645.

Contrat de mariage d'Anne d'Ornano avec François de Lorraine, comte de Rieux.

Pièce sur vélin ; Paris, 12 juillet 1645, 16 pages in-4.

Ont signé au contrat : Charles II de Lorraine, duc d'Elbeuf et Henriette Catherine de Bourbon, fille légitimée de Henri IV et de Gabrielle d'Estrées, père et mère de François de Lorraine. François de Lorraine, comte de Rieux. François d'Ornano, seigneur de Mazargues et de Porquerolles, colonel général des

Corses, et Marguerite de Montlor père et mère d'Anne d'Ornano. Marie de Montlor, veuve du maréchal Jean-Baptiste d'Ornano. Anne d'Ornano. Marguerite de Lorraine, duchesse d'Orléans, deuxième femme de Gaston. Anne-Marie-Louise d'Orléans, dite la Grande-Mademoiselle, fille de Gaston-Henri de Bourbon, prince de Condé, père du grand Condé. Catherine de Joyeuse, duchesse de Guise. François de Créqui, duc de Lesdiguères, gouverneur du Dauphiné. Joseph-Charles d'Ornano. Claude de Maugiron, comte de Montléans, seigneur d'Ampuis. François d'Adhémar de Monteil de Grignan, archevêque d'Arles. Jacques d'Adhémar de Monteil, évêque de Saint-Paul-Trois-Châteaux.

La même pièce sur papier. Minute du XVII° siècle.

1649.

Acquit de la somme de 12.000 livres versée par la République de Gênes pour le rachat du fief et de la seigneurie d'Ornano, achetée par Giulio d'Ornano au chevalier François d'Ornano.

Pièce en papier 16 pages, in-4, 20 décembre 1649.

1651.

Extrait d'enregistrement de la trésorerie de la généralité de Montpellier, du brevet de gouverneur du fort et château de Saint-André-lez-Avignon, à François d'Ornano, seigneur dudit lieu, et de Mazargues, colonel général des bandes corses.

Pièce en parchemin, le 26 juillet 1651.

1663.

Brevet de capitaine à Paolo-Francesco d'Ornano.
Pièce en parchemin, sceau de la République de Gênes.

1669.

Jugement de reconnaissance de noblesse de la famille Colonna d'Ornano par M. de Bezons, commissaire en la généralité de Montpellier.

Expédition en papier du 29 mai 1772.

1672.

Brevet de sergent-major de bataille à Paolo-Francesco d'Ornano, pour sa belle conduite pendant la guerre de Savoie.

Pièce en parchemin, sceau de la République de Gênes.

1674.

Ristretto genealogico che di grado in grado, o per ogni sua fede, giustifica l'albero della casa de signori da Ornano-Colonna di Corsica, feudatorij della Serenissima Republica di Genova.

Fatto l'anno 1674.

Cahier en papier de soixante pages in-f° avec arbre généalogique.

1675.

Rôle de la monstre et revue d'une compagnie, le 4 juillet 1675.

Pièce en parchemin, quatre pages in-4°.

Capitaine, Jacques-Théodore, marquis d'Ornano, lieutenant : Jean de Barrieux, cornette ; Sarrano de Canolle.

1771

Arrêt du conseil supérieur de la Corse en date du 13 avril 1771 reconnaissant la noblesse de la famille Colonna d'Ornano.

Pièce en Parchemin.

1775

Arrêt du conseil supérieur de la Corse en date du 22 décembre 1775 reconnaissant la noblesse de la famille Colonna d'Ornano (autre branche).

Pièce imprimée, le 29 février 1776.

1776

Arrêt du Conseil supérieur de la Corse reconnaissant la noblesse de la famille d'Ornano.

Bastia, le 12 mars 1776.

Pièce en papier, 8 pages in-5, revêtue du sceau en cire rouge du Conseil supérieur.

Expédition du dit arrêt, extraite des Archives départementales de la Corse.

.·.

Recueil de brevets, lettres patentes, etc., concernant différents membres de la famille d'Ornano.

Manuscrit en papier d'environ 200 pages in-folio. La plupart des pièces visées et collationnées par les commissaires génois.

.·.

Recueil de pièces diverses : testaments et contrats passés par différents membres de la famille d'Ornano.

Manuscrit en papier d'environ 150 pages in-folio XVIIe et XVIIIe siècle.

.·.

Autre recueil avec les « Manuali delli vassali » de différents seigneurs d'Ornano.

Manuscrit en papier d'environ 100 pages, in-folio, XVIIe et XVIIIe siècle.

(*Toutes ces pièces sont en la possession de M. le marquis Paul d'Ornano*).

BIBLIOGRAPHIE

Biachino Leca d'Occhiatana. — Il d'Ornano Marte, poème héroïque (Bordeaux, 1602).
Nervèze. — Discours consolatoire sur le trépas d'Alphonse d'Ornano (Lyon, 1610).
Élie Garel. — Le premier livre de l'Ornaneade, poème héroïque (Paris, 1515).
Le Prince de Corse, pamphlet (Paris, 1624).
Copie de la lettre de M. le Colonel d'Ornano au roi (Paris, 1624).
Defosque. — Vie de Sampiero (Cet ouvrage, cité par Moreri, est introuvable aujourd'hui).
L'innocence reconnue en faveur de Monseigneur le colonel d'Ornano (Paris, 1624).
Mémoire de ce qui s'est passé pendant la captivité et la mort d'un grand (Paris, 1626).
Observations sur la vie et sur la mort du maréchal d'Ornano (Paris, 1643).
Le maréchal d'Ornano, martyr d'Etat (Paris, 1643).
L'hermite Souliers. — Les Corses François (Paris, 1662).
Borel d'Hauterive. — Généalogie de la maison d'Ornano (Paris, 1842).
Arrighi. — Histoire de Sampiero.
Notice biographique sur la vie de M. le comte d'Ornano (Paris, 1844).
Vicomte A. de Sussy. — Notice sur M. le comte d'Ornano (Paris, 1852).
Charles Guérin. — Eloge historique de Sampiero Corso d'Ornano (Ajaccio, 1856).
Prince Pierre-Napoléon-Bonaparte. — Sampiero (Bastia, 1856).
Guerrazzi. — Vie de Sampiero d'Ornano (Ajaccio, 1872).
Fumarolli. — La Corse française (Bastia, 1884).
Peretti della Rocca. — Eloge de Sampiero Corso (Le Mans, 1885).
Rombaldi. — Sampiero Corso (Paris, 1887).
Mariani. — Sampiero Corso, 1888.
Dr Costa. — Discours prononcé par le Dr Costa à l'inauguration de la statue de Sampiero (Ajaccio, 1890).

DOCUMENTS RELATIFS
A L'HISTOIRE DES SEIGNEURS D'ORNANO

1222.

5 septembre.

Opizzo de Cinarca, frère d'Arrigo et Guglielmo Biancolaccio, chevaliers, se font recevoir citoyens de Bonifacio.

Liber Jurium Reipub. Genuensis. I, col. 672.

In nomine domini amen. In bonifacio sub laugia ante ecclesiam beate marie. in publico colloquio inde facto ex burgensibus seruientibus et populi castri facto per merlotum merlouis de castello. caluum respectum et archantum bonifacii castellanorum. nos prenominati castellani percepto et voluntate domini spini de surexina ianue civitatis potestas. pro litteris eius ab ipso nobis transmissis. proinde recipimus opicionem de cinercha. germanum enrici de cinercha. et guillielmum blancolacium nobiles milites corsice in caros burgenses castri bonifacii honori et como lo et proficuo comunis civitatis ianue et civium, tali uidelicet pacto et condicione quo I ipsi ambo uidelicet opicio et guillielmus prenominati cum castris eorum et toto posso eorum. voluerunt et promiserunt de cetero esse voluntati et precepto communis civitatis ianue et proficuo comunis civitatis ianue et civium. saluare et defendere castrum bonifacii et castellanos et omnes homines ipsius loci et de eius districtu et omnes possessiones eorum contra omnes personas in rebus et personis eorum in toto posse et districtu eorum et mari et in terra sanos et naufragos et facere exercitum per corsicam ubicumque comunis ianue eis preceperit seu hordinauerit ad eorum expensas et nun minuendo. ipsi raciones castri bonifacii nec eberbaticum ipsius castri. et similiter nos aun minuendo dricta nec raciones predictorum opicionis et guillielmi insuper predictus opicio de cinercha et guillielmus blancolacius. ambo quisque eorum pro se iurauerunt ad sancta dei euangelia et promiserunt omnia suprascripta bona fide sine fraude et malicia attendere observare et cumplere in hordinatione potestatis ianue uel cunsulum comunis omnium uel maioris partis eorum qui modo sunt vel pro tempore fuerint et precepta et hordinationes castellanorum bonifacii qui modo sunt uel qui pro communi ianue pro tempore fuerint facere et obedire. saluis racionibus comunis ciuitatis ianue et credencias que eis dixerint vel mandauerint dilata habere et tenere secundum quod potestas ianue seu cunsules comunis vel castellanis bonifacii eis mandaverint vel determinauerint. testes tunc ibidem interfuerint vocati iohannes stregia. guillielmus mallonus. sardus de pruno. bernicionus. oglerius capellus. guillielmus de amandolesa. amicus romeus. raimundus pellucus et calluus de leuanto et durans de campo. anno dominice natiuitatis millesimo CCXXII, indictione nona die v. septembris. Ego bertolotus laumellinus notarius precibus et voluntate suprascriptorum scripsi.

1239.
24 février.

Arrigo de Cinarca (fils d'Arrigo) s'engage à restituer à Galvano Stancone représentant Pietro de Acaja tout ce que lui, ou ses vassaux ont pris audit Pietro.

Gênes. Arch. di Stato. Arch. Not. not Tealdus de Sigestro, 1238-1263, f° 43.

Ego Dnus Enricus de Cinerca promitto et convenio tibi Galvano Stancono recipienti nomine et vice Petri de Acaja quod reddam et restituam dicto Petro vel eius nuncio. omnes terras et domos et res mobiles et immobiles et bestias que et quas ipsi Petro impedivi et abstuli vel impediri et abstuli feci vel alius per me, et eas omnes in sua balia et potestate vel sui certi nuncii tradam et liberabo vel tradi et liberari faciam integre sine aliqua diminucione eo salvo quod dicte res omnes sint in eodem statu quod erant dici quo eas ei impedivi et abstuli, alioquin si in aliquo predictorum contrafecero vel contrafactum fuerit penam librarum centum Janue tibi recipienti nomine dicti Petri stipulanti spondeo, rato manente pacto, in pena vero et supradictis omnibus attendendis et observandis universa omnia mea bona habita et habenda tibi pignori obligo. Insuper juro corporaliter ad Sancta Dei Evangelia omnia ut supra dictum est attendere et observare in nullo contraveniente.

Testes Petrus Salinerius, Johannes de Bargono, Thomas gener Miloti, Guido Rubeus, Ugo de Caraso, Petrus de Ciiara Opizo de Caraso. Actum Bonifacio in domo docti Galvani die XXIIII februarji die Jovis circa primam MCCXXXVIIII. Indicione XI.

1239.
21 février.

Conventions entre Arrigo de Cinarca et Galvano Stancone (représentant Guglielmo Bianco son beau-père), relatives aux droits d'Agnesina, fille de Guglielmo, sur les biens d'Arrigo et des autres seigneurs de Cinarca.

Gênes, ut sup., f° 43.

Dnus Enricus de Cinercha ex una parte et Galvanus Stanconus nomine Dni Guillielmi Blanci soceri sui ex altera compromittunt in Jancrisam et Salcitrum Cordelionem arbitros et arbitratores et largas potestates ab eis ellectos de lite et discordia seu controversia que vertitur vel verti posset seu verti speratur inter dictum Dnum Enricum ex una parte et predictum Dnum Guillielmum Blancum ex altera occasione omnium racionum et jurium quas dicit dictus Dnus Guilliermus Blancus quod filia sua Dna Agnesina habet et habere debet in domo predicte Dni. Enrici et aliorum Dnorum de Cinerca occasione et nomine suarum dotium, et generaliter de omnibus aljis litibus et discordijs seu controversjis quas inter eos verti possent aliqua occasione, promittentes ad invicem ambe partes predicte scilicet Dnus Enricus per se et Galvanus nomine supradicti Dni Gulliermi attendere et observare quicquid dicti arbitri dixerint pronunciaverint et senciaverint inter dictas partes racione vel accordio sentencia seu sentencia seu contrafacione vel amicabili composicione vel motu proprie voluntatis semel vel pluries dicendo et pronunciando inter dictas partes, die servato et non servato porrecto vel non porrecto libello presentibus; presentibus vel absentibus vel una parte presente et altera absente, et si forte dicti Arbitri inter se concordare non poterunt habeant licentiam eligendi duos homines quos voluerint, cum quibus et eorum consilio predictas lites et discordias audire debeant et definire predicta omnia singula, et universa per stipulacionem attendere et observare promittunt, scilicet Dnus Enricus per se et Galvanus nomine Dni Guillielmi et facere ei attendere et observare predicta omnia et contra non venire in pena, et sub pena librarum centum Janue invicem inter eos stipulata et promissa rata manente sentencia vel accordio pro pena vero et supradictis omnibus attendendis et observandis universa omnia sua bona habita et habenda sibi ad invicem pignori obligant. Insuper juraverunt ambo corporaliter ad Sancta Dei Evangelia omnia ut supra dictum est attendere et observare et contra non venire, et facere attendere et observare dictis Galvano predicto. Dno Guiliermo Blanco et de predictis jusserunt fieri duo instrumenta unius tenoris. Testes et locus et omnia ut supra. 1239. Bonifacio in domo Galvani di XXIIII, februarji. Jovis circa prima, iudicione XI.

1239.
24 février.

Galvano Stancone s'engage, au nom de son beau-père Guglielmo Bianco, vis-à-vis d'Arrigo de Cinarca, à faire abattre le château élevé par ledit Guglielmo et Pietro de Acaja sur la moutagne de **Rixa**.
Gênes, ut sup., f° 43 v°.

Ego Galvanus Stanconus promitto et convenio tibi Dno. Enrico de Ciuercha quod faciam et curabo sic quod Dominus Guilliermus Blancus socer meus et Petrus de Acaja dirruent et dirrui facient castrum quod vocatur Rixa, quod de novo modo habent edificatum et ordinatum in dicto loco sive podio quod vocatur Rixa, et quod de cetero in eo non habitabunt neque habitacionem facient et fieri facere ipsi et alii pro eis et hoc facient infra dies quatuor postquam Dnus Enricus habens restructum et reddactum ipsi Petro et eius nuncio omnes terras et domos et posessiones et res et bestias quos hodie mihi recipienti nomine dicti Petri reddere et restituere promisisti sicut continetur in carta inde hodie facta manu mei Tealdi Notari, alioquino penam librarum centum Janue tibi stipulanti spondeo, Rato manente pacto in pena vero etc. Insuper juro corporaliter ad Sancta Dei Evangelia omnia ut supra dictum est attendere et observare et facere attendere et observare predictis personis et contra non venire. Testes et locus et omnia ut supr. (MCCXXXVIIII, die XXIIII. Februarji).

1239.
5 mai.

Testament de Giovanni Stregia, châtelain de Bonifacio.
Gênes, ut sup., f° 72.

Ego Johannes Stregia in adversa valitudine positus contem-

placione ultime voluntatis mearum rerum talem facio disposi-
tionem. In primis sepulturam meam eligo apud ecclesiam Sancti-
Jacobi. Item judico operi Ecclesie Sancte Marie soldos centum. Item operi ecclesie Sancti-Jacobi libras tres. Item operi
ecclesie Santi-Nicholai soldos viginti. Item operi ecclesie Sancti-
Antonii soldos decem. Item operi ecclesie Sancte Annunciate
soldos decem. Item pro mea sepultura in die funeris mei libras
quatuor Janue in disposicione Ogleri Capellii junioris. Item unicuique ecclesie de istis insulis pro anima mea soldos quinque.
Item judico uxori mee Dne Ansuine ultra suas raciones libras
centum janue et omnia indumenta et guarnimenta sua de suo
dorso, et lectum suum guarnitum et totium masaricium de
domo mea et Margaritam ancillam meam quam pro mercede
et remedio anime sue et anime mee debeat manumittere. Item
volo jubeo et statuo quod nemo possit compellere sive constrin-
gere dictam uxorem meam facere Sacramentum de manifesta-
tione rerum mearum et illud sacramentum ei remitto et parco,
sed tradat ei suo solo verbo de eo quod inde dicere voluerit.
Item judico Ansuine nepote mee libras centum Janue et tres
vachas quas dicta uxor eius nomine et pro ea emit et totum
fructum illarum. Item iudico Oglerio Capello juniori et Jardine
eius uxoris nepte mee unum territorium domus quam habeo
prope domum Galvani Stanconi et ab alio latere est domum
puncii Sugipili. Item volo et jubeo quod cetera debiti quam
habebam super Oglerium dictum sit irrita et cassa et nullius
momenti et valoris. Item confiteor dictus Oglerius debet mihi
reficere et fieri facere et edificare domos undecim quas in beneficio habeo et levare de lignamine et facere solarios illarum
domorum de arstume et eas debet fornire de omni re que in eis
necessaria preter quod in edibus ponere clavaturas in portis
illarum pro libris sexaginta quinque Janue quarum habet libras

triginta sex et adhuc debet habere libras viginti novem et scilicet debeo habere ei dare omni die quod fecerit in eis laborare duos manuales ad meum dispendium et omnes cantorios et lapides que in eis sunt.

Item volo jubeo statuo et ordino quod Comica Gorgonus, Johannes Nigrus, Aigochus Mazara, Johanninus Cogenis, Johanninus Pia, Johannes Lungus, Jordanus Cagnolinus, Petrellus et Johanninus Niger servi mei et eorum heredes masculi et femine pro mercede et remedio anime mee de cetero ab hodie in antea sint liberi et franchi cum omnibus terris et possessionibus et rebus eorum mobilibus et immobilibus que et quos habent, tenent et possedent, et deinceps adquesierint et ipsi et eorum heredes ab omni vinculo servitutis penitus libero et absolvo et inde sint liberi et absoluti cum omnibus terris et rebus eorum mobilibus et immobilibus. Ita quod ipsi possint vendere donare et per... judicare omnes terras et res eorum mobiles et immobiles et ex eis faciant quidquid facere voluerint sine omni mea omniumque pro me personarum contradice. Item manumito pro mercede et remedio anime mee Marignanum et Scapham servos meos et eorum heredes masculos et feminas cum omnibus terris possessionibus et rebus eorum mobilibus et immobilibus que et quos habent, tenent, et possident et deinceps adquesierint, et ipsi et eorum heredes masculi et femine ab omni vinculo servitutis et ancillatis penitus libero et absolvo et inde sint liberi et absoluti ab hodie in antea. Ita quod possint vendere donare et per animam judicare omnes terras possessiones et res mobiles et immobiles que et quas hodie habent, tenent et possident et deinceps adquesierint et ex eis faciant quidquid facere voluerint sine omni mea omniumque per me personarum contradictione. Item manumitto Angebellam, Otolinam, Benvenutam et Columbinam ancillas meas et eorum masculos et feminas cum omnibus eorum rebus mobilibus et immobilibus si quis habent et eas et eorum heredes masculos et feminas pro mercede et remedio anime cum omnibus rebus eorum si quis habent ab omni vinculo servitutis et ancillatis penitus libero et absolvo et inde sint libere et absolute pro mercede et remedio anime mee cum omnibus eorum rebus mobilibus et immobilibus ab hodie in antea. Item confiteor quod debeo dare Johanni Becorubeo libras novem et si ipse dicere noluerit quod debeam ei plus dare volo et jubeo quod tradatur ei suo solo verbo usque in libris decem tantum sine testibus et juramento. Item Gairardo Barherio libras quator. Item Johanni Rubeo eius frater soldos sexdecim. Item Gregorio... Parmano pellisario quondam socero suo sol. viginti septem. Item Saonino pro brachia quatuor de viride sol. viginti novem et denarios quator et in alia parte sol. decem septem et denarios quatuor pro bruneta quam ab eo emi. Item Raimundo Peluco libras quatuor et sol. novem. Item Guilliermo Scornemontono libras duas et soldos duos et donarios tres. Item judico ecclesie Sti Nicolai pro anima patris mei et matris mee sol. decem. Item debeo dare Nicholoso Pelucho sol. sex et donarios duos. Item heredibus qm Simonis de Bargono sol. viginti Janue. Item Dno Ingoni Cornello sol. viginti quatuor et denarios duos. Item Marchisio de Predono pro brachia quatuor blavi soldos triginta tres et denarios quatuor. Item debeo dare cuidam Sardo de Sassari cuius nomen ignoro libras decem et dimidiam Janue quas ei mihi dedit in custodia et accomandacione. Ceterorum bonorum meorum omnium Beldiem et Sicham et Streginam sorores meas et eorum filios mihi heredes instituo et ordino silicet una queque earum cum filiis suis pro tercia parte bonorum meorum. Item confiteor et dico quod Dnus Enrichus de Cinercha debet mihi dare pecoras centum et in alia parte capras nonaginta quas sui homines mihi abstulerint quando ipse Enricus venit de Janua. Item Dnus Guilliermus de Cinercha debet mihi capras centum quas sui homines mihi abstulerint.

Item prestavi dicto Dno Enrico equum unum spanum quando venit de Janua in Bonifacio pro eundo domum suam quam pro ea mihi non reddidit et qui valebat libras sex Janue. Item in alia parte debet mihi dictus Enricus boves duos quos Janonus de Serra mihi abstulit. Item debeo dare recupero pro aspa una de molendino sol. quinque. Item placencie Ferrario et Johanni Ferraris sol. virginti novem et dimidium. Item confiteor quod habui de denariis quondam cancurii quos ego et socii mei habemus in custodia libras quindecim et dimidiam quas dedi et solvi in portis quos cum dicti socii mei emi. Item Johanes Fornarius debet mihi pro portione domus mee et furni de quatuor annis proximos preteritis libras triginta quatuor Janue quarum judico et dimitto ei pro anima mea soldos centum. Item debeo dare heredibus qm Bartholo mei Ardenni soldos octo et denarios octo. Item magistro Alberto sol. quinque. Item judico et dimitto Vivaldo de sparverio pro anima mea totam pensionem domus mee quoniam et volo et jubeo quod nemo possit inde ei aliquid petere. Item judico et dimitto fratri Guillermo fratri meo annuatim usque dum vixerit pro suis indumentis soldos centum Janue, quos annuatim habeat et percipiat in bonis et de bonis meis usque dum vixerit sine omni mea cuiuscumque contradicione. Item judico et dimitto Sanculicio et Lambertino et Faciolo fratribus tres partes castri mei de Camilia. Item volo et jubeo quod vendantur tot de meis bestiis unde possit solvere totum meum judicatum superius nominatum. Item judico et dimitto dicte uxori mee libras decem Janue cum quibus per me ire debeat apud Sanctum Jacobum de Galicia si ire voluerit, si autem ire noluerit volo quod dictas libras decem dentur et solvantur cuidam bono homini qui ibi per me ire debeat. Item volo jubeo et ordino quod Guantinus sardus et heredes suum terram saccis armis sedecim deceant tenere et habere terram de Caroerana quam per me hodie teni tantum quantum eam tenere voluerit ab annis sedecim infra pro illis conventis pro quibus hodie teni, et secundum quod continetur in carta inde facta inter me et ipsum Guantinum. Item confiteor quod dedi eidem Guantino ad laborandum quondam aliam peciam terre in carceniram quam debet habere laboratam usque ad annos octo completos sine eo quod inde aliquod debeat mihi dare usque ad predictos annos octo completos.

Set ab octo annis antea debet mihi solvere annuatim propentione dicte terre soldos octo Janue quam terram volo, et jubeo et ordino quod ipse Guantinus et heredes sui tenere debeat tantum quantum voluerint reddendo annuatim heredibus meis soldos octo Janue. Item dictus Guantinus debet mihi soldos decem. Item heredes quordam Magistri Janis Taliacoris libras tres et dimidiam, que scripte sunt in Cartulario Castellanorum anni preteritis. Item judico et dimitto falcono magistro Antelami et uxori teritorium unum domum quam habeo prope domum Guidoni textoris cui coheret a tribus partibus terra mei Johannis a quarta parte via. Item judico et dimitto Marco Scribe alium teritorium domus que est prope dictum teritorium quod dimitto ipsi falgono scilicet de subter illum teritorium falgonis. Item judico Giorgie S. decem Janue. Item judico pro missis canendis pro animam meam soldos centum Janue. Item confiteor quod debeo dare Oglerio Capello juriori S. duodecim Janue. Hec est mea ultima voluntas que volo et jubeo firmam et ratam acque illibatam semper permanere. Et si quis vos legale ibi deest absencia cuius hoc instrumentum cassari possit volo et jubeo ut saltem vim codicilli optineat firmitatem et omnia alia testamenta et codicillum quod et quo olim feci ei fieri feci sint irrita et cassa, et nullius momenti et valoris esse volo et jubeo et istud semper ratum et firmum in suo robere permaneat. Testes Iugo Cornellus filius Ottonisboni Cornelli, Georgius de Bargono, Recuperius Guilliermus de Sancto Petro Arene, Stephanus Bargognonus, Johannes Fornarius maior, Johannes de Montobio. Actum Bonifacio in domo predictis Johannis die V. Madji in terciis die jovis inter primam et terciam MCCXXXVIIII indicione XI feci unum Dne. Ansuine et alium Dne. Siche.

1239.
18 juillet.

Oberto Alsachino, au nom de sa mère Beldies et de Sicha et Stregina, sœurs de Giovanni Stregia, cède, moyennant certaines conditions, à Arrigo de Cinarca, les droits qu'avait son oncle sur le château de Camiglia.

Gênes, ut. sup. f° 91.

Ego Obertus Alsachinus nomine Beldiei matris mel et Siche et Stregine sororum et heredum qm Johannis Stregie avunculi mei, et pro ipsis facio tibi Enrico de Cinercha, tuisque heredibus filio olim Enrici de Cinercha finem et refutacionem et omnimodam remissionem et pactum de non petendo et datum ad prius de omni jure, racione et accione reali et personnali utili et directa quod et quas dictus Johannes quondam avunculus meus, et frater dictarum Beldiei et Siche et Stregine tempore vite sue habebat et consuetus erat habere in Castro de Camilia et in ejus territorio et pertinentiis seu districtu et dicte mulieres habent et habere possent et eis competit et competere possit occasione dicte successionis et hereditatis quondam dicti Johannis eorum fratris et aliqua alia occasione et successione promittens tibi qui nomine dictarum mulierum pro ipsis predictam finem et refutacionem perpetuo ratam et firmam habere et

tenere et contra non venire et facere adtendere et observare
pro dictis mulieribus et insuper quod faciam et curabo sic quod
dicte mulieres predictam finem et refutacionem perpetuo ratam
et firmam habebunt et contra non venient et quod de cetero ipse
et alius pro eis nullam de cetero magis facient requisicionem
et querimeniam seu litem movebunt adversus te et heredes
tuos et de predicto Castro et territorio seu pertinentiis vel eius
occasione et quod tantam inde nobis facient et nostro nuncio
quantum eis denunciatum fuerit a te et tuo nuncio in laude cui
Sapientis alicquin si de predictis in aliquo contrafecero et contrafactum fuerit penam librarum ducentarum spondeo, que pena
tociens commitatur quociens contrafactum fuerit rata semper
manente predicta fine et refutacione pro pena, etc., possessionem et dominium et requisiti (?) inde tibi tradidisse et misisse
confiteor. Insuper juro corporaliter ad Sancta Dei Evangelia
omnia ut supra dictum est adtendere et observare et nullo contravenire et facere adtendere pro mulieribus quam finem et
refutacionem tibi facio pro libris septuaginta Janue quas proinde a te accepisse confiteor pro eorum desbitacione pro
libris quadraginta, et libras triginta in denariis numeratis et de
quibus me habere quietum et solutum nomine dictarum mulierum a te voco. Renuncians, etc. Insuper volo et jubeo quod
omnia instrumenta et cartas que et quas dictus Johannes quondam avunculus meus habebat de predicto Castro sint irrita et
cassata et evacuata et nullius momenti et valoris et per non
facta habeatur et predicta omnia feci et facio in presentia et
voluntate et consilio Ogle Capelli junioris procuratoris predictarum mulierum ut continetur in duobus instrumentis inde factis.
Testes Aldebrandus Ajacensis episcopus, Jacobus Grunius,
Guido de Cagna, et Vegius de camilla, Marcus Scriba Rinaldus
de Vegia, Salcurus de Cagna. Actum Bonifacio in ecclesia

Sancte Marie die XVIII Julii die Lune circa vesperas
MCCXXXVIIII Indicione XI.

1239.
18 juillet.

Arrigo de Cinarca prend l'engagement de satisfaire aux conditions présentées par Oberto Alsachino.

Gênes, ut. sup. f° 91.

Ego Enricus de Cinercha promitto tibi Oberto Alsachino solvere et dare et consignare tibi in Bonifacio vel tuo certo nuncio per me vel meum nuncium destrerium unum quod habui a Comune Janue tempore quo factus fui miles a dicto comune bene sanum sine omni vicio et magagna usque ad dominicam prox^e et libras triginta Ianue pro terminos infrascriptos sicilet medietatem a calendis Augusti proximis usque ad annum unum et aliam medietatem ab illo termino usque alias calendas Augusti proxime venientibus quam Destrarium et denarios tibi dare debeo pro fine et refutacione que hodie mihi fecisti nomine Beldiei fratris mee et Siche, et Stregine amicarum tuarum sororum et heredum qm Johannis Stregie avunculi tui secundum quod continetur in carta inde facta manu mei Tealdi Notar non nocente tibi quod de dicto equo et de dictis libris triginta vocasti te quietum et solutum in carta.... finis et refutacionis, quod renuncians exceptioni non numerate et non accepte pecunie et non traditi equi cum predicti denarii et equum integre restent tibi ad habendum et solvendum aloquin penam dupli etc, rata, etc, et insuper restituere omnia dapna expensas, etc. pro pena vero etc. Insuper juro etc, nisi insto de impedimento, etc. Testes Aldebrandus Episcopus Adjacensis, Jacobus Nicus, Guido de Cagna Marcus.... de Vegia. Actum Bonifacio in ecclesia Sancte Marie, XVIII Iulii die lune circa vesperas MCCXXXVIIII Indicione XI.

1239
18 juillet.

Aldebrando, évêque d'Ajaccio et Arrigo de Cinarca s'engagent à faire conclure la paix entre la commune de Gênes et les Bonifaciens d'une part, Guido Rosso et ses frères de l'autre.

Gênes, ut sup, f° 92.

Nos Aldelbrandus Adjacensis episcopus et Enricus de Cinercha promittimus et convenimus vobis Oberto Alsachino, Ingoni Cornello, et Ottoni de Murta Bonifacii Castellani recipientibus, nomine et vice Comunis Ianue et hominum Bonifacii quod faciemus et curabimus sic quod Guido Rubeus et fratres eius a dominica proxima usque ad dies quindecim venient in Bonifacio ad faciendam pacem et concordiam vobiscum nomine Comunis Ianue et hominum Bonifacii si cum eis concordare poteritis et facta. . . . . concordaverunt et facieb. . . reddere et restituere. . . . . cum totum id quod abbitum est hominibus Bonifacii vel alicui eorum per dictos Guidonem Rubeum et fratres et homines eorum et insuper promittimus vobis nomine Comunis Ianne et hominum Bonifacii quod si pax et concordia fuerit in terminos et ipsos faciemus et curabimus sic quod dictus Guido et fratres et homines eorum de cetero offensionem aliquam non facient hominibus Comunis Ianue et Bonifacii vel alicui eorum in rebus et personis et si forte dicti Dñi et eorum homines vel aliquis eorum dampnum vel malum aut offensionem aliquam facient vel fieri facient alicui homini Bonifacii vel Ianue in rebus vel personis quod illud dampnum et offensionem emendabimus et restituemus illi persone cui factum fuerit in voluntate Castellanorum quod precipue fuerunt in Bonifacio, aut reddent et restituent malefactores in balia castellanorum qui pro tempore fuerunt in Bonifacio vel illi cui dampnum vel malum aut offensionem factum vel factam fuerit. Insuper promittimus vobis nomine et vice Communis Janue, quod faciemus et curabimus sic quo usque ad dictum terminum dierum XV predicti Dni et eorum homines nullam offensionem vel malum aut dampnum facient vel fieri facient hominibus Bonifacii vel alicui eorum in rebus vel personis si vero contrafactum fuerit promittimus vobis nomine communis Janue illud totum restituere et emendare denario proprio illi persone cui factum fuerit in vestra voluntate et ordinamento. Insuper promittimus vobis nomine vice communis Janue quod si dictus Guido dictam pacem et concordiam facere recusaverint et eam facere noluerint et ipsi offensionem aliquam facient vel fieri facient ipsi vel eorum homines hominibus Bonifacii vel alicui eorum quod nos cum tota racione Corsice adiuvabimus vos et manutenebimus vos et homines Bonifacii contra predictos fratres et eorum homines et vasallos et eis guerram mutuam faciemus in vestra voluntate et successorum vestrorum et hominum Bonifacii et insuper quod ego episcopus ipsum Guidonem et fratres excomunicabo et excomunicatos denunciabo alioquin si in aliquo predictorum contrafecerint vel contrafactum fuerit penam marcharum centum argenti vobis nomine communis Janue stipulanti spondemus rato manente pacto pro pena etc., quisque nostrum in solidum. Renuncians juri solidi et epistole Divi Adriani et omni juri versa vice nos predicta castella promittimus et convenimus vobis Dno. Episcopo et Dno Enrico de Cinercha quod dictam pacem et Concordiam indefieri faciemus predictis Guidoni et fratribus si eam facere voluerint et quod sap.... reddere et restituere dicto Guideni et fratribus id quod eis vel alicui eorum ablatum per homines Bonifacii vel principali eorum si dicta pax et concordia fuerit. Item promittimus et convenimus vobis quod faciemus et curabimus sic quod homines Bonifacii vel aliquis illorum nullam de cetero facient vel faciet offensionem aliquis vel malum neque dampnum aliquid predicto Guidoni et fratribus vel eorum hominibus in rebus vel personis et si forte aliquis dictorum offensionem vel dampmum malum faciet vel fieri faciet predicto Guidoni et fratribus et eorum hominibus vel ali cui eorum faciemus et curabimus quod dicti homines Bonifacii illud emendabunt et restituent illi cui factum fuerit in voluntate et ordinamento predicti Guidonis et fratrum aut quod reddent et tradent et in eorum virtute et balia malefactores in eorum voluntate et ordinamento. Item promittimus vobis quod faciemus et curabimus quod homines bonifacii vel aliquis illorum usque ad dictum terminum dierum XV nullam offensionem vel dampnum facient vel fieri facient predicto Guidoni et fratribus et eorum hominibus in rebus vel personis et si aliquis dictorum hominum Bonifacii contrafaceret vel contrafactum fuerit ab aliquo illorum illud totum integre promittimus restituere et emendare et facere restituere et emendare predictis hominibus vel illi qui offensionem fecerit illi persone cui facta fuerit alioquin si in aliquo predictorum contrafecerint vel contrafactum fuerit penam marchorum centum argenti stipulanti spondemus rato manente pacto pro pena vero, etc. Testes Guillermus Blancus, Guido de Cagna, Barulfus de Colcano, Calvus de Levanto, Oglerius Capellus ninice Marchus Scriba, salciciris de Cagna, et Gracianus tabernariuj.

Actum in ecclesia Sancte Marie de Bonifacio die XVIIII. Iulii, die martis paulo post terciam M CC XXXVIIII. indicione XI.

1239.

19 juillet.

Arrigo de Cinarca s'engage envers les châtelains de Bonifacio, à venir en cette ville avant la Saint-Michel pour donner satisfaction, dans la mesure du possible à tous ceux qui ont à se plaindre de ses exactions et de celles de ses frères Guido et Guglielmo.

Gênes, ut sup. f° 91.

Ego Enricus de Cinercha promitto et convenio vobis Oberto Alsachino, Ingoni Cornello, et Ottoni de Murta, Bonifacii Castellani recipientibus nomine et vice communis Janue quo usque ad festum Sancti Michaelis proximi veniam in Bonifacio et sub vestro examine plenam justiciam et rationem faciam omnibus hominibus bonifacii volentibus de me querimoniam. . . . . in Bonifacio plenam solucionem faciam. . . . . . . predictam alterius personis quibus coniunctus fuero de toto eo quo coniunctus fuero sub vestro examine vel successorum vestrorum in vestra voluntate et ordinamento. Item promitto vobis nomine et vice Communis janue et hominum Bonifacii quod usque ad dictum terminum reddam et restituam emendabo omnibus hominibus Bonifacii totum id quod eis vel alicui eorum ablatum fuerit sive furantum per me vel homines et vassallos meos in voluntate et ordinamento illius vel illorum cui vel quibus de jure restituere et emendare debuero. Insuper promitto vobis quod faciam et curabo sic bona fide si potero pro posse meo quod Guilliermus et Guiducius fratres mei ad dictum terminum mecum venient et quod predicta omnia observabunt et adtendent, si eis dicta concordia placuerit et facere noluerint per omnia sicut dictum est superius, alioquin si in aliquo predictorum contrafecero vel contrafactum fuerit penam marcharum centum argenti vobis recipientibus nomine et vice Communis Ianue et hominum Bonifacii stipulantibus spondeo, qua pena tociens commitatur quo-

ciens contrafactum fuerit rato manente pacto pro pena, etc. Insuper ego Aldebrandus Adjaccensis Episcopus de predictis omnibus et singulis principaliter constituo primum et principalem debitorem, pagatorem et observatorem vobis Castellanis recipientibus nomine et vice Communis Ianue et hominum Bonifacii pro dicto Enrico et fratribus sinon observaverint et adtenderint ut supra dictum est promittens vobis me facturum et curaturum sic quod dictus Enricus et fratres predicta et singula attendent et observabunt et contra non venient, alioquin penam marcharum centum argenti vobis stipulantibus spondeo, qua pena tociens commitatur quociens contrafactum fuerit rato manente facto pro pena etc. Insuper renuncians juri de principali et omni juri, et insuper illos excomunicabo et pro excomunicatos denunciabo, et vos et homines Bonifacii, pro posse meo adjuvabo et manutenebo et defendam a dictis fratribus et ab omni persona pro eis sub fide et ordine meo. Versa vice nos Castellani nomine et vice Communis Ianue et hominum Bonifacii promittimus tibi Enrico de Cinercha recipienti tuo nomine et dictorum fratrum tuorum si predicta omnia observare volueriat quod faciemus et curabimus sic quod homines Bonifacii restituent et emendabunt usque ad dictum terminum tibi et fratribus tuis si predicta observaverint et hominibus tuis et dictorum fratrum tuorum totum id quod tibi et fratibus tuis et hominibus tuis et dictorum fratrum tuorum . . . . . .
. . . .
penam marcharum centum argenti tibi stipulanti spondemus qua pena tociens commitatur quociens contrafactum fuerit pro pena etc. Testes et locus et omnia ut supra. (Actum in ecclesia S. Marie de Bonifacio die XVIIII Julii die Martis paulo post terciam MCCXXXVIIII, inditione XI). (Testes Guillermus Blancus, Guido de Cagna Barulfus de colcano etc.).

1257.
13 janvier.

Sentence prononcée par les châtelains de Bonifacio contre les héritiers d'Arrigo de Cinarca.

Gênes, ut sup. not Azone de Clavica 1257-1263 f° 4.

In Bonifacio sub logia ubi regitur Curia Dñus Montanarius Fornarius Castellanus Bonifacii sedens pro Tribunali condempnavit et condempnatos pronunciavit Rolandinum Santangium et Dñam Sibelinam et homines suos et habitatores ipsius terre Dñe Sibeline nomine filiorum et heredum Dñi Henrici de Cinercha quorum tutrix est et bona ipsorum contumaces tanquam presentes Enrico de Bargono in lamentacione infrascripta Enricus de Bargono agit contra Rolandinum Santangium et contra Dñam Sibelinam et homines suos et habitatores terre ipsius Dñe Sibeline nomine filiorum Henrici de Cinercha quorum tutrix est et ipsorum nomine et nomine ipsorum hominum et eorum bona et petit ab eo Rolandino et suo nomine libras XXXIII et S. II, D. III, nomine pene et totidem nomine sortis, et Dñe Sibeline tantum nomine sortis et nomine pene et eis hominibus habitantibus in terra et districtu filiorum et heredum Dñi Henrici de Cinercha ita quod si creditor solvit vel solverit quod Dña Sibelina et homines habitantes in terra filiorum et heredum dicti Henrici ipsa sit absoluta et ipsum (?) et si ipsi solverit quod ipse Rolandinus sit absolutus eo salvo quod si quis solverit pro ipso Rolandino possit et debeat habere regressum contra dictum Rolandinum jure cessionnis a dicto Enrico. Hoc ideo quod dictus Rolendinus confessus fuit se habuisse et recepisse tantum de rebus sive mercimoniis dicti Enrici unde et pro quibus dare et solvere promixit tantam pecunie quantitatem et de pluribus instrumentis et ad **certum tempus** et tantum restat ad solvendum sive libras XXXIII, S. II, d. III, et tempus solucionis elapsum est et in pena dupli cecidit si premissa non observavit et quia Dñe Sibeline denunciatum fuit per Castellanum Bonifacii ut dictis libris XXXIII, s. II, d. III, restitui et reddere faciet dicto Rolandino eius habitatori infra dies XV, dicto Enrico creditori dicti Rolandini et contempta et contemptum fecit quia capitulum Janue sine licentia Castellanorum Bonifacii non observavit et inde dicta Dña Sibelia nomine ac vice filiorum et heredum Dñi Enrici incidit in pena et sorte et homines habitatores in terra et districtu filiorum quondam Dñi Enrici. Item petit pro pignore bandi in duplo libras VI, s. XII, d. III, quas dedit pignus pro se et altera parte. Item pro expensis factis in Notariis scriba et judici sive judicibus s. XXVIII, ideo agit et petit ut supra salvo jure addendi et minuendi seu corrigendi vel mutandi usque ad finen litis. Laudans et statuens quod dictus Enricus habeat plenam et liberam potestatem accipiendi de bonis dicti Rolandini et dicte Dñe Sibeline et hominum de terra sua et heredum Dñi Henrici de Cinercha et sue juridictionis ubicumque invenerit de bonis ipsius sive ipsorum usque ad dictas pecunarium quantitates.

Quod autem ideo factum est quam cum dictus Enricus deposuisset supradictam lamentacionem coram dicto Castellano pro certo modo dictus Castellanus visa dicta lamentacione sive lamentacionibus et portione dicti Enrici quibus Castellanus stare debeat ex forma capituli de Contumacibus et visis citationibus legiptime factis dicte Sibeline et Rolandino et instrumentis dicti Enrici et eorum absenciâ dicta presencia repleta consilio Dñorum Bonifacii de Cadorno et Bonassius Bonacursis Castellanus Bonifacii volens unicuique de sua justitia providere dictum Rolandinum et eius bona et Dñam Sibelinam ac omnes homines de suo districtu et bona ipsorum contumaces tamquam presentes dicto Enrico in supradictis lamentacione sive peticionibus condemnavit statuit et laudavit ut supra dicto Enrico jurante de calupnia et verum esse ut in suis pectitionibus continetur quod dictus Euricus juravit et presentibus ad hec vocati testibus Octono Toinello Jacobo Carraro Iohanne Barberio rubeo et Bonaventura de Verona M C C LVII, die XIII Ianuarii (?) circam terciam inditione XII.

1258.
21 février.
Autre sentence contre Guidone de Cinercha.
Gênes, ut sup. f° 4 verso.

In Bonifacio sub logia ubi regitur Curia Dñs Bonifacius de Rodoano Montanarius Fornarius et Bonusvassalus Boiachensis Castellani Bonifacii condempnaverunt et condempnatum ac condempnatos pronunciaverunt Guidonem de Cinercha et eius bona ac omnes homines de eius districtu et jurisdictione Octoni Tornelli in lamentacione infrascripta. Octo Tornellus agit contra Guidonem de Cinercha et contra omnes homines de suo districtu et eorum bona et petit ab eo sive ab eis l. XXX. Janue et soldos VIII pro expensis et missionibus jam factis hoc ideo quia cum dictus Octo mandaret de suis rebus in Corsica in terra dicti Guidonis cum mercantiis per Guilliermum Mantiligium et..... de Rustigina homines dicti Guidonis et dictus Guido per favorem (?) abstulerit eis de rebus dicti Octoni retinentibus predictam quantitatem de quibus per litteras Castellanorum nec per noncios restitutionem facere recusavit qualiter agit et petit ut supra et omni jure laudantes et statuentes quod dictus Octo licencere capiat et capere possit de rebus dicti Guidonis et bona ipsius ac hominum de terra sua et sui districtus et eorum bona tam in rebus quam in personis usque in certas pecunie quantitates quod autem ideo factum est quam cum dictus Octo veniret coram dictis Castellanis et ostenderet lamentacionem predictam dicto modo dicti Castellani visa lamentacione dicti Octonis et visis citationibus ac denonciationibus dicto Guidoni legitime factis quod Castellani stare ex forma Capituli debent de Contumacibus et visa instrumento accusationis volentes unicuique de sua justitia providere dictum Guidonem et eius bona et homines sui districtus et juridictioni et eorum bona tam in personis quam in rebus in dictis quantitatibus prenominato Octono condempnaverunt statuerunt landaverunt et pronunciaverunt ut supra dicto Octono jurante de calupnia ita verum esse ut lamentacione sive peticioni continetur quod juravit ut supra presentibus Bartholomeo de Monteneri Vincentio Scanamontono et Marcho Scriba. MCCLVIII die XXI februarji rursante tercia indicione XV.

1258.
28 février.

Autre sentence contre Guidone de Cinarca pour vols de bestiaux commis par ses vassaux.

Gênes, ut. sup., f° 9.

In Bonifacio sub logia ubi regitur Curia Dnus Bonifacius de Rodoano Castellanus Bonifacii sedens pro tribunali condempnavit et condempnatos pronunciavit Guidonem de Cinercha et eius districtu et eorum bona ac Carchanenses et eorum homines et bona Marie uxor quondam Petri de Curia tutrici et curatrici filiorum qm dicti Petri in lamentacione infrascripta Maria uxor, qm Petri de Curia tutrix et curatrix testamentaria filiorum et heredum, qm dicti Petri et sui tutorio et curatorio nomine agit contra Dnum Guidonem de Cinercha et contra eius homines et habitatores habitantes in terra districtu dicti Guidonis Cinarchensis et contra Carchanenses et eorum homines et res et petit ab eo sive ab eis libras decem et septem et dimidia hoc ideo quia homines dictorum Guidonis et Carchanensium rapuerunt de districtu et territorio Bonifacii boves septem dictorum heredum quos ponit in supradicto precio unde et quia dicti Dni Guido et Carchanenses fuissent citati et requisiti per litteras Castellanorum Bonifacii quod dictos boves predicte Marie dicto nomine restitui facere debeant infra dies XV secundum formam capituli et restitui contempserunt, in omni agit et petit ut supra in omni jure salvo jure addendi et minuendi corrigendi vel permutandi usque ad finem litis. Item petit pro expensis factis et dampnis inde habitis libras decem Ianue laudans et statuens quod dicta Maria dicto nomine habeat et capiat hebere et capere licencere possit de bonis in bonis et ex bonis dicti Guidonis et Dnorum de Carcano et hominum suorum et de eorum jurisdictione et bona ipsorum tam in rebus quam in personis ubicumque inventis sine contradicione alicuius. Quod autem ideo factum est quam cum dicta Maria veniret coram dicto Castellano et porrexit lamentacionem predictam dicto modo dictus Castellanus visis racionibus dicte Marie et peticionibus.... quibus Castellanus stare debeat secundum formam Capituli de Contumacibus et vicis citationibus legitime factis dicto Guidoni et Carchanensibus et eius responsione et absencia eorum presencia repleta volens unicuique de sua justicia providere consilio Dnorum Montanarii Jornarii et Bonivassalli Boiachensis Castellanorum Bonifacii et eorum auctoritate dictum Guidonem et eius bona et universos homines de eius districtu et eius bona et Dnos de Carcano et omnes homines de eorum districtu et bona ipsorum memerate Marie in dictis peticionibus tam in rebus quam in personis condemnavit laudavit statuit et pronunciavit ut supra et ipsa Marie jurante de calupnia ita verum esse ut in eius lamentacione sive et peticionibus continetur quod dita Maria juravit ut supra Presentibus Testibus Amico Clarelle Ansaldo de Signarico et Vincentio de Bargono. MCCLVIII die ultima Februarii post terciam inditione XV.

1258.
4 décembre.

Latro, fils de Guglielmo de Cinarca, rend hommage aux châtelains de Bonifacio, représentant la commune de Gênes, en son nom et au nom de son frère Giudice, absent.

Liber Jurium, t. I, col. 280.

Ego latro filius quondam guillielmi de cinercha nomine meo et iudicis fratris mei absentis facio nobis guidoni longo, rizardo gecio, idoni de sanignono castellanis castri bonifacii recipientibus nomine et uice comunis janue ac nomine domini capitanei et ancianorum comunis ianue. Quia multa et grata servita tam a nobis quam ab hominibus castri bonifacii recepi una cum fratre meo et ambo recipimus omni die, donationem inter vivos puram liberam ac simplicem que amplius revocari non possit per ingratitudinem, nec alio modo de parte michi contingente et fratri meo predicto de terra totius posse cinerche, scilicet medietatis illius posse a palma scie, usque ad districtum bonifacii uel quicquid esset de dicto posse in insula corsice uobis donando dicto nomine et eodem modo cum omni iure actione usu seu requisitione dicto posse pertinentibus hominibus et rebus de iure uel de facto ad habendum tenendum et possidendum et quidquid uolueritis faciendum nomine dicti comunis ianue perpetuo iure dominii et proprietatis et promitto vobis dictum posse et terram nomine meo et dicti fratris mei per me meosque heredes ab omni homine et uniuersitate legittime defen-

dere auctorizare et disbrigare nec litem uel controuersiam
uobis emouere nec contra predicta aliquo modo venire nel facere
seu aliquam exactionem ingratitudinis seu insinuationis quibus
renunciando sub pena mille marcharum argenti, quam uobis
dicto nomine stipulantibus promitto rata manente donacione
abrenuncians specialiter legi dicenti donationem ultra quingentes
aureas preter insinuationem non tenere, insuper promitto et con-
uenio uobis quod faciam et curabo sic quod dictus frater meus
inde predictam donationem ratam et firmam habebit et in aliquo
non ueniet aliquo tempore sub pena superius aposita unde pro
pena et pro predictis omnibus attendendis et obseruandis uni-
uersa bona mea habita et habenda uobis nomine dicti comunis
ianue pignori obligo, iurans corporaliter tactis sacrosanctis dei
evangeliis hec attendere et observare et non contravenire et saluare omnes homines ianue de districtu ianue et specialiter
habitatores castri bonifacii et persona et rebus sanos et naufragos
contra omnes personas manutenere et defendere sicut melis
potero, et insuper iuro me maiorem esse annis vigintiquinque.
actum in ecclesia sancte marie presentibus bertholomeo de mon-
tagna raymundo peluco, amico, clatella saono, oberto de vede-
reto, nicolao becco rubeo. MCCLVIII indictione prima die IIII
decembris circa vesperas insuper predicti castellani nomine predicti comunis ianue et successorum suorum promiserunt dicto
latro pro se et fratre suo manutenere eos et regere et defendere
ipsum sua contra omnes personas et habere ipsos et tractare et
res eorum tamquam ianuenses et burgenses castri bonifacii.

Nos guido longus, rizardus gecias ido de savignono, castellani
bonifacii damus uobis latroni filio quomdam guillielmi de cinercha nomine vestro et fratris vestri iudicis nomine comunis ianue
in fendum terram quam nobis hodie nomine predicti comunis
tribuistis quod feudum tenere et habere debetis de voluntate et

mandato comunis ianue et castellanorum bonifacii qui pro tempore fuerunt quod si contrafeceritis predictum feudum amittere debeatis quod feudum promittimus uobis non subtrahere nisi insta de causa sub pena marcharum mille pro pena vero ad sui observandum universa bona comunis ianue nobis et fratri vestro pignori obligamus.

1259.
10 janvier.

Giudice de Cinarca ratifie l'acte précédent.

Liber Jurium, t. I, col. 1280.

Eodem modo p. iudex frater latri, in ecclesia sancte marie MCCLVIIII indictione prima die X ianuarii post nonam et ante vesperas. presentibus marino de marchisio nicolao beccorubeo magistro ber medico marcho scriba ogerio capello oberto de uedereto benevenuto tealdi et multis aliis. predictis castellanis dictam donationem fecit et ratificauit quod fecerat frater suus iurans corporaliter tactis sacrosanctis evangeliis dei attendere et observare que fecerat frater suus et non contravenire aliquo tempore addens in iuramento suo facere guerram et pacem quibuscumque in ordinatione comunis ianue et castellanorum bonifacii qui pro tempore fuerint et reddere castrum vel castra sua in voluntate comunis ianue et castellanorum comunis ianue insurper predicti ianue iudici promiserunt pro se et fratre suo manutenere eum et regere et defendere ipsum et sua et fratris sui contra omnes personas et loco omni et habere ipsum et homines suos tractare per se et successores eorum tamquam ianuenses et burgenses castri bonifacii et fratrem suum latrum sub pena marcharum mille argenti et proinde omnia bona comunis ianue que obligari possunt pignori obligant et sic castellani predicti manu dextra eum investiverunt dicto feudo et ipse recepit testes predicti rollandus symia. guillielmus de alex araldus de sinayo capellinus capelli.

Ego uassalinus bellengerii de sygestro notarius exemplificavi et extraxi ut supra a cartulario seu ab autentico publico quondam magistri ienoini notarii de mandato facioli de sauignono potestatis bonifacii millesimo CCLXXVIII die III iulii nichil addito nel diminuto quod sententiam in aliquo mutet presentibus testibus leonardo de campo. guillielmo fabro. iohanne quondam rofini et iohanne fabro.

1277.
27 octobre.

Attestation du refus opposé par Giudice de Cinarca aux propositions amicales de la commune de Gênes, et sommation au même d'avoir à se rendre à Gênes pour y présenter sa défense.

Gênes, Arch. Segreto, Materie Politiche, mazzo 6.

In presencia testium infrascriptorum Nobiles viri Percivalis de Baldizonis Jacobus Beaqua ambaxatores et legati pro comuni Ianue presentaverunt Judici de Ginercha litteras comunis Ianue ex parte Dnorum potestatis capitanei ancianorum consilii populli et comunis Ianue sigillatas sigilli comunis Ianue infrascripti tenoris: Rogerius de Guidis Bobiensis potestas Obertus Spinula Obertus Auria capitaneus comunis populli nec non ancianorum eiusdem populli consilium et comune Ianue civitatis Nobili viro Judici de Ginercha salutem et omne bonum. Cum super quibusdam negociis tangentibus causam nostram nobiles viros Percivalem de Baldizonis juris peritum Jacobum Beaquam latores presencium clarissimos cives solempnes ambasciatores nostros ad insulam Corsice delegamus nobilitatem vestram requirimus quatenus ambaxatores ipsos ad vos eisdem negociis accedentes habeatis bene suscipere honeste tractare. ac super hiis que ex parte nostra vobis dixerint oretemus referenda tanquam ab ore pro lata firmiter civite et eorum relatibus omnino adhibere fidem plenariam tanquam nostris per representationem vero predictarum litterarum dixerint Judici supradicto qualitate ambaxatore Bonifacii retulerant plura de quibus predicti Dni potestas capiteneus Anciani Consilium popullus et comune fuerunt plenius admirati, videlicet quod ipse judex autoritate propria occupat salinas comunis faciendo salem. quod ipse judex veniat manu armata ad carcinarias comunis et lapides profacienda carcinina violenter exportari fecit et etiam quod deteriori esset reputandum si verum esset retulerunt quod ipse judex occupaverit districtum comunis Bonifacii qui districtus est comunis Ianue cum etiam Bonifacii similiter sit comunis Ianue et eciam in ipso districtu ipse judex construi fecit prope Bonifacio quodam castrum de quibus supradicti Dni potestas Capitaneus Ancianorum Consilium populus et comune potuerunt debuerunt si vero sunt predicta non immerito admirari eos ipse judex hucusque pro Comune Ianue fidelis et honorabilis civis et etiam tanquam filius dicto comunis fuerat reputatus et eciam antecessores ipsius judicis semper fuerunt Comunis Ianue amici atque fidelis, qua propter dixerunt dicto judice ambaxatores predicti quod comune Ianue se voluit in predictis circa ipsum judicem tamquam circa filium et non circa extraneum concivem nostrum placuit predictis Dnis Potestate Capitaneo Ancianorum Consilio populo Comuni mittere ad ipsum judicem veros fide dignos et elegerunt ipsos Percivalem et Jacobum quod deberent venire ad judicem supradictum et scire ab eo veritatem de predictis que fuerunt per predictos Dno Protestatem Capitaneum Ancianorum Consilium popullum et Comune ordinata racionabiliter quia si vera non essent predicta voluerunt per supradictos Ambaxatores veritatem inquiri et si vera essent voluerunt aliquatenus contra ipsum judicem procedere nisi racionabiliter et juri civili et jure divino cum hunc retro ipse judex a dicto Comuni tanquam filius fidelis civis Ianue fuerit reputatus considerantes auctoritate juris Divini dicentem si peccaverit in te frater tuus admone cum et aliam jure civili qua cavetur quod nichil est faciendum in prejudicium alicuius nisi demum ipso citato et etiam injure volentes ammittere ipsum judicem quem dictum Comune huc usque pro filio reputavit missi fuerunt ipsi ambaxatores ad ipsum judicem unam ipsi ipsi ambaxatori pro predictis ad ipsum judicem destinari rogaverunt et amonuerunt ipsum ex parte preductorum Dominorum Potestatis Capitanei Ancianorum Consilium populli et Comunis quod districtum predictum videlicet quod pretenditur Alistingo spectate usque fulmen dosi dimitteretur dicto Comuni sicut per ipsum fuerat querere possessum per annos IX preteritos et ultra et eciam tanto tempore omnium contrarji memoria non extabat quod si dictus judex faceret et facere vellet ad requisicionem ipsorum ambaxatorum super dicti ambaxatores habentes plenariam potestatem a Comuni Ianue obtulerint se paratos pro dicto Comuni recipere et habere dictum judicem in bonum et carum et honorabilem civem ianue maxime cum si etiam dictus judex in dicto districtu jus aliquod pretenderet se habere non tamen debuisse auctoritate propria dictum districtum occupare et in ipso castrum edificare seu eciam ea facere que ipse judex fecit imo eciam si quis jus habuisse debuisse a Dnis Potestati Capitaneo et Comuni ianue tamquam fideles dicti Comunis solempniter implorare et aliter faciendo jus si quis habuisse videtur amisisse totaliter. Sibi taliter jus dicendo maxime eciam cum Comune Ianue nemini quarumcunque extraneo consuevit denegare justiciam et specialiter ipse non fuisse denegata qui pro caro et honorabili cive ianue ac fideli usque in diem presentem fuerat reputatus quibus dictis et aljis pluribus racionibus habilibus ad inducendum animum ipsius judicis ad complendum predicta. Index predictus aliquibus ex predictis qui per dictos ambaxatores requisita fuere noluit consentire. Qua propter ambaxatores predicti ex parte Dnorum Potestatis Capitanei Ancianorum Consilium et Comunis preceperunt et denunciaverunt judici predicto quod usque Nativitate Domini proxime venture pro primo termino et usque Kallendas Martii proximi pro tercio termino et peremptorio deberet per se vel sufficientem et legitimum Procuratorem Ianue coram Dñis Potestati Capitaneo comparere ad defendendum se de omnibus supradictis et aljis de quibus Ianua exiterent inculpatis ad ostendendum de omnibus inter quas habet vel se habere dicetur in predictis vel erga predicta alioquim ab inde in antea procederetur contra ipsum judicem per dictos Dños Potestatem Capitaneum Consilium et Comune Ianue pro ut eis videretur et de jure foret procedendum eius absencia non obstante ordinaverunt tamen predicti ambaxatores jam dicto Iudice et de voluntate ipsius judicis quod pendentibus terminis supradictis nulla offensio fieri debetur per homines Comunis Ianue ipse judici vel hominibus eius seu per dictum Judicem vel homines ipsius versus homines Comunis Ianue et specialiter versus homines Bonifacii. De quibus predictis omnibus ego infrascriptus interfui et ad partes seu rogatum ambaxatorum predictorum instrumentum composui. Actum in insula Corsice supra proprianum MCCLXXVII indicione V die XXVII octobris inter terciam et nonam. Testes Simonetus de Campo de Bonifacio Bonifacius Bonvacha de Bonifacio, Ugo Cigada, Petrus Caballus de Placenta, Alegrus de Viano de Placent'a et N. Comunis exportatori quo voluit et eciam.

(Ca) Ego Fontaninus de Borzulo Notarius sacri Imperii rogatus scripsi.

1278.

11 décembre.

Giudice de Cinarcha rend hommage entre les mains de Pasquale de Mari, podestat de Bonifacio.

Liber Jurium, t. I, col. 1178.

In presentia testium infrascriptorum iudex de cinercha dixit et protestatus fuit et confitetur domino paschali de mari potestati Bonifacii recipienti nomine comunis Ianue quod omnia castra uillas terras et homines que et quas et quos habet uel in perpetuum habere potuit habet tenet et possidet nomine comunis ianue et semper habebit et inde tam dictus iudex quam dictus dominus potestas rogauerunt fieri publicum instrumentum actum in corsica loco ubi dicitur campundene. testes alsachinis de alsachinis leonardus de campo et franceschinus tabernarius anno dominice natiuitatis MCCLXXVIII indictione VI. die XI decembris inter tertiam et nonam.

Ego Guillielmus de Camulio notarius rogatus scripsi.

1280.

20 janvier.

Propositions présentées par Giudice de Cinarca au podestat de Bonifacio représentant la Commune de Gênes.

Gênes, Arch. Seyr., Materie Politiche, mazzo 6.

Ego iudex de cinercha desiderans pacem habere perpetuam cum comuni et populo ianue et dominis capitaneis et cum hominibus bonifacii, dico et protestor et uobis domino petro mathei aurie potestati bonifacii stipulanti nomine uestro et dictorum comunis et populli et dictorum dominorum capitaneorum promitto si predicti commune populus et domini capitanei michi pacem fecerint quod faciam et complebo ut infra. primo dico et uolo iurare fauorizare et manutenere fidelitatem comuinis et populli ianue et dictorum dominorum capitaneorum saluare et custodire omnes ianuenses et qui ianue pertinent tam in partibus quam in terris ubicumque essent emendo uendendo audando stando per totam terram meam sanis et saluis et securis franchis et liberis ab omni in personis et in rebus eorum sanis et ruptis. item dico et volo quod districtu sit de comune anue de flumine deoso usque in bonifacio et de bonifacio usque ad focem limonis que et prope de cinercha et si plus lucraretur esse plus de comuni ad honorem comunis et populli ianue et dominorum capitaneorum facio et pro saluare me et meos homines bonifacii et suum bestiamen et ego debeo esse franchus me et meos homines uel de terra mea ut est in me conuentione. item dico et uolo quod castaldus sit pro comune ianue et quod faciat racionem super homines suos et super homines meos non quare quia potestates qui ueniunt de ianua possunt suos castaldos et dicti castaldi volunt facere et faciunt raciones de omnia mala et furta ad denarios, et ego volo facere racionem de hominibus meis in omni locho saluo in bonifacio ad fochum ad membris et ad mortem, et profugare malos homines, et latrones de corsica et pro exaltare et eleuare bonos homines et pro facere franchum districtum comunis qui erat guaranum et domus latronis. quod si erant cagnanenses erant domini de dicto districtu, et bischalienses erant domini de dicto districtu et corchanenses erant domini de dicto districtu, et atalianenses erant domini de dicto districtu, et blancolaciis erant domini de dicto districtu et sarenchis erant domini de dicto districtu et comune ianue non. et omni die istis supradictis dirrobabant me et meos homines et meum bestiamen et homines bonifacii et suum bestiamen ut castellani et potestates qui sunt stati per temporales strapasati in bonifacio sciunt veritatem et omnes bonos homines de bonifacio de supradictis sciunt veritatem et nunc stant benedictus sit deus et dormiunt sub oculis meis franchi et liberi in personis et in rebus eorum per totam terram meam ad honorem comunis et populli ianue et dominorum capitaneorum, item dico et volo si bestiamen bonifacii est tantum quod non possit stare in districtu bonifacii. quod possit venire in terra mea, in plagiis siue in montibus sanis et saluis franchis et liberis. Veniendo andando stando et redeundo, ab omni docita et volo facere gratiam ad honorem comunis et populli ianue et dominorum capitaneorum comunis quod homines de bonifacio qui in terram meam venient cum suum bestiamen habeant ibi suum castaldum vel suum consulem ad faciendum suas raciones vel suas defensiones et ego faciam ipsum vel ipsos audare francos per totam terram meam que est de comune ianue et que erit in toto tempore vite sue. Item dico et volo quod si aliquis de terra mea furabit et ipse iverit apud bonifacium quod homines de bonifacio teneantur michi dare dictum hominem vel dictos homines ad indicandum item dico et volo quod si aliquis homo de bonifacio furabit in bonifacio vel in districtu bonifacii et ipse venerit in terra mea quod ego tenear ipsum vel ipsos mandare ad iudicandum in bonifacio. item dico et volo quod aliquis homo de bonifacio nec de ianua et neque de districtu ianue non habeant aliquo deuetum in terra mea de omni eo quod voluerint et hoc sine aliqua docita aud drictu. item dico et volo quod si ego vel aliquis de terra mea aliquid voluero de bonifacio possim vel possit abere et extrahere semper quando cumque voluero vel voluerint sine aliquo deueto vel dacita aud drictu. item dico et volo quod si ego guerreabo cum aliquo buriensis quod homines de bonifacio teneantur michi non recoligere ipsum vel ipsos pro faciendo michi vel homines meos guerram de bonifacio. item dico et volo quod si homines de bonifacio habebunt guerram cum aliquo vel aliquibus hominibus de corsica quod ego tenear ipsum vel ipsos non recoligere in terra mea set ipsos aiuuare ab eis et ero eorum pastor et defensorem hec omnia supradicta ego index dico et volo facere tenendo totam terram in me et non minuendo actum corsice in districtu bonifacii in locho ubi dicitur campus de ena. presentibus nicolao de borgono et primo capello ancianis bonifacii et malexardo de brixia et iohanne tornello et ottobono saoni et symoneto salinario et affachino de affachinis et simoneto de notasco et marino calegario et sardo et barnaldacio et iohanne de barbato et petro fornario et musso de macello et rubaldo capello et daniale de colochucho et primo de valle et ianuino sartore et iohanino Caborante et nicolao cando lupus et primo spallamaiallis et pluribus servientibus comunis ianue et andrea magistro et primo de solagio ambaxatores indiciis et deodato paganicio et rolando de ingibarmaciis et opecino de cagna et salcitro de cagna et cordeleono de cagno et guido paganacio anno dominice natiuitatis millesimo ducentesimo octuagesimo indictione septima die vigesima ianuarii post novam.

1280.

2 février.

Giudice de Cinarca ratifie les promesses faites le 20 janvier.

Liber Jurium, t. I, col. 1517.

Ego franc eschinus tabernarius sacri imperii notarius rogatus scripsi.

Iterum in presentia testium subscriptorum rogatorum et uocatorum dictus iudex dixit et protestatus fuit quod uolebat et sibi placebat et placet quod potestas seu qui erit in bonifacio pro comuni et qui est nunc vel qui pro tempore fuerit debeat accipere et habere astores et falconos qui sunt vel erunt per tempore annuatim in districtu bonifacii sicut consueuerunt habere castellani qui pro tempore erunt sine aliqua ipsius contrarietate vel alicuius pro eo et michi franceschino notario subscripto rogavit ut instrumentum facerem de predictis, actum corsice in castro roche de valis testes raimundinus salinarius et ottobonus saoni de bonifacio et rolandus de ingilarmaciis, et iohanne de ingilarmaciis, et baldano filio magistri andree, anno dominice nativitatis, millesimo, c. c. octuagesimo indictione septima, die secunda februarii inter primam et terciam.

Ego franceschinus tabernarius sacri imperii notarius rogatus scripsi.

1282
10 avril.

Oberto Spinola et Oberto d'Auria, capitaines du peuple de Gênes, confirment Arriguccio et Rinieri de Cinarca dans la possession de leurs fiefs en Corse.

Liber Jurium, t. II, col. 44.

1282. 10 aprilis.

Cod. A. fol. 408., v. Cod. C., fol. 198.
(H. R).

In nomine domine amen : Nos obertus spinula et obertus aurie capitanei comunis et populi ianuensis de beneplacito et consensu ancianorum dicti comunis et populi ianue ad consilium more solito congregatorum et aliorum plurium sapientum ad ipsum consilium vocatorum, nec non et nos dicti anciani et sapientes auctoritate et decreto dictorum dominorum capitaneorum nomine et vice comunis ianue et pro ipso comuni damus et concedimus vobis enrigucio et raynerio de cincrcha filiis quondam raynerii de cincrcha et heredibus vestris et heredum heredibus masculis et si masculi non essent feminabus descentibus ex masculis infinitum in feudum nobile et gentile sub modis tamen et condicionibus infrascriptis, quicquid iuris dictum comune habet et ei competit in corsica infra infrascriptos confines videlicet a curzo sive a scalla de sya comprehenso toto plebatu ruoni usque ad setam magnencam videlicet usque ad sumitatem ipsius sete et sicut tendit a mare usque ad montem. Exceptis in gulfo layacii castro lombardo et infra terram per miliare unum et deversus bonifacium usque fucem celavese. Et deversus cinercham per miliare unum quod castrum et prout tenditur infra dictos confines remanere debeat communi ianue. Ita tamen quod castrum arsice cum domibus ipsius castri non remaneant nec remanere debeant communi ianue. Salvo ut infra dicetur et specialiter quicquid iuris habet dictum comune et ei competit infra dictos confines et mero et mixto imperio ex forma instrumenti donationis modo facti manu benedicti de fontanegio notarii. Ita ut predicta omnia infra dictos confines ad nos predictos iure feudi ut supra debeant pertinere et ad quos libet heredes vestros et heredum heredes predictos. Sub modis tamen et condicionibus infrascriptis, que predicta promittimus nobis nomine dicti comunis perpetuo non advocare neque subtrahere salvis hiis que infra continentur. Sed ipsa iure feudi defendere auctorizare et disbrigare a quacumque persona collegio corpore et universitate, videlicet quantum pro facto dicti comunis tantum ita quod pro facto alicuius alterius in nihilum teneatur dictum comune vel ad interesse vel ad aliquid aliud. Possessionem insuper et quasi predictorum iure feudi nobis tradidisse et quasi confitemur constituentes nos dicto nomine et dictum comune pro vobis precario possidere et quasi predicta, quo usque de ipsis possessionem et quasi apprehenderitis corporalem. Dantes etiam dicto nomine vobis licentiam apprehendendi de predictis corporalem possessionem iure feudi auctoritate propria sine alicuius magistratus decreto. Sine omni nostra pro dicto comuni contradictione. Et nomine fendi ut supra sub infrascriptis modis et condicionibus vos de predictis investimus per tradicionem cuiusdam cirothece. Versa vice nos dicti enriqucius et raynerius iuramus et promittimus vobis predictis recipientibus nomine dicti comunis veram fidelitatem quam vassallus suo domino jurare debet et quod perpetuo erimus dicto comuni ianue veri vassalli et fideles et omnem credenciam nobis ex parte dicti comunis impositam secretam habebimus et non tractabimus nec paciemur ad posse nostrum tractari aliquam minorantiam vel detrimentum dicti comunis et si ad nostram scientiam pervenerit quod per aliquem tractetur nos illi qui tractabit iuxta posse in contrarium opponemus et quam cicius poterimus dicto comuni et locum tenenti pro dicto comuni in corsica revelabimus et manifestabimus et quos libet honores dicti comunis augebimus et salvabimus et manutenebimus et quociens fuerimus requisiti per illum qui erit in corsica pro dicto comuni ibimus per totam corsicam contra omnem personam collegium corpus et universitatem nostris expensis quociensumque et quamdocumque fuerimus requisiti in ostem exercitum et cavalcatam cum omnibus nostris hominibus et tota forcia nostra quos et quam habebimus et eciam in futurum dante domino acquiremus et in ipso exercitu stabimus et stare permittemus expensis nostris ut supra per nos et familiam nostram tantum quantum duraret exercitus seu quantum starent in exercitu homines subiecti comuni in corsica. Et homines nostri omnes expensis ipsorum. In exercitu stare faciemus per dies quindecim in annos ita quod in uno anno ultra dies quindecim homines nobis subiecti stare non teneantur. Expensis autem comunis stare teneantur in exercitu ad volontatem dicti comunis. Guerram et pacem semper faciemus contra omnem personam comunitatem collegium et universitatem ad voluntatem et mandatum dicti comunis et cuius l.bet qui pro dicto comuni pro tempore fuerit in corsica. Et deveta quelibet facta et facienda per dictum comune attendemus et observabimus et attendi et observari faciemus. Et castra quelibet et fortilicias que et quas habebimus et in futurum dante domino acquiremus dabimus et consignabimus semper guarnita et disguarnita. Per nos et quos libet successores nostros ad mandatum et voluntatem cuius libet qui esset pro comuni ianue... ad postulationem alicuius districtualis comunis ianue videlicet habitatoris seu burgensis bonifacii. Et cuius libet alterius districtualis comunis qui non esset de corsica nos vel homines nostri quos habemus vel dante domino in futurum acquisierimus fuerimus citati vel requisiti. Semper ad mandatum eius comparebimus et faciemus taliter et curabimus quod ipsi homines nostri comparebunt, ita tamen quod victus victori semper condemnari debeat in expensis. Et mandata quelibet ipsius comunis attendemus et observabimus et pro posse observari faciemus. Et quolibet anno in festo pasche resurectionis domini prestabimus et solvemus potestati vel rectori qui pro tempore fuerit in bonifacio pro comuni ianue libras quinquaginta cere in pondere per quem potestatem vel rectorem postea ianuam dicta quantitas cere mitti debebit quam cicius poterit. Et iurabimus nos et heredes nostri annuatim si super hoc fuerimus requisiti attendere et observare mandata dicti comunis et omnia et singula supradicta et homines omnes districtuales comunis ianue sanos et naufragos salvabimus et custodiemus in personis et rebus et salvari et custodiri faciemus liberos ab omnibus dacitis et avariis et exactionibus. Malefactores comunis ianue vel ei subiectos, non receptabimus nec malefactores nobis subiecti similiter receptari possint vel debeant in terra quam comune habebit subiectam pro tempore in corsica. Item quod predicti enrigucius et raynerius cum hominibus suis sint et esse debeant immunes in terris et portubus districtus comunis ianue existentibus in corsica. Et aliis subiectis communi ianue non existentibus in corsica tractari debeant sicut cives ianue. Et omnes ianuenses et qui pro ianuensibus reputantur sint et esse debeant immunes et liberi in portubus et terris ipsorum enrigucii et raynerii et eorum districtu quem habent et de cetero deo dante acquirent. Que omnia nos dicte partes inter eos ad invicem solemniter stipulantes attendere complere et observare promittimus et contra non facere vel venire. Alioquin penam mille marcharum argenti inter nos adinvicem stipulatione promissa promittimus. In quam penam incidat pars non observans parti observanti. Ratis nichilhominus si dicti enrigucius et raynerius vel aliquis ipsorum seu heredes eorum vel alicuius ipsorum in aliquo venerint contra predicta. Et requisiti ex parte comunis dicti. Videlicet voluntate potestatis seu capitaneorum qui pro tempore fuerint ad regimen civitatis ianue et voluntate consilii comunis ianue per citationem trinam datis in qualibet citatione induciis quatuor mensium ad minus de eo quod non observaverunt satisfacere et stare noluerint in ordinatione dicti comunis. et satisfecerint et steterint cadant ille vel illi qui contrafecerint ipso iure a dicto iure feudi. Et possit dictum comune auctoritate sua capere et retinere predicta iure proprio et pro predictis omnibus et singulis attendendis complendis et observantis. Predicti enrigucius et raynerius dicti dominis capitaneis et ancianis stipulantibus et recipientibus nomine et vice dicti comunis omnia bona eorum habita et habenda. Et predicti domini capitanei et anciani nomine et vice dicti comunis dictis enrigucio et raynerio omnia bona dicti comunis que per capitulum obligari non prohibentur inter se vicissim si adinvicem pignori obligaverunt actum ianue in turri palacii heredum quondam oberti aurie ubi regitur consilium ancianorum anno dominice nativitatis MCCLXXXII. Indictione VIIII. die X aprilis. Tertes perciual de baldezonis palmerius mignardus iudices ansaldus aurie, rollandus de nigro. Grimaldus marchio de gavio. Loysius calvus notarius et faravellus de novis notarius.

Ego rollandinus de richardo sacri palacii notarius hec instrumenta extraxi et exemplavi ex cartulario instrumentorum compositorum manu benedicti de fontanegio notarii. Sicut in eo vidi et legi. Nichil addito vel diminuto. Nisi forte litera vel sillaba titulo seu puncto causa abreviationis sententia non mutata. De mandato tamen domini dannii de osenaygo civitatis ianue potestatis, presentibus testibus iohanne bonihominis. Loysio caluo concellariis comunis ianue et iacobo de albario notario.

MCCC primo indictione XIII. Die XX iunii.

1340
22 septembre.

Lettre de Don Pedro, roi d'Aragon à Lupo Cinarchese de Ornano.

Barcelone. Arc. de la Corona de Aragon, Petri III, reg. 1010, f° 191.

Petrus R. Nobili et dilecto ac devoto suo Luppo Cinerchiensi de Ornano salutem et dilectionem asequentem. venerabilis in Cristo pater Gerardus divina providentia Episcopus Alierensis in nostra proposuit presentia constitutus quod ipse propter aliquorum adversentiam sibi potentiam fuit assuo beneficio seu episcopatu ab aliquo citra tempore et est nunc indebilite spoliatus sane cum nos eidem episcopo propter servitia illustrissimo domino Regie Alfonso bonæ recordiationis Genitore nostro per ipsum impensa promptio vivibus fideliter et devote ibi plurimum obligemur idcirco vestram precamus devotionem quatenus nostra occupatione et pacificam possessionem dicti Episcopatus cum suis juribus et reditibus sitis adjutor eidem Episcopo et protector. Scimus enim e firmo quod vos in hoc satis juvare potestis quod si feceritis sicut pro certo tenemur regratiabimur vobis multum. Datum Barchinone X Kalendas Septembris anno predicto.

1345
22 iuin.

Lettre de Don Pedro roi d'Aragon à divers seigneurs corses dont Orlando d'Ornano.

Barcelone, ut. sup. Reg. 1013, f° 210. V°.

Petrus etc. nobili et dilecto ñro Guillelmo de Rocha de valle salutem... etc. Sicuti ex relatione veridica dilecti et familiaris nostri Raymondi de Montepavone militis percepimus et ... evidentia conficit plene nobis vos et vestri tanquam fideles et devoti ac honoris ñri et regie domus nostre fervidi relatores

fuistis ad nostra servicia ob quod vobis ad remunerationem condignam sentimus nos obnixius obligatos et quia scimus id gratum occurere menti vestrae significamus vobis quod infra brevis temporis spatium altissimo permittente super acquirere insula nostra Corsicæ intendimus providere et tunc tam vobis quam aliis qui nostris servitiis adheserunt taliter pro munus...
...... retributionem condignam impendere quam sencietis nostre benevolentie largitatem et nostris obsequi debitis adhesisse dat. Perpiniani quinto decimo kal. junii anno domini millesimo ccc quadragesimo quinto.

Raymondus Marages M. regie fecit per Blascum Daysa col. sigilliarie qui eam vedit.

Sub forma praescripta fuit scriptum nobilibus infrascriptis :
Orlando de Ornano.
Hugolino Castellano.
Heredibus Enritii Strambi.
Ristoruccio et fratibus ejus de plebe de Cinercha.
Picinello tenenti unum castrum.
Gullielmo de Petra Ellerata.
Gullielmo de Jugala.
Heredibus nobilis Hugonis Cortinchi.
Hupicinuchio Cortingi.
Johanni de Bagnaja.
Alberto de Bagnara.
Bartolomeo et Juanino Advogari ejus fratri.
Bartholomeo de Mari et Babilano ejus fratri Advogari.

1464
13 septembre.

Lettre de Vincentello d'Istria à Cecco Simoneta pour lui demander l'investiture des terres conquises par lui Vincentello sur Orlando d'Ornano.

Milan, Arch. di St.-Potenze estere, Corsica.

Magnifico ac potens Domino Domino Magiore honorande, So stato informato de la grande amicitia aviate cum lo Magnifico Piero di Cossmo, lo quale ho tenuto sempre per mio magiore pero voglio pregare la Magnificentia Vostra vi piaccia di ricomandare le coxi nostre à lo Ex^{tio} Illustrissimo Signor nostro e proferite a la ex^{tia} Signoria soa le cosi mee le quali vi referimo honore pero che lo poteti fare perchi non fu mai homo di caxa nostra di manchare quello chi promettisse e pero agio scripto a la ex^{tia} dell'Illustrissimo Signore nostro li piaccia di confirmami la Signoria chi conquistai de horlande de hornano la qual Signoria quella et la mea naturale agio scripto et proferto al Ex^{ti} Illustrissimo Signore nostro di fare quello chi ji piace. Ex Bigugla die XIIII° Septembris 1464.

Si di qua nulla coxa vi piace comandaremene, vi prego mi ne comandate.

Vincentello d'Istria si recomanda ad la Magnificentia Vostra.

(*Au dos*) : Magnifico ac potenti Domino Domino Cecho.

1464

Requête présentée par l'Office de San-Giorgio au duc de Milan, relativement à plusieurs seigneurs corses, dont Orlando d'Ornano.

Milan, ut. sup.

Illmo et Exmo Principo Sig^{re} nostro. De comandamento de li Mag^{ci} Antiani nostri exponeremo a la Ex^{tia} V^{tra} alcune cosse pertinente à li M^ci protectori de Sancto Georgio. Primum, etc, etc...

Li prefati Mag^ci protectori de le compere humiliter reco-mandano a la Ex^tia V^ra alcuni Corsi sono in questa cità e serano di presente seando semper stati fidellissimi de lo stato de lo predicto Mag^co Off^o et per quello hano suportati grandi dampni et affani li quali semo certi serano li più fideli servitori habia. Illa V^ra Sig^ria in quella insula precipue li infrascripti :

  Carlo da Casta,
  Rolando de Ornano,
  Judicelo de Gagio,
  Theramo de lo Borgo,
  Judicelo Gentile,
  Vinciguerra Gentile,
  Vicentelo Gentile.

Eiusdem Ill^me Dom^nis Vestre Servitores Marcus de Marinis et Dominicus de Prementorio legati excelse Comunitatis Vestre Janue.

1465
20 mai.

Lettre de Giocante de Leca au duc de Milan pour se plaindre d'Orlando d'Ornano.

Milan, ut. sup.

Illustrissimo et excellentissime princeps, Per Antonello et Johannone da Serula nostri recepi littere et ambaxiate per parte de la Illustrissima et Excellentisssima Signoria Vostra, et quelle inteso molto gratiosamente regratio da la prefate Ecellentia Vostra de quello bene et honore faciste a me et a li dicti Antonello et Johannone. . . . .

Aviso la prefata Illustrissima Signoria Vostra como Orlando da

Ornano che tene quelli duissassi uno in la mea Signoria et l'altro in la Signoria de la Signore Vincentello de Istria lo qual Orlando face furare et fura a li mei homini et de lo dicto Signore Vincentello bovi et altro bestiame, et ci face grande damno, et havemo lassato solum per respectu de la prefata Excelientia Vostra de levarli quelli dicti sassi. Prego la prefata Illustrissima Signoria Vostra si degni de avisarvi et darmi licentia che come possa levare de dosso li dicti sassi et ogni altra iniuria che ello mi volissi fare. . . . .

Ex Calvi die XX magii MCCCCLXV.

Eiusdem et Ill^{me} Dominationis Vestræ Servitore Vostro

Iocanto de leca miles che s'aricomanda

a V^a Ill^a Signoria.

(Al Duca de Milano).

1480

Renuccio et Polo della Rocca, frères, Anton-Paolo d'Ornano et son frère, offrent aux représentants de l'Office de San Giorgio à Bonifacio leur seigneurie et leurs châteaux.

Gênes, Arch. di St. San Giorgio, Carte di Bonifacio.

Cumciosia cossa che siano venuti in Boniffacio li spect^{li} Anton Paolo di Ornano pro ipso et suo fractello et Ranucio da la Roca pro ipso et Paulo suo fratello a proferire le loro signorie et castelli ali spect Podestà Capitano et officio de bailia de Bonifacio in nome et per parte de lo mag^{co} officio de Sancto Giorgio digango volere essere boni fioli de dicto mag^{co} officio de Sancto Giorgio havendo da loro boni pacti et provixone ali quali li prefacti officiali premesso li debiti ringraziamenti hano dicto ali dicti Antonio Paulo et Ranucio, non havere comissione dal mag^{co} Officio de prendere con loro talle compoxicione, niente de mancho li prefacti officiali hano dicto ali dicti Anton Paulo et Ranucio et con elli praticato et ordinato le cosse infrascripte et questo in quanto siano in piasimento et volontà de lo dicto mag^{co} officio et non altrimenti.

Et primo a la parte del dicto Ranucio

Li prefacti Podestà capitanio et officio de bajlia diceno che lo dicto Ranucio et Paulo suo fratello deponano li ostagii in Bonifacio et che ipsi scriverano alo dicto mag^{co} officio che li dicti Ranucio et Paulo deponerano et darano le castelle et signoria loro in lo prefacto mag^{co} officio, et che lo dict) mag^{co} officio li dara pro ipso Ranucio et soy fradelli l. CCCC. Janue in anno in sua vita et che sera suo capitanio de arme per sexe anni proximi venenti et abinde ultra in voluntà de lo dicto mag^{co} officio cio est de ogni impressa in qua.

Item che de lo precio de le castelle lo dicto mag^{co} officio ge dara cossa che ge piaserà secondo la sua requesta sic est l. DC. Janue.

Item die de altre cosse parimente ala Signoria ne ala justicia che lodicto Ranucio et fradelli non se ne impachierano.

Item che lo dicto mag^{co} officio remetera et perdonera ogni offensione et cossa criminale per lo passato comissa.

Item che se per alchuno tempo lo mag^{co} dicto officio non volesse aut non se allegesse tenere puy le dicte Castelle et signoria che in questo casso sia tenuto lo dicto ma^{co} officio restituere et ritornare a lodicto Ranucio le dicte castelle et la Signoria.

Item se per haventura lo dicto Paulo fradello de lo dicto Ranucio non volesse dare le sue castelle et dominio alo dicto mag^{co} officio et in quello caxo lo dicto Ranucio le dicte castelle de Paulo daxesse a lo dicto mag^{co} officio senza speiza de lo dicto mag^{co} officio in quello caxo debia avere tutte le dicte

l. DC. et se a caxo bisognasse che lo dicto mag.co officio le prendesse con speiza lantora lo dicto Ranuptio solum debia havere la sua rata de le dicte l. DC. per le sue castelle, et se le dicte castelle et dominio de Paulo se aquistasse per forza et poy lo dicto mag.co officio non se elegesse de tenirli sera intenuto lo dicto mag.co officio quelle darle a lo dicto Ranucio.

Item se per haventura le dicto Paulo restasse in rebelione verso lo dicto mag.co officio che in ogni modo lo dicto Ranucio debia havere le dicte l. CCCC annuatim in sua vita et quelle partirle con chi a luy piacera. Item che se in lo dicto mag.co officio pervenisse la Signoria de Istria per che modo se sia che a lo dicto Ranucio sia reservato le sue raxone per l. D. le quale dice che debe havere le sue docte come apare per una carta.

Item che per tuto lo mese de Agosto proximo veniente se dara risposta in le predicte cosse et in quanto lo dicto mag.co officio non attendesse a le predicte cosse in quello caxo se renderano li soy ostajgi a li dicti Ranucio e Paulo.

1480
Décision du Conseil de San-Giorgio, relativement aux précédentes propositions.

Gênes, ut. sup.

Cum in aula maiore palacij Comperarum Sancti Georgij, congregati essent M. domini protectores earundem Comperarum participes ex omni ordine et colore ob infrascriptam materiam vocati, lecta fuit per me Angelum Johannem mandato ipsorum dominorum protectorum proposita tenoris infrascripti. Videlicet, etc...

Ranuchio et Paulo fratelli de la Rocha hano promisso et

scripto pacti de dare le loro castelle, terreno et Signoria in mano nostra, pagando noi per esse Castelle Lb. DC. Item Lb. CCCC. de provisione annuatim. Item se est convenuto la mogliere che fu de quondam Paulo de la Rocha dare etiam laltro castello resta in dicto terreno de la Rocha, lo quale se domanda Barigine più vicino a Bonifacio che li altri per libre septecento sensa altra provisione.

Item Antonio Paulo et Francisco fratelli de Ornano hano etiam die promisso et scripto pacti de dare lo loro terreno et castelle in omnibus ut supra como hano promisso li dicti doi de la Rocha. Le quale castelle troviamo consteriano libre mille novecento dicti Bonifacini ne domandano in presto; et ultra le provisione de libre octocento lo anno; le quale provisione cum la custodia de dicte fortesse questi Ambassatori ne dano adintendere, de le intrate se pageneriano, et che li Bonifacini prenderiano questo carrico sopra de loro; et tuti li predicti pacti non debbono havere loco; salvo se serano confermati da noi; presertim che noi in similibus non haviamo data alcuna balia a dicti nostri Officiali; excepto de audire et intendere ogniuno ad hoc fosseno benivoli a quello loco; et non a fare alcuna conclusione nec promissione ferma a nisuno de loro. Voi intendeti tuto como noi, la cosa ne pare de grande importantia...

... Ad secundam vero partem in dicta proposita contentam videlicet acquirendi pro loco predicto Bonifacij territoria et castra Corsice in ipsa propositione memorata, laudat dori amplissimam potestatem ut arbitrium Magnifico Officio Sancti Georgij anni presentis, Spectato officio earundem Comperarum anni XXXXIIII[ti], et duodecim civibus Comperarum participibus, per ipsa officia diligendis faciendi, decernendi, tractandi et concludendi in ea re; pro ut ipsis Magnificis et Spectabilibus officiis et civibus addendis utilius et magis conveniens visum fuerit.

Cum igitur hec prenominati Lazari (de Auria) sentencia ex numero carculorum centum et quadraginta duorum alborum ut supra comprobata fuisset, pro solemni decreto habita est.

1487
Faveurs sollicitées par Alfonso d'Ornano de l'Office de San-Giorgio.

Gênes ut sup. Lettere diverse.

Questi sono li gratii li quali Alfonso da Ornano dimanda donamo de li soi singnorie li quali sono li singnori de lo Mag^{co} offitio, la prima gratia che domanda a li Mag^{ci} Signori si e questa, quando li hoffitiarj de lo mag^{co} offitio liquali sono in corsica hovero sarano si coruciassino contra allo decto Alfonso ciò est verso la sua persona che dicti offitiali non lo contradiciari solo dinanzo a lo mag^{co} offitio.

In apresso dimanda piacia a sue magnificenze delicosi de lo bastardo de hornano lo quali Renucio da la rocha lomanteni e o fahorixji e tucti li doni facti dicto bastardo ad Alfonso venno per quella caxione e per questo dicto bastardo sono tucti lischordii e malivoglj hovero la più parte da Renucio ad Alfonso e per questo Alfonso prega a li sui mag^{ci} Singnorij li piacia di circarni qualche partito di cavallo di corsica hovero che renucio non lacecti decto bastardo e non li dia muto aserto ne apalese e questa dici lo dicto Alfonso piacia a sue mag^{cii} come servo e schiavo de sue sig^{rie}.

2). Item apresso da poiche piaqui a le sue mag^{cie} de acomandalli quelli mei vassalli li quali a lo presente chi piacia a sue signorie de falli gratia chi quelli vassalli no abiano greveza da locutinenti ne da soldati de mangniarie ne daltri comandi e simili per renucio de la rocha ne per altri corsi per caxioni che spessi volti li povari homini ne ano carco.

Item apresso dimanda e supleco vostre signorie como servo

e schiavo de farmi presente de una scrivaneria de corte a la bastia horgniano per mantineri li amici de li Vostri sig^{rie} caperaltra cosa.

3). Item apresso suplico vostre signorie si degniuo de farmi fornij li decimi chi acatava orgniano da monsignore como sempere soglie avere e per li mei denarj perche sono certo ch misseri dominico non menniera servari per lo poco amori che mi porta.

4). Item apresso domando a Vostre Signorie che li sia compiaceri de afermarmi certi tereni che mi so stati dati da monsignori de Iacio adolivello como per carta apari.

5). Item dimando a Vostre Sig^{rie} como servo eschiavo chi tucta la mia ropa e quella de li vassalli chi V. Sig^{rie} macomando si possa dimandari liquali ropi sono stati sforzati per questi tempi passati cioest quelli ropi li quali si trovano in piano chi sono stati sforzati questi tempi passati (*sic*) si possano dimandare dananzo ali offitiali de li Vostre Sig^{rie} a rexione.

6). Item simili dimando a V. Sig^{rie} como servo e schiavo dapoi che piaqui a V. Sig^{rie} mandarmi in Corsica quelli li quali sono stati a farmi li daniri eo li possa stringniare a la raxonj denanzo a li officiali de li V. Sig^{rie} e simili de lomini de meo da quello tempo in qua.

Item dimando a V. S. chi eo possa fare cosa innaghiacio dentro e di fora como servo e schiavo de V. S. e simili avere tereni da vinque e possa vendare e fay vendare priesa vino e ropi dungnia rexioni e fare abondantia in detta tara.

7). Item apresso adimando a V. S. si degnino a servarmi una possisione la quali abio in taravio.

8). Item apresso dimando de li cossi de li figlioli de Vincenti... ahaveiani chi sono fora de corsica chi piacia a Sue Mag^{cie}

di darci licentia possano tornare in corsica e simili de li figlioli de Carlo e di Fursucio.

9). E simili dimando in gratia a V. Mag^cie di certi arori loquali sono acaduti in basterica undi lo Iocumtenenti la facti e certi condanaxioni li quali richergo in gratia a le V. Mag^cie perche ella e una villa dabene e sono boni servitori de le Mag^cie Vostre.

10). Item piacia a li Mag^cie Vostre de lasare tornare li figlioli di cardoni da chionii li quali sono a piombino fora exiti fendoli dare bone securtai in Calvi ed in balangnia chi sarano boni servi a le V. M^cie e di stare a tucti ongni vostri hobedienti.

11). Item richeremo a le Mag^cie Vostre ve piacia de una certa salina chi certi mei homini hano facto per tempi passati piacia a le M. V. la faciano acordandosi elli e lo gabelotto et la quali questo ano presenti lia comandati misseri domenico chi non la faciano per meo dispecto.

12). Item supplico Vostre Signorie per caxioni de tre trombiecti li quali vano in mea compagnia di giorno e di nocti e sono abitati quello paesi di Orlano piacia V. M^cie per meo amori de faili franchi dungnia dova... rj... la quale la reputo per grande benefacto.

11). piacia a V. M^cie de darmi loco in Calvi per fare mia stanza hosia quello loco de lo castello vecchio hosia innaltro loco unde piacessse a V. M^cie chie eo andasse riposare quando arivo colla.

1489

5 mars.

Lettre d'Alfonso d'Ornano à Angelo Giovanni de Compiano, chancelier de l'Office de San-Giorgio.

Gênes, ut sup.

Spectabili Dño. D. rec^ne dapoi che mi partio de la vostra

spectabilitæ per venire in corsica fumo rivati in calvi et stademo ivi molti jorni per fortuna non podendo passare dapoi fumo ajostrati a cinarcha havemo havuto grandissimo favore che dedimo una dirotta a Renuccio de Lecha e bruxiati et arsi molti paixani et piglato molte rope per tal modo che havemo facto venire la piu parte de li paxani in grado che portumo (?) spero che cum lo ajutorio di dio casticati sarano presto li nemici del suo erore pregamo vostra spectab^{tai} che vi sia ricomandata perche la nostra volontai videssero in opera del mag^{co} officio cum tucta mia possanza perche a sua mag^{cia} lisono sciavo e servitore et poi io spero che le opere nostre partoriranno verso le mag^{cie} sue per tal modo che li sara grato aceptarmi in lo numero de li soi minimi servitori et voi dal canto vostro como et in quello che avemo grandissima devotione sarete ad ogni nostro ajutorio offerendomi Sempre a fare quello mi comanderete et podendo de queste parte nixuna cosa sono aparichiato et dogni vostri paceri. Ex Cinarcha die V martii 1489.

Vester Servitor Alfonso de Ornano,
Ricomandacione.

1489
3 avril.

Lettre d'Alfonso d'Ornano aux protecteurs de San-Giorgio.
Gênes, ut sup.

Mag^{co} et prestantis^{me}. Dne Dne mie maglior honorandissime con debita racomandacione, una lettra de le vostre mag^{cie} de la qualle resto graciossamente contento da le vostre mag^{ce} de le preferte et fati di vostre sig^{rie} che fati in verso de mi prima che mi dite che non dubita de niente et che io stia de bono animo. Se le vostre mag^{cie} sano chio non habio domantato cossa nissuna

sollo la gracia de le vostre mag^{cie} chi he quella che vale tuto
e per chio sia in gratia ale vostre mag^{cie} resto lopiù contento
homo di questa isolla a la parte de quello chativo homo di Yohanne paollo ha visso vostre mag^{cie} che dapoichio scripsi ha le
vostre sig^{rie} hio me parti lo sig^r commissario et da lo sig. cha-
pitanio con giento corssi di la vostra signoria dornano et con
uno contestabille con fanti quaranta et andamo in sia et ha-
saltamo ha Yohampaollo a la sua petra et combatimo da la
matina a la serra de le quale se feresseno certi homini de li
suoi et dapoi io fermai la et honia giorno gli dava coraria
tanto che lo tornano affare et vedando io quello che ello era
mandai li Signori Commissarj et capitanio che havesseno a venire con lo campo li quali serano alogiati a vico vedando le
sue signorie chio havisai di tuto le sue signorie feciero monitiva
et arivarono a la dicta petra loprimo giorno che arivaro
hio feci una bataglia a la dicta pet^a amaciamo lo piovano di
rolanchio et uno altro gientilomo restemo sbegotiti dapoi
aterciamo la bataglia ordinatamente la quale per forcia montamo susa dio et nostra donna sa gli periculi chio habio passato alla mia persona a lo combate de la dicta pet^a et spero
visara dicto per altri ad honor de Dio et de lo biato S^{to} Giorgio montamo susa per forcia et tagliamo a pecie tuto lor
compagnia hio haviso vostre sig^{rie} chio habio amaciato ha
Iohaninello lo barba carnale di Yohanne paollo hera lo meglior
valentomo de la cassa da lecha chossi dio me dia gratia
chio facia di Yohanpaollo et di tuta sua genia lomini di capo
che sono morti sono questi per nome Yohaninello lo piovano
vingiente lo figlio Yohaninello et tavigiano da gagio et simone
da la pancharachia et ha guglielmo da matre et. . . . .
paollo da lecha e li capitani da evicia et altri asai chi sono
in soma trentatrei limorti tuto habio fato adonor et ha cressi-

mento de vostre Signorie et faragio fina che me durara la vita
ha casone che vostre mag^{cie} possano dirre chabiano uno servo
et sgiavo di vostre sig^{rie} fidele in questa isola alaltra parte lo
signor comissario et lo sig^r capitanio mano costretto questi
giorni chio debia fare parentato con dicto sig^r da la Rocha.
. . . . che lo dicto renucio ha dicto con li sig^r comissario
che se non. . . . . parentato con lui se lumentera di vostre signorie et dice che ho mi ho lui restaro in corsicha et li
signori me nano costretto che lo suo parere era chio fecisse
sua amicicia et parentato habio resposto ale sue signorie che
affare tute le fatiche de lo mag^{co} offitio sono presto apare-
chiato di giorno et di note affare tuto quello che sia in
nacressimento do lo mag^{co} officio ha parte de lo dicto ranuchio de la Rocha habio reposto de farli tuti lonori che me
siano in possibile per amor de le vostre mag^{cie} ma hala
parte de lo parentato habio resposto non me pare cossa debita chio faccia parentato esendo povero fante a pede
con quelli che sono mei nemici lor essendo in segnoria et in
favore, io essendo servo di Vostre Signorie gliabio resposto
dino sono povero compagno e non so quello se servirano vostre
signorie di me ho in corsiga ho in taglia et con questa mano
lassato et diceno che se voleno hocore ale Vostre Mag^{cie} ha
casone che sia fato adonio modo de la qual supplico vostre
Mag^{cie} che mabiano a tratare como fidelle de Vostre Signorie
per dimia volontai saria de fare como fano li boni genovessi
che prima faciano la cassa et la roba non pigliano le done
honde io per questa voria prima fare la roba et la cassa cha
pigliar donna et non naver poi da mantenirla in nonor et non
in dano ne in vergogna et de questo suplico le vostre Mag^{cie}
che se metano affare di me como duno vostro fedelle et servo
A la parte de li rebelli de Vostre Signorie chi sono stati in

casone di questa guera marecomandato a vostre signorie chia si visa aricomandato de qualche poco de bestiame de questi rebelli che quando sara fina la guera che vegniro in nitaglia habia che me lassiare ad una mia sorella et amio figliolo che possano vivere di questo prego a Vostre Signorie ne scriveno a li signori commissari che sue signorie me provedano di quello che V. S. scrivera a la parte de Johanne paolo aviso V. S. che ello se trova con quatro gnacioni ala selva habio sperancia che V. S. sarano presto contente a la parte de Batista de le critianachie et ranero chi vene a la Signoria Vostra per la pieve de vico piacia a V. S. chelli vi siano a recomandati perche elli me sono amici et fratelli et se sono faticati monto per vostre mag^{cie} non alio me arecomando a Vostre Signorie chio ve stia mente lo vostro minimo sciavo. Ex vico die III aprilis, 1489.

Per lo vostro sciavo e servo.
Alfonso Dornano, cum recomandacione.

1490
20 septembre.
Du même aux mêmes.
Gênes, ut sup.

Mag^{ci} ac prestantis^{mi} Dni mei colend^{mi}.

Questi jorni proximi preteriti receppi la ultima mandata, per vostre mag^{cie} la quale a me fu de grande consolatione et gratiosamenti recejpi metendomela sopra de la testa considerando a tanto benivolo amore quanto V. S^e mi portano non per mei meriti ma per sue degne humanita a le quale dio alo cui est lo principio de le mie preghiere mi lassa sempre afare cosa chi meritamente quelle si possano sempre contentare de mi. Et cusi como la mia delliberata volonta est rimetere a piedi de V. S.

ogni mia possibilita tanto pecuniale quanto personale como
videti che o comenciato cusi dio me la conceda per gratia che
ne possa adimpire lo apectito mio. Ab alio ne accade novamente
volere dare notitia a V. S. per debito mio de le fructuose opere usate per D. Dominico de Nigrono vostro et nostro locotenente lo q tale mag^{cei} signori non havereva mai pensato tanta
virilita in se et maxime seando pure assai debitament grosso de
natura et cum tucto cio non li incresce cavalcare nocte e jorno accadendo lo misterj per fare l'utile de V. S^{e}. primeri fece
lo assesto de dño Renucio de la Rocha et de noi altri cinarchesi
como allora V^{e} ma^{cie} funo avisate. Alo presente cum grande
secreto mi mando a prendere la petra che solevano tenere go-
glelmo de leciamanacce et soi consorti et como dicta petra fu
presa volze che si dovessino imbarcare lo quale est venuto in
queste parti et cosi fece venire dño Renucio de la Rocha con
li quali a preso compositione et facto capitolo che per tucto
novembre si deno trovare in terraferma et a facto più opera per
V. Mag^{cie} cum LX fanti che non si fece per lo passato con octoanto
et con molta quantita de corsi liquali ciamanacci allora che è oramai
uno anno incirca non podimo condure a termine. ... mo de
barca ne smontare de casa sua uno pede solo per laqual coxa
Vostre Mag^{cie} si pono gloriare de li degni comportamenti et
de la degna pace che predicto locatenente usa in questo povero
terreno, la quale est tanto bella la pace et la raxone che non
solamente le persone sed etiam si le frasche sapessino parlare
grideriano viva S. Giorgio. Siche Mag^{cei} Sig^{ri} simili homini et
simili comportamenti sono da essere tenuti e carezzati perche
cognosciando lo costume de Vostre Mag$_{cie}$ sia mutare ogni
anno offitiario in quanto posso conforto Vostre mag^{cie} non havere questo pensamento per lo presente sia per l'utile de Vostre Mag^{cie} sia per lo bene de questi poveri popoli li quali tuct-

se contenteriano de questo et cusi tucti noialtri amici e servitori vostri in questo vi volemo molto supplicare che la nostra volonta de tucti in generale seria che Vostre Mag^{cie} ci dovessino lassare sempre dui et tre anni luno et maxime questo lo quale conosce dali amici ali nemici et più per la grande pratica chi a de lisola conosce tucti li costumi de noi altri et per questo ci contentariamo grandemente che Vostre Mag^{cie} lavessino a rafermare abalia perche intende Vostre Mag^{cie} resterano contente de lo grande amore et boni compartamenti intra Dño Renuccio de la Roccha et mi. Ve ne avixo volentera accio che Vostre Mag^{cie} restino contente che tucti li amici de quelli se intendano bene inseme a le quale continue mi recomando siandoli schiavo e servitore et cosi sempre mi offero et le quali laltissimo conservi in felice stato. Valete.

Ex cauro die XX septembris 1490.
 E. D. V.
      humilis servitor
      Alfonse de Ornano.

1491
24 mai.

Du même aux mêmes.

Gênes, ut sup.

Mag^{ci} ac prest^{mi} Domini mei colendissimi. Le S. V. mandano in queste parte Francesco de brugnano e Rocca tagla con le compagnie de fanti per dare perseveratione a li ribelli ciamanacci et a quelli deste quelli Comissarj piacqueno a Vostre Signorie sia de mi et sia de dicti ciamanacci et instrendo qui era molto mal disposto de la persona e non guardai a quello ma como devoto servo et schiavo et dexideroso de conoscere lo stato vostro montai a cavallo cum dicte compagnie et cum molti mei vassalli et ci transferimo a le parti unde conversavano dicti ciamanacci et como arivamo in quelle parti mando a parlare cum noi dicendo che voliano videre a dicto Francesco de Brignano cum lo quale voliano usare parlamento circa lo suo imbarcare e venendo dicto Francesco apertesi da noy li dedi commissione chi ello non podisse assegorare quello chi venia a parlare cum lui se non ci dava ostatici de diversi imbarcare et non dando ostatici volia chi quello medesimo fosse lo ostatico et siando a parlamento cum lo canonico de li ciamanacci et non mostrandoci via de ostatici volzi che dicto canonico fusi lo ostaticho lui medesimo et socto quella forma lo destinai et lo conducto qui in mano de lo mag^{co} locotenente vostro cum tucto che dicto Francesco de Brignano presuma volerli dare licenzia che tornasse a parlare cum lattri soi a la selva. Siche mag^{ci} Signori le S. V. pono intendere che eo non sono in altro studio salvo de fare coxa che le sia grata et de crescere lo stato vostro et cosi prego quelle che abiando eo comenciato a fare bene chi affermino quello chi o promisso a dicto canonico accio che io possa ordinare la sua imbarcata e che questo povero paese resti in pace et che eo vi levi la fatica da le spalle et la spexa et questo prego et supplico le S. V. che mi facciano et appresso supplico quelle si degnino scrivere informa a d$\bar{n}$o Quilico bondenaro vostro locotenente che mi tracti meglo non chi non a facto lo passato et a me et a tucto lo paese et che questo non mi vogla tenere su la testa li figli de Johanone da sarola et aluni altro como a facto misser domenicho che in le imprese de lepiati ch io facia per lomini mei ne havia vergogna et como a facto a me cosi a facto a tucto laltro paese et maxime a questo sindicato a loquali questi vostri amici si sono portati molto inquisitosamente como da li sindichi vostri mandati sarcti informati li quali non vi pono dire tanto male che non sia pegio et le S. V. li pono dare fede. Alaltra parte siando eo desposto vivere et morire neli servitii vostri la caxone saria che havendo vostre Signorie a fare provisione osia per agiaccio o sia per altro loco in Corsica che la mia parte V. S. non dessino a nixuno et perche supplico quelle che sempre chi hano da fare qualche provisione che se ricordino de mi e che la mia parte non diano a mixune notificando V. S. che non so pensare che habiate altro vassallo como mi che non pensaria coxa nixuna ne periculo vuruno de crescere et multiplicare lo stato vostro et de destrugere Rocca e Bozi et tucta lisola per crescere a V. S. ne ancora non conosco altro vostro vassalo chi lo possa fare como mi. Ceterum mi como amoroxo e dexideroso de V.S. haveria grande animo venire per qualche jorni a questa cita supplico quelle si degnino darmi licentia che possa venire per questa non diro altro salvo recomandarmi à le S.V. le quali laltissimo conservi longo tempo et oltre le recomando Rocca tagla conestabile lo quale in questo facto de lo canonico et in ogni altra cosa si porta virilmente. Data in li bastioni de vico die XXIIII madji 1491.

E. D. V.

humilis Servitor
Copia, Alfonso de Ornano.

1491

31 juillet.

Du même aux mêmes.

Gênes, ut sup.

Mag^{ci} ac prestantissimi protectori Dñi D protetori corpararum S^{ti} Georgi comuni Ghenue la lectera mandata da la vostra magnificentié abio reciuto e vista gratio samenti. A la parti mavisano V. Mag^{cie} la presa facta di localonico e simili con-

furtati abio atenderi alaltro. A lo quali V. M. pono pensari chi
io non lasso solo chi non posso mectari affini tucti li ribelli de
vostre singnorie, vero est chi a lo presenti mi trovo un poco
malcontenti daloffitiale chi Vostre Mag^{cie} ano misso in questa
isula la caxoni de la causa e questa chi aviso vostre Mag^{cie} sic
intravenuto como vostre Sig^{rie} credo ano saputo de la presa de
la petra di tucti. La quali petra fu presa cum grandi hordini
perche sapiano V. Sig^{rie} la sera chi fu presa dicta petra erano
insemi li ribelli deliciamanaci e qui l'altrifigli de Rinucio de
li Ciamanaci nipoti di dño renucio de la Rocha e luciano
dacura e sue fratelli tucti questi sono servidori e Sughetti
amati de dño renucio e non ci partino mai da ello di jorno ne
di nocte e quelli tre o quatro jorn^i avanti quando si piglio la
petra cum guglelmo dali ciamanaci rebello de vostre signorie
vostre Mag^{cie} pero pensari sieifu hungnuno cum sue baracti
affari dicto tradimenti. Alaquali dapoiche presa dicta petra
eoli volia essere dintorno et dño Vincentello da bozi insena-
menti di compagnia et cercari de mecteri assimi simili gactivi e hora perora scrissimo alo singnore locotinenti chi avessi
a mandari a lo Singniori Govarno chi sua Mag^{cia} avissi davero
amandari e noi culo singniore locotinenti essari delotorno a caxoni di casticalli per modo che non si fussino mai più supisati. Ala
quali li nostri singnori cifeceno comandamento chi non siavessi-
mo adimpachiare, a la quali hora a lo presente abiamo inteso
per via de lo singnori locotementi chi lo singniore govarno
lia... lacordo e chi Dño renucio piglia lo suo carco, a la quali di-
lacordio semo contenti chi vadano in malahora vero est chi
meterano in questa chi avisaraghio a vostri singniori, primamenti est chi avendo preso eo dicto calonico era rexioni chi di-
lacencio ho dilo schoncio minavissino dato qualche honorj eo
da meo canto resto contenti de quello chi facino vostri singnio-

ri hovero li soi lo simili aviso votre mag^{cie} chi prima duna patenti chi mando hora a vostri singnorj Dño domenico de Nigroni mi feci li carti per via de lipatenti chi vostre Mag^{cie} mi mandaro da jenova la quali mi pari chi lo singnore govarno li voglia tornare adareto per quello sono stato avisato da lo singnore locutenenti, a la quali eo macorgo a quelli chi nonaghiæ altra speranza alo mondo perchi vostre magnif^{cie} sano chi eo noaghio ne singnioria ne altro chi vostre mag^{cie} non maghiano dato, a la quali maricorgo a quella chi se vostre mag^{cie} navanzassino ho la facessino con quelli chi fussino amici de lo stato nostanto quissi ma la singnioria e tucti laltri cosi chi mi sitrovano malafecero cum quelli chi sono stati e sono rebelli delo stato e sarano perfini che li bastara la vita, per questa magorco a quella chi prego vostre Mag^{cie} chi quello chi una volta mi fu data mi sia aferma, tuctavolta mafermo a quella chi quella fara vostra Mag^{cie} saro sempre contentj como servo e schiavo de vostre magnificentj. A la quali aviso vostri singnorj che questi jorni passati fecimo una cavalcata avanti che si piglassi la petra di tucti lo quali come eo era lo fiylio de dño Vincentello da bozi lo quali fecino uno asalto avegnia chi non pudimo fare nienti alalopresenti solo chi elli di mericordia dimandano li pacti como avisaraghio a vostri singnory li pacti che dimandavano tando erano questi prima diciano chi voliano darj due ostatichi uno figlio di localonico e laltro di guglelmo cum che chi diano andare in Sardingnia e sempre chi elli stavano in Sardingnia lastatichi fernij in mano delicatacioli e selli non stavano in Sardingna ed andanssino in tera ferma lastatichi elli resi infra dui mesi di più chi elli fussino in tara ferma, e chi voliano chi quelli chi erono stati sive- tai alaltra volta e laviano dato a magniari edaberi essere franchi e chi chiriano decto calonico chi savissi a dibarcari cunelli altro non dimandavano e questi capituli mandaio eo alo Singniori locotinenti e mando alo govarno e non li volzino fare e ahora lilifacino cum più carco de vostre mag^{cie} e suo honore. A la parti de dùo vincentello vi facio avisati a vostre mag^{cie} chi ello non abi falla in questa petra per quello aghio potuto spiare et intenderj, ma innazo per quello chi eo conoscho e so mi parj chi ello sia sughecto servitorj a la quali humilmento laricomando a vostre mag^{cie} a la parti de la lucentia chi dimandava a vostre mag^{cie} non ni parti lo meglio sempre ni staro a quelli vostre magnif^{cie} mi comandarano lo simili ringratio a V. M. de la scrivanaria mi dunastj. A la partj che V. M. mi scrivino daghiacio prego quello chi a V. M^{cie} non e schiavo dalimenti esendo quella maricomando a vostre mag^{cie} simili conforto per quelle chi posso e so che tali impresa si facia a caxioni che si mecta lo freno a tucti li gactivi de questa isola. Non altro solo chi maricomando a vostre mag^{cie} como minimo servidori e schiavo de vostre mag^{cie}.

Ex hornano a die ultimo luglio 1491.
Lo Vostro servitore e schiavi.
Alfonso de Hornano, cum debita recomandacione.

1492
1er décembre.

Lettre de Renuccio della Rocca aux protecteurs de San-Giorgio.

Mag^{cis} et Prestan^{mis} D. D. Colend^{mis} : Avemo recepula una risposta de la nostra facta a li XXIIII de settembre. V. Signorie me scriveno che Alfonso da Ornani esse venuto a le V. Mag^{eci} senza essere mandato a cherire da qualle et che ello a parlato con qualle et chia schosato le sue cose et acusato le nostre cose et qualle de altri, noi cognoscendo la sua natura ce demo chiello a detto dognuno a le pechio chi ello a sapinto como ello e dotto de fare ma noi avemo speranza chi ello la dice con huomini, chi ello sera poco inteso. V. Signorie ne scriveno con Alfonso cedebiamo governare bene et chi noi pogiamo niente assuserono et a quelli chi sono pochi amici de lo stato ve respondemo che se noi avessimo vogluto pone mente rasusorono et a quelli chi sono poco amici de lo stato non sariano stati ad_e et ne pregate di le cose dalfonso lovogliamo tenere per bono amico ne rispondemo che le V. pregare a noi sono stati perfine a qui comandamenti et piu serano per lo avvenire di le cose dalfonso fene a lo presente la caxione estata sua et cosi sera per lo avvenire et per V. amore estato soportato dogni suo defetto et lo vo portaremo quanto poteremo per lo avvenire et quando noi lo poterémo soportare V. Signorie, no so state tante avisate che non bisogna avisarvine piu circaremo aiutarcine per noi per non darvi de a tedio. V. S. ne scriveno de le cose di lo bastardo che non e venuto a lo conspecto vostro et che forse le sava per dubio de Alfonso et a lo presente Alfonso si e partito et po venire liberamento a noi.

Intendo la voluntà de quelle essere che detto bastardo vegna a lo conspetto vostro avemo circato quanto avemo possuto che detto bastardo vegna a lo conspecto vostro tanto lavemo alusingato et mostratoli bone raxioni che ello ave detto esse contento, esse vero che ello dubitava che lo salvo condutto che le V. Mag^{cie} feceno era compiuto lo tempo et io lidissi che per quella non lasasse la sua andata et siello dubitava in cosa veruna che eio ne piglava ogni charico et cosi lavemo piglato insupra di noi, che essendo acordo et non essendo acordo condetto Alfonso chiello tornera a salvamento et chi non sera tenuto uno die solo fora de sua volunta et questo charico avemo piglato per conducerlo a le vostre volunta et pertanto ve pregamo che dicto Bastardo visia per ricomandato perche detto Bastardo quando era lo tempo de le guare era con le

Magnificevestre et detto Alfonso era contra, in quello che ello podia et le V. Signorie non ano fatto torto anixuno et cosi vi prego che detto Bastardo vesia per a ricomandato et chi facciate overoche ello agia la sua parte overo chielli agiano cosa chielli possano vivere che sono tre figloli diAntonpaulo uno legitimo et dui bastardi et per avisare V. M^{cie} como Sirena uxore nostra ave certi soi fratelli et sono XV leviti ineircha et sono vassalli de Alfonso et Alfonso per lopoco amore ci porta li tratta danimici et pertanto pregamo le Signorie V. che li vogliano cambiare a dicto Alfonso et darli tanti vassalli dornani de quelli che funo de goglialmo de batista et a lo presente sono vostri et a questi tali che noi circheamo che voi ci cambiate serano vostri vasalvi et pagareno quello tributo che primo et piu et mancho secondo sera le vostre volunta et questa circhemo de fare per cessare ogni scandalo con Alfonso, da questo tanto non a altro denovo de qua darne notitia a lo quale sempre ce ricomandamo.

Ex Castro baricini 1 dicembre 1492.

Rinutio de roccha.....

1495

29 décembre.

Lettre de Renuccio delle Rocca pour revendiquer en faveur d'Anton-Paolo d'Ornano la seigneurie d'Ornano, Alfonso venant de mourir.

Gênes, ut sup.

Magnifici et Prestant$_{mi}$, D. D. collendissimi credemo per li Magnifici Offiziali de quelle ; quelle serano havisate de la morte de condam Alfonso de Ornano de laquale morte per alchuni rispetti siamo stati malcontenti primo che direzioni, hognuno deve essere malcontento de simili morte segondo per lo avenire forse seria rivenuto a dover essere bono Crestiano et dessere figlolo como era rexione et versa vicem per alchune rexioni ne siamo stati contenti. Primo che per molte vie havea cerco la nostra morte, la quale se po mostrare segondo per più e piu vicende ne misse a le prove trattandomi senza rexione con grande vilipendii per mectermi in dis degno et perlivarmi da V. M^{cie}. Havisando quelle chi non credo chi fosse mai homo di corsica chi havesse suportato quello suportavamo noi et perché V. M^{cie}. intendeno lo modo de la sua morte, ello intro in la fantasia deve heri avizare lo bastardello et fratelli figli de Anton Paulo et non possando havere altro modo penso de inganare questi lano morto con promissione de denari et de dari la figlia per mogliere con molti altri cosi et dilli amazasino tre figli di Anton Paulo uno legiptimo et dui bastardi, quelli li deno parolli et poi feno lo contrario et in questa bona opera sono finiti li soi giorni. Credemo V. M^{cie} se ne serano alo presente condolute del che quando ci penserano bene credemo la sua morte po piu presto jovare a quelle che non nocere perché era homo molto periculoso et non misurava periculo senon siguri a li sui apititi et a questo modo vedano piu presto nimichi chi non amici, eoper uno dubiava che non mi fesse perdere tutto lobene che abio in questo mondo et ogii mi tengno per uno fora de dubio perche non vogliando eo fallire altro homo de corsica non me po permetere indisdegno et hora pertora che sentimo la morte de detto Alfonso scripsemo a lo S. locotenente chi bisognando in cosa alchuma eramo aparichiati ad ogni soi camendamenti et chi nostro parere era per cessare scandali et permettere in queto tuto clavessimo a vedere inseme. Sua Signoria ne rispose era contenta et hodie siamo stati inseme et dato liordini per modo che ogni cosa e ristato in queto et in pacifico fine a ricapito de V. M^{cie} del che pensato chi questa Signoria de Ornano era comperata de V. M^{cie} et per gran era piaciuto a quelle darla a dito Alfonso a lo presente e impedire di quelle et ne pono fari et noi siamo contenti pregando quelle per honore suo lo avere a li figli di Anton Paulo per modo possano vivere como soi pari et in quanto a V. M^{cie} non paresse tener la per se recordiamo quelle lo figlio de Alfonso... figlia de una nostra veza carnale lo figlio de Auton Paulo et nepote carnale..... nostra conserti et sono tuti nostri, perche seria nostro parere et cussi seria nostra volunta che V. M^{cie} la desseno inter li figli da alfonso et li figli d'anton paulo hognuno paraparte et perche lo figlio dalfonso é di tre anni et sano V. M^{cie} quanto tempo andera inanzi chi sia bono per ello ne per altri. Seria nostro parere quelle dessino lo dominio de la S. ali figli de Anton Paulo et questo per essere huomini de facti quando bisognasino et perche se pudisse meglio a stari et mectare in pacifico questi et ogni altra cosa sconcia recordiamo parando a quelle dare liberta a lo S. locotenente et a noi hovero mandare altro commissario per modo se..... tuto tutta volta dogni cosa in V. M^{cie} et tuto quello sera fato perquelle saremo contenti a le qual sempre ci recomandiano. Ex Curstaglia die 29 dicembre 1495.

Renucio de Rocha.

1564
20 mai.

Rapport chiffré de Cristoforo Fornari sur les préparatifs de guerre de Sampiero.

Gênes, ut sup. Litterarum, Corsicæ n. 304.

Una sorela del Capitano Nicolino Fornaro la quale fu presa da Turchi et in Marsilia rescatata era qui capitata rifere havere inteso in eso logo de Marsilia da certe donne corse amiche di Sanpero che esso Sanpero dovea venire col Conte da

Fiesco Scipione e cinque Galere di Franza, in l'isola nel qual
logo ritroverano molte Galere di turchi col favore de' quali et
bracio de partiali del sudeto Sampero con facilità rivolterano
l'isola prenderano al sicuro una parte de' questi presidi, ancora
che questa nova venga cosi in aire et habbi poco del conso-
nante tuttavia il tuono è tristo, et ci da occasione de' guar-
darsi con ogni vigilanza ogni cosa, et masime li presidii percio
ho di novo rescrito a li capi di essi che debano esere vigilan-
tissimi et usare tute quelle sorte di cautele che sovengono il che
servi... lasciero de dire a questo proposito che il sapere che
il sudeto conte Scipione fu fato mesi fa da l'imperatore vicario
generale in Italia mi'a fato andare per la fantasia, che potesse
sotto questo pretesto, o desse nome volere tentare qualche
cosa pero laviso è di sconsonante et consequentemente questo
pensero mio e da giudicare per fuori di proposito.

Alla lettera di V. S Ill^{me} de VIII non faro altra risposta se non
che di hogni cosa cautamente diedi aviso dove bisognava de le
quali ho havuto risposta affermando dovere hogninno suplire a
quanto bisognera che servi a V. S. Ill^{me} per risposta di questa
lettera, con dirgli di' piu che di continuo ve li terro solecitati,
et che non si manchera di tutto quello giornalmente conoscero
convenire, senza piu dirli se non humilmente basciarle le mani
a V. Ecc^{za} et Sig^{rie} Ill^{me} prego hogni prosperita.

Dalla Bastia a XX di Maggio 1564.
D. V. Ecc^{za} et S^{rie} Ill^{me}.

Humile Servitore.
Cristhofaro Fornari.

1567
18 janvier.
Lettre de Francesco Fornari sur la mort de Sampiero.
Gênes, ut sup. Secretorum, filza 338.

Iddio sia sempre laudato, questa matina ho fatto metter la

testa del ribelle Sampero sopra un' asta alla porta diquesta città e una gamba sopra il bastione il resto del corpo non si e potuto mettere insieme perche ognuno de cavalli leggieri e soldati ne ha voluto un pezzo per tropeo di loro lancie. Il luogotenente Michelangelo di Ornano con soi fratelli furno quelli che lo presero amazzorno e tagliorno la testa la quale mi fu portata per detto Michelangelo il valoroso capitano Raffe fu quello che ha ordinato la scaramuzza e le attre fattioni, Hercole da Istria e Gio Francesco de Albitreccia fra tutti li attri si sono passati valorosamente e tutti li altri anchora, e tale fatto ne e seguito heri a Cauro dove havia mandato detto Capitano Raffe con 60 cavalli et 90 archibugieri per avisar delli huomini di Cauro quali erano stati comandati dal Sampero che li doveghero apparecchiar il pane per la soa passata minacciandoli che quando non lo facessero li amazzeria e brusaria. Comparse il Sampero dalle montagne di Zidio con 300 Corsi et 25 cavalli e con grande impeto assaltorno lo Michelangelo quale era capo della antiguardia ressi retirandosi in luogo evantaggioso venero alle mani sopragiongendo poi il Capitano Raffe con altri cavalli e soldati missero in rotta li soldati del Sampero con morte di 25 di loro senza alcun danno de nostri dico di una sola ferita, il figlio del Sampero poi di esser stato seguito da Hercole miglia 6.

1567
janvier.

Lettre du commissaire d'Ajaccio au gouvernement de la Corse, relative à la mort de Sampiero.

Gênes, ut sup. Supplicationem, filza 2.

Illmo Sig^r Patrono Oss^{mo} Per che questa mattina V$_a$ S^a Illma con lo suo segretario me ha mandato una suplica fatole da Gioanni Sorba Pizorno Sassello et Remolo Gerisola et altre in sua compagnia et per essa vi narravano secondo sapiamo che here siquita la morte de Sanpero de basteriga et dubitando. V. S. Illma che quella fussi cossi vera secondo vi l'aviano detta per essa suplica me la mandata qua accio che la riveda, dove non mancaro piu brevemente potro dirne come si qui dico a V. S. Illma che come partimo de qua per le novi auti del Sanpero chi hera arrivato al Giglio de Cauro andamo la sera che fu le XVI de giuaro nella piaggia di Campo di loro in loco detto l'inferno dove arrivamo a una ora de notte come fumo arrivati la sio tolsi comeco sino alla suma de quindici cavalle et lassai ordine allo mio locotinente et alle offiziale delli soldati a pedi che allogiasiro la notte et fino al mio ritorno, et cossi conquelle cavalli che avria tolto in m.a compagnia andai a pigliare nova in Cauro alle barrache de Cauro dove mi fu dato notizia che Sampero era arrivato allo Giglio et che avea mandato a comandare le homini di cauro che le facissino una quantita de pani per uno et comparissino la dimani da lui che volia con essi far viduta et h'o come hebbe inteso questo tornai dove avia lassato li cavalle et fantaria et me firmai in esso loco fino all' aurora, che mi partio de la per lo campo del' olmo passai lo fiume delle pronelli al Capranacio et andamo sino ad un piccolo fiumicello che si apella la Pitrera et la feci mettere ad' ordine tutti li cavalli et le feci armare la testa et levar via le mantelle et marciamo via in ordine fino alla pieve di cauro detto San Gioanne dove feci far alto et mandai avante lo mio locotinenti con due cavalle con ordine andassi fino alla suarella a discoprare et che non passasse la strada diritta per essare cattivo loco per cavalli ma che passasse la strada di sopra di cauro et poi calassi l'altra strada alla suarella et come lo locatinenti, si fu conditti due cavalli partito da me mandai i due Cavalli con tre archibuggiere per scoprare lo passo di ceppo d'ogliastro, et hio coù lo resto de cavalli et fanti marciamo a presso fino ad un loco detto rosito dove feci far alto et dismontare a tutti, et hio con lo Sig.r hercole et Gio Francesco d'arbitreccia montamo sopra un pogeto eminente per scoprare dove da ditto loco vidi lo mio locatinente conditti due cavalle essar di la de la suarella sopra un pagetto che stava a guardare verso logiglio, et non si sintiva in loco de' nimici, in questo me venni uno homo di Cauro che mi detti nova che li omini de cauro faciano vidutta a Santa Barbara, per risolvarsi di quello aviano a pare circa del dare obedenza a Sampero e del portarle a pari e per che fra essi non pigliassino sopra cio risolucioni che non fussi in servicio dela Signoria Ill.ma mi tolsi due cavalle in conpagnia et andai la lasando lo mio alfere et il d° P. hercole com le cavalle et fanti e com ordine che non si partissino di la sino amio novo ordine e cossi andato a Santa Barbara feci mancare li parlamenti e viduta che voliano fare mi infalaio perla suarella emi congiensi com lo mio locontinenti e la ci permamo un gran pezzo, et in questo comparve il capitan vittolo con circa quaranta altre ribelle, e di lontano cominciorno a tirarci digli archibugiati dove hio smontai a pedi e con le mie pistolotti acostatolime unpoco li triai tre archibugiati, e cossi stato là forsi due hore me retirai dove havia lassato lo resto di cavalle e fanti là fecimi collazione, e stato forsi una meza hora il detto capitano vittolo con suoi seguaci venutici alla coda di lontano comparsi sopra un poggio detto San Lisco e cossi stato anco una mezora me risolvi andare adante una cariga, e cossi partitoci dal detto di rosito dove peramo lassai in ditto loco lo locontinente com sei cavalle e tutti li bagaglie e mandai avanti circa vinti cavalle e li soldati a pedi a presso e di retroguarda. Hio com tutto lo resto delle cavalle e an damovia dove hera lo capitan Vittolo e come ..... vidino dilli-

berare alla sua volta si aviarno a pigire e passarno una certa
aqua che vie e la missossi in dentro alcuni scogli cominciarno
a tirarvi degli archibugiati e cossi io mandai tutti le nostri
archibugieri sopra un gioso piegando sicondo esso a man sinistra e le faccio tirare degli archibuggiati, dimodo che siando
Sampero presso al Giglio sopra un scoglio a man dritta verso
chena e vistro la scaramuzza subito com quante genti avia C
cavalle calo giu per un loco detto lavanna, e hio subito mandai
uno de Cauro a dire allo mio locotinenti che vins dove sera
hio e mandai similamenti a pare retirare gli nostri archibugieri
per dare animo ad nimico che venissi alla campagnia, salvo che
lassai lo sorgenti marchioni com due archibugieri in .... loco
dove serano, et in questo arrivato lo mio locomtinenti Sampiero
avia passato il fiume e ni venia verso noi com molta braurai
e le sue archibugiere passarno laqua d'una piccola vadina si
avicinarno assai alle nostri archibugieri, tanto che comuciarno
a domandare le cavalle dove hio subito mandai lo locontinent,
com dui cavalli in soccorso de quelle archibugieri, et in questo
poco apresso mandai altre due cavalle in suo soccorso con Gio
Francesco d'arbitreccia a dire allo locumtenente che caricassi
che ungniendo il gioso a man sinistra sequitavano lo locotinente
un poco lontano ehio com tutto il resto di sopra cingniendo il
gioso a man destra spinsi avanti dove lo mio locotinente passato
assai primo de le altre l'aqqua, dove io spinsi tutti li cavalli stritt
insiemi e solo tenni com-meco alla coda vinti archibuggieri e
tre cavalle et il mio locotinenti fu lo primo che si afronto con
Sampero e alla prima botta di spada a livo la brogogniotta. Et
in questo sopraguinsino li fratelli e tutti insieme lo caggiorno
da cavallo e sino che non fu morte non visinossi alcuno e stando
e stato e hio o visto e che via attramente detto o scritto non e
la verita e che sia vero esto locotinenti li taglio la testa e la

adutta e presentata davanti a Vostra Signoria Illustrissima senza mai all'ora ne mai finqui essarmi da alcuno stato contraditto in parolle ne fatti anzi tutti a provato la mia che....

1567
5 avril.
Lettre de Francesco de Fornari relative à la mort de Sampiero.

Gênes, Arch. di St. Supplicationum, filza 2.

V. S. Illme mi hanno ordinato che debba pagar la taglia al Capitano Rafaelo Michele Angelo d'Ornano e fratelli, ma non mihanno mandato denari per poterlo far, e perche detti Rafaelo e Michelangelo non si contentano del partimento patto per V. S. Illme pretendendo tutta la taglia toccar a lordoi che sono d'accordio si come li doverano scriver potranno V. S. Illme haverli nova consideratione et intender le ragioni delli dieci cavalleggieri che erano col Michel Angelo e cosi delli soldati apiedi che furnoli primi a cominciar la scaramuccia e di tutti li altri cavalli leggieri e soldati a piedi quali tutti pretendono la parte loro, come vederano per li memoriali che li mando inquali si narra il fatto com e passato. Li piacera farci veder et in appresso dechiarar quel che si convenga di giustizia, Li piacera anchora dichiarar se a me spetta la decima si come tutti questi soldati mi diceno perche spettandomi non intendo che altri la godino.

Il Capitano Rafaelo Michelangelo e frattelli da una parte et li diece cavalli leggieri da un altra parte pretendendo supra la talgia del ribelle Sampero restano in discordia e sono differenti del fatto si come vederano per li allegati loro memoriali perche gia li sono state mentite sopra que sto, mi e parso per adesso non permetter che venghino alle prove perche non possendo a parer mio privar la loro intentione per testimoni offereno alcuni delli soldati provarlo con la persona, e essendo licavalli per far uscita si potria dubitar di scandalo fra loro, e percio mi e parso che per adesso si debba mandar detti memoriali, accioche V. S. Ill.me veddino il tutto e se li parera che le parti habbino a provar laloro intentione lo diranno, e altramente potranno far quel repentimento che liparera. Io ho sempre inteso che tutti quelli diece cavalli corsero contra nemici che'l, Michelangelo e fratelli lo ferimo in testa e nella faccia lo abbracciarono e tirorno in terrali tagliorno la testa e cosi me lo portorno ho anche sempre inteso che il Ramo Cerexola liprese la borsa, Batista basterica litaglio la gamba e me la porto, ho anchora intero che altri li diedero delle ferite e zagagdiate, ma non ho inteso si fusse piu vivo quando gliele diedero, bisognia di questo che ne facesino prova qual sara difficultà farla eccetto con la spada, credero che sia bene che V. S. Ill.me li prendino qualche mezzo e li accordino secondo che meglio li parera.

1567

31 janvier.

Lettre d'Alfonso d'Ornano aux seigneurs d'Istria et de Bozzi.

Gênes, Arch. di St. Corsica, Secretorum filza 338.

Molto Mag.ci S.ri Come fratelli.

La presente sara per darvi avviso quello che segue alla giornatta primamenti li gentilomini e caporalli anno accettato il S.e e fatoli grandissima acoglenza e che loro prometino che non voleno mai esser si non nemici a genovessi per questo avevamo concluso de farla vedutta allo favalello de bozio ma quando li nemici intessero tal cossa per disturbarci uxirno fora della Bastia con quanto forzo anno potuto fare e sonno venuti alla volta detta padulella ma non si sono arexatti a spargersi e quando avemo sentuto tal cossa con la speranza de coglerli in mezo avemo pinto tute le gente in noreza e semo in circha a otto milla persone, dove hoggi non avendo visto de poterli coglere si para la diliberationne delli ommini che deveno venir con noi cioe, in circha a trecento archibuxuri senza laltri gente de gisoni altri lochi saremo alla suma de seij cento o sette cento e per questo state de bona voglia e tratenetevici quelli che potete tratenere per sino alla nostra venuta e segretamente, legerette la lettera con quelli che sono del nostro colorre e star de bonno anuimo si benne ci avete mandato uno me non vi sette degnat descriverei un motto de lettera edarci avisso delle cosse comei andavano, qualche altra bona nova viscriverei ma perche non si spargha che qualcheduno non la spargessi e par che li nimici la sapessino e di quanto vi scrivo vi prometto la fede che quanto vi scrivo, e cosi la verita pero giova notare di campo vi partero il tuto, a compimento più a bocha che sara la fin de questa me vi raccomando pregandovi ad aver bonna cura a tutte le monitione che sono costi, dallo pe dal partino dorezza, L'ultimo genaro 1567.

V. come fratelli Alfonso de Ornano corso, Antone Corso.

1595

25 janvier.

Lettre d'Alphonse d'Ornano au Sénat de Gênes pour recommander l'historien Filippini.

Quantumque il volergli raccomandar i suditi e loro affett[mo] servitori sia superfluo non di meno essendo qui da me venuto il molto R. m. prete Antonpietro Filippini archidiacono di Mariana con aportarmi seco in dono l'historia di Corsica nella qual (come si vede) s'e molto affaticato ; la qual'io leggendo, e parendomi essaltatione e gloria di quel Felicissimo e Serenissimo Senato e Rep. loro mi parve non fuor di proposito (si come ho fatto) farla stampare e venir nel conspetto degli huomini. E doppo, non sapendo con qual maggior dono guidardonar puotesse il predetto archidiacono che con l'occasione ritorno di casa sua, accompagnarlo con questa noia indirazzuta a quel Ser^mo Senato con caldamente raccomandargllo in ogni sua occasione ; il che faciendo mi sara di non puoco obligo. E perche spero, anzi tegno per certissimo che l'Eccelentie loro non mancherano di farmi questa gratia per non piu tediarle pregandogli il colmo di perpetua felicità et offerendomi di buon cuore et humilissimo a quei serviggi che i suditi debbono a suoi Signori faro qui fine. Da Muras gli 25 di Gennaio 1595.

Di quel felicissimo e Ser^mo Senato suggeto e servitor'obediente.

ALFONSO D'ORNANO.

1594
Juillet et août.

Lettres de Henri IV à Alphonse d'Ornano.

N. La correspondance de Henri IV avec Alphonse d'Ornano a été publiée par l'Hermite-Souliers et le commandant Ducasse (*op. cit.*). Nous donnerons seulement ici deux lettres extraites de la Bibliothèque nationale, fonds français 15910 et qui ne se trouvent que dans le *Recueil des lettres missives de Henri IV*, t. IX, p. 399 et 401.

A Monsr d'Ornano.

M^r d'Ornano, j'ay veu par vostre lettre du xve juing la plaincte que vous faictes du pouvoir que j'ai donné au Sr de Bellievre, l'envoyant par delà à quoy j'estime que vous avez esté poulsé par personnes qui y pensent estre plus intéressées que vous, ne pouvant croire que cela vienne de vostre mouvement, comme aussy vous n'avez aulcune occasion de vous tenir offensé du dict pouvoir, car il ne touche en rien ce qui deppend de l'auctorité que je vous ay donnée, laquelle estant sur le faict des armées, ce n'est seulement pour commender aux gens de guerre en la ville et aux champs, mais aussy d'ordonner leur payemens après les monstres, qui est tout ce que ont accoustumé et pouvoir de faire les gouverneurs et lieutenans generaulx, soient princes ou aultres, sans qu'ilz se doivent mesler plus avant du faict de mes finances, ny en prendre aulcune congnoissance, non plus que du fayct de la justice, y ayant officiers ordinaires establis pour cest effect, lesqeels m'en doilvent respondre. Et neanmoins c'est chose qui se faict souvent quand il y a occasion que d'envoier quelques personnages, et de moindre qualité que le dict sieur de Bellievre, pour reconquoistre le devoir que rendent les dicts officiers ordinaires en ce qui est de l'administration des dictes finances et de la justice avec surintendance et autorité d'y apporter reglement, s'il est besoing, dont les gouverneurs de provinces ne se plaignent ny ne se tiennent offensez, comme aussy ce seroit sans raison ; et ce qui m'a faict donner ceste peine au dict Sr de Bellievre de laquelle il se fust volontiers passé, comme aussy moy de l'esloigner de deçà où sa présence m'estoit tres utile et necessaire, c'est que aux grandes affaires qui se presentent par delà non seulement à Lyon, mais es provinces voysines, j'ay estimé qu'il m'y pourrait faire de bons services, pour la reputation de probité et suffisance en laquelle il est tenu par tout mon royaume, telle et luy si bien estimé d'ung chacun qu'il n'y a prince qui ne se tinst bien soullagé de son assistance es plus grandz affaires qui se peuvent offrir en sa charge, et qui ne defferast volontiers à son conseil sans penser se faire tort ; et m'asseure que lorsque vous pourrez estre dans la dicte ville, il se comportera avec vous en toutes choses de façon que vous aurez occasion de vous en louer. Ostez-donc de vostre oppinion, je vous prie, que je l'aye voulu envoier pour deffiance que j'ay de vostre suffisance en tout ce qui peut appartenir à la charge que je vous ay donnée, ny pour vous en rien diminuer, estant choses tellement séparées que, quand il n'y seroit point, vous ne devez auculnement vous mesler de ce qui concerne celle que je luy ay donnée en ce qui touche nos dictes finances et la justice, qui n'est pas aussy pour ung establissement ordinaire, faisant estat de ne tarder longtemps à me rendre par delà, Dieu aydant, où je adviseray de donner le meilleur reglement qui se pourra, pendant que j'y seray, aux choses qui en auront besoing, et n'ay pas délibéré de l'y laisser après moy quand je m'en reviendray.

Cependant je vous prie ne laisser de vous employer en ce qui est de mon dict service, selon la fiance que je vous ay faict congnois avoir en vous par la charge que je vous y ay commise, attendant que j'en puisse faire plus ample résolution, et de vivre en la bonne intelligence avec le dict Sr de Bellievre qui requiert le bien de mon dict service entre personnes qui y tiennent le lieu que l'ung et l'aultre y avez, vous asseurant que la bonne considération en laquelle le feu roy vous tenoit n'est pas diminuée en mon endroiet ny ma bonne volonté de faire pour vous changée depuis que vous m'avez veu. J'ay au reste été bien ayse d'entendre votre acheminement pour aller secourir la maison du comte de Cruzilles, et vous prie, attendant que je puisse renforcer la partie par ma présence, de donner tout le secours et assistance que vous pourrez là où l'occasion s'en présentera. L'armée espagnole s'est retirée comme dissipée au dedans de leur frontière. Ils disent que c'est pour prendre du renfort et revenir. Si ce n'est bientôst, j'espère d'estre délivré de ce siège et d'aultant plus fort pour les bien recevoir, faisant estat de faire la batterie dans deux jours et attaquer la ville par quatre ou cinq endroitz que malaisement les gens de guerre, qui ne sont en grand nombre là dedans, pourront tous si bien fournir qu'il n'y en ayt quelqu'un bien faible. Le duc de

Mayenne est dans Amyens où ilz le laisseront entrer avec quarante hommes seulement. Le Sr de Humieres et aultres mes serviteurs y sont allés avec bonne trouppe appelez par les principaulx de la ville qui monstrent ainsy le courage et la volonté de se garantir du mauvais tour que le dict duc et celuy d'Aumalle avaient délibéré leur faire d'y introduire les forces espagnolles, en quoy l'exemple de la Fere, d'où ilz ont chassé ce qu'il avoit d'habitans, doibt rendre les aultres sages. Je attendz d'heure à aultre ce qui sera succédé en la dicte ville d'Amyens. Priant Dieu, Monsr d'Ornano, vous avoir en sa saincte garde. Escript au camp devant Laon, le .... jour de juillet 1594.

Henry

Forget

A Monsr d'Ornano,

Monsr d'Ornano, vous ne doubtez point que la nouvelle de l'évasion du duc de Nemoux ne m'ayt esté fort désagréable; c'est à la vérité aussy ung bien mauvais accident et duquel ceulx qui estoient de garde le jour qu'il s'est évadé ne se peuvent excuser, et, s'il n'y a de la malice, pour le moins qu'il n'y ayt une trop grande nonchallance. Je croy que si l'on l'eust laissé où vous l'aviez faict transporter qu'il n'en fust point mesavenu; et c'est ce qui luy faisoit tant affecter de retourner au chasteau de Pierresize qu'il y avoit de longtemps projeté son entreprise. Ce n'est pas la première incommodité que j'ay ressentie de ce que mes ministres ont voulu traicter avec mes ennemys avec trop de doulceur et trop peu de sévérité. Mais puisque ce malheur est advenu, il fault travailler à le luy rendre le plus infructueux qu'il sera possible. Pourvu que l'on se sauve des praticques et surprinses, j'estime que de la force il sera aysé de s'en préserver. Je ne vous demande plus qu'ung moys ou six sepmaines au plus de temps, car je vous promctz que entre cy là je seray par delà. J'espère y arriver si bien accompaigné que le duc de Nemoux, ny ce qu'il pourra avoir de forces, tant du dedans que dehors du royaume, ne comparoistront point contre nous. Je commençois dès ceste heure à m'y acheminer, n'estoit que je suis contrainct de faire une revue de toute ceste frontière pour juger à l'œil des provisions qui y sont nécessaires contre ce que les ennemys y pourraient entreprendre pendant qu'ils m'en sentiront esloigné, mais je fais etat de faire ceste course dans huict ou dix jours. Et afin de n'avoir rien de pesant avec moy, je fais dès cette heure acheminer mon armée sur le chemin que j'ay à faire et ne mène que de la cavallerie en ce voiage que je vous promets j'abregeray le plus que je pourray. Cependant, je vous prie ne partir point de ma ville de Lyon, car oultre que vous y estes tres necessaire pour la seureté d'icelle, je sçay que les habitants s'asseurent fort par vostre présence; qui est ce à quoy il fault le plus pourvoir que d'empescher qu'ils n'ayent de l'estonnement. Je ne doubte point que vostre voiage en Daulphiné ne fust fort à propos, mesme à la tenue des Estats; mais il vault mieulx les differer jusques à ce que je sois arrivé par delà, alors vous y pourrez faire ung voiage. Si entre cy là vous vous sentiez pressés des ennemys et que les estrangers leur arrivassent, j'escripts à mon cousin le connestable de s'approcher de vous avec ses trouppes. Vous l'en tiendrez adverty selon que vous jugerez que le besoing en sera. Je vous ay au reste cy devant mandé la cappitulation de ceste ville, laquelle fut effectuée mardi dernier; et le mesme jour, j'eus la nouvelle, comme ceulx d'Amiens avoient faict sortir le duc de Mayenne, tout mallade qu'il estoit ou qu'il feignoit d'estre, avec tant de rigueur et de collere du peuple qu'il eut à grâce et à plaisir d'en estre dehors. Il s'est retiré en Flandres à bien petit train ; pour cela je ne m'en esleve pas davantage, et ne laisse de luy offrir la paix à conditions raisonnables, lesquelles, s'il n'est du tout abandonné au désespoir, il y a apparence qu'il acceptera. J'en doibs estre esclarcy dans peu de jours, et de sa part et de celle du duc de Guyse. Mais pour cela je ne laisse pas de me préparer au moyen qui est le plus certain et asseuré, qui est celuy de la force ; je suis en attendant celle que vous m'avez mandé que vous ferez partir dans deux jours après le partement de ce courier, et resoudray à quand je l'auray entendu à vous escripre plus particulièrement.

Sur ce je prie Dieu, Monsr d'Ornano, vous conserver en sa saincte garde. Escript au camp de Laon, ce IVe jour d'aoust 1594.

HENRY

FORGET.

1596

DEUX PIÈCES FOURNIES POUR L'ADMISSION DU MARÉCHAL ALPHONSE
D'ORNANO DANS L'ORDRE DU SAINT-ESPRIT.

Archives de M. le Marquis d'Ornano.

Procès-verbal des preuves de noblesse faites par Alphonse d'Ornano
pour l'ordre du Saint-Esprit.

Par les deux informations faites et écrites en italien en la ville d'Aiazzo, en l'isle de Corse, par l'ordonnance du Sénat et de la ville de Gênes certifiés par l'évesque, par le commissaire et par le notaire public de la dite ville appert de l'antiquité, de la noblesse de l'illustre maison et famille d'Ornano qui ont habité en la ville de Bastelica, et pareillement que le sieur Alphonse d'Ornano aujourd'hui mareschal de France est fils du collonel San Piero d'Ornano et de la noble dame Bannina, fille du sieur Francesco, fils d'Alfonso d'Ornano bisayeul dudit sieur maréchal et feudataire de la république de Gênes.

Par le contrat de mariage du collonel San Piero d'Ornano avec Bannina, fille unique du sieur Franscesco d'Ornano et de la signora Franquetta appert que ledit San Piero et fils de Guillelmo d'Ornano, le dit contrat en italien de l'an 1528 ; par la susdite information appert que ledit Francesco d'Ornano estoit fils d'Alphonso d'Ornano qui estoit seigneur de la Mothe, qu'il avait terres, seigneuries et vassaux, et que ledit Sampiero d'Ornano estoit fils de noble dame Marchese de Bozali, noble famille de Bastelica et que dame Antonie ayeule dudit Samperio estait fille de Orson de la noble casa de Corra. Et de testimonj sotto nominati per me fra Jovani di Salneso publ° et autentico not° , presenti testimonj m^er prete Francesco, pievano d'Ornano, et m^er Janni de Nicoloso de Santa Maria et mastro Paulo de Jovani de Sicheni, testimoni chiamati et rogati.

Fra Jaonni Salneso da Sicchini, not°.

A die quatro di magio, mille cinque cento nonanta sei. In Ajasso facio fede io infrascritto notaro per la averita, al riquiesto del capitan Biasino d'occhiatana il soprascrito istromento dotale essere fatto e scritto di mano e carattere proprii di fra Jovanni condam Salnessi da Sicchene, a queli tempi, publico e legal notaro e a le sue scritture essersi sempre dato notaro piena fede.

Et in fede di la verrita o scritto e sottoscritto de mia mano propia.

Crociana del condam Perandrea Campolla.

Julius Justianus epus Adiacensis fidem facimus dictum. Carecanum q^m Petriandreæ notarium publicum, hiis scripturis in indubito et extra plenam adhiberi fidem. In quorum testimonium presentes manus nostræ subscriptione sigellique impressione muniendas fieri mandavimus. Datum Adjacci in ædibus nostræ Residentiæ die quarto mensis maij millesimo quingentesimo nonagesimo sexto.

Julius Justinianus eps Ajacensis,

Ici le sceau, Cecinus notarius de mandato.

1597

Lettres patentes de reconnaissance du cardinal Ascanio Colonna à
Sebastiano d'Ornano.

Ascanius Columna, Marci Antonii filius S. R. E. miseratione
divina, Diaconus Cardinus, ac sacro sanctæ Lateranensis Basilicæ Archipresbiter, nobili viro Sebastiano Ornani domino consanguineo nostro S. D.

Nulla sane est, qua clarius terrarum orbi veræ nobilitatis
splendor eluceat, quam animum præ se ferre in omni adversa
fortuna constantem, neque enim infestis fortunæ telis humili
loco natus obsistet, sed potius fractus calamitate succumbet,
unus est parentibus ortus qui animi invicti constantia in res adversas sibi obviam venientes, fortiter pugnabit, dabitque operam
ut quam a majoribus accepit generis claritatem ex rebus a se
preclare gestis cunctis mortalibus clarius eluceat, semper que
latius in dies propagetur.

Id te Sebastiane, optime præstitisse cognovimus, cum tua
animi prestantia factum, tuo labore atque industria quæsitum,
ut quam præclaris majoribus ortum duxeris, quam illustre sit
tui sanguinis genus nunc potissime eluceret. Ugonem enim Columnam tu tuique Generis Gentilis Ornani domini agnoscitis
auctorem qui anno a Christo nato 816 Stephani IV Pontificis
suasu, e Corsica Sarracenis ejectis filium isto bello clarum,
magnis certe Imperii spoliis ornatum reliquit. Ab eo vos vestrum genus afferitis propagatum, proinde ex urbe Roma ex
Columnensium nostrorum stirpe natos. Quod ut per nos Marci-

Antonii Columnae et gentis nostræ principis et triomphatoris invicti unicum superstitem filium facere posui, cum obnixe petas et vehementer optes, facile adducimus, ut tam æquis petitionibus assentiamur, oblatis rei testibus id et antiquissima istius insulæ monumenta testantur, tuæ propterea familiæ spectata virtus, invictique animi præstantia, qua avitum decus retinere fortiter elaboravi, clarius nobis ostendet, firmius que confirmet. Quamobrem te Sebastiane cæterosque gentiles tuos, prosterosque omnes tanquam eodem nobiscum genere natos, eadem stirpe descendentes ultro agnoscimus atque compatimur. Cognomen vero nostrum et insignia gentilitia, argenteam columnam campo purpureo depictam, basi, capitelloque aureo ornatam, cui aurea corona impendit vobis libentius impertimur, certissimi sperantes, fore ut si hactenus præclaris victoriis, quase barbaris majores nostri reportarent Corsicæ universæ animorum vestrorum magnitudo, ac gentis splendor eluxit, eo præclarioribus in posterum eniteat, quo magis ad id probandum Romanorum nostrorum Columnensium, et quorum numero originem ducere agnoscimus, et in quorum numerum ad scriptos libenter amplectimur, exempla quam plurima, et præstantissima incitabunt. Quod faxit ille a quo bona omnia expectuntur Deus, gentemque nostram sanstæ fidei deffendendæ ac propagandæ gratiam toto orbe diffusam benigne tuentur atque deffendat.

Dat Romæ nonas Martis anno salutis MDLXXXXVII.

Registrata in lib. 2 expeditionum folio 28, cum sigillo.

Columnensis familiæ cordulis serici coloris rubri prudenti.

     Copia. Ascanius Card. Columna.

De mandato Illustrissimi ac Reverendissimi D. mei

     Copia. Horatius Silvester, secretarius.

1610
10 février.

Lettre de Henri IV à la municipalité de Bordeaux relative à la mort d'Alphonse d'Ornano.

Lettres missives de Henri IV, t. VII, p. 835.

A nos très chers amez les jurats de nostre ville de Bordeaux.

Très chers et bien amez, ce a esté avec juste cause et raison que vous avés plainct et regretté nostre cousin le Sr d'Ornano, ayant bien mérité cela de vous, tant pour le bonheur qu'il vous a procuré pendant qu'il a esté en sa charge, que pour l'affection particulière qu'il vous a tousjours portée ; laquelle il a bien tesmoignée en ces derniers jours aux affaires que vous avés eus par deçà. Nous n'avons au reste pas voulu avoir moindre soing de vous en ceste raison, que quand nous l'envoyames par delà premièrement, ayant pourveu de la charge qu'il y tenoit le Sr de Roquelaure, duquel vous devés espérer et attendre tout bon et favorable traictement, et encore plus d'heureuse conduicte en sa dicte charge, que de nul aultre ; d'autant que, comme il est bien recogneu de vous tous, il cognoist aussy desjà toute la province et est praticqué et espérimenté en tous les affaires d'icelle. En quoy nous avons estimé vous avoir grandement obligez d'avoir, oultre le choix que nous avons faict de sa personne pour la dicte charge, qui ne pouvait en nul aultre estre meilleur, consenty son esloignement près de vous, où il a pris si longue nourriture et où sa présence nous estoit si utile à nos plus grands et importans affaires ; de quoy vous lui avés assy grande obligation d'avoir, à cette condition, accepté la dicte charge d'aller servir par delà. Ce sera de vostre debvoir de le recognoistre par tous les honneurs et respects qui luy sont deubs, tant à cause de la dicte charge que de l'affection particulière que vous sçavés que nous luy portons, et voulons et vous demandons de luy commencer par l'offre que vous luy ferés de la charge de maire, qui a vacqué par le deceds de mon dict cousin le Sr d'Ornano, pour la tenir comme l'ont tenue ses predecesseurs en la dicte charge. Ce qui ne peut revenir qu'au grand honneur et utilité de nostre ville de Bordeaux, aux affaires de laquelle son nom y portera tousjours beaucoup de faveur et de recommandation : et nous asseurans que vous n'obmettrés rien de ce que dessus en ce qui sera de votre debvoir, nous ne vous en dirons pas davantage, sinon que, ce faisant, vous ferés qui nous sera fort agréable. Donné à Paris, le XVIe jour de febvrier 1610.

HENRY
FORGET.

1645
12 juillet.

Contrat de mariage de François de Lorraine comte de Rieux et de Anne d'Ornano.

Des Archives de M. le Marquis d'Ornano.

Furent présents en leurs personnes : Très hault et très puissant prince Monseigneur Charles de Lorraine, duc d'Elbeuf, pair de France, comte d'Harcourt l'Isle-bonne buzançois, seigneur de Rochefort et de Rieux en Bretaigne, chevalier des ordres du Roy conseiller en ses conseils, gouverneur pour sa Maté en la province de Picardie, Boulonnois, Arthois, Calais païs reconquis, comté de Hainault.

En Flandres et païs adjacens. Très haulte et très puissante princesse Madame Henriette-Catherine légitimée de France, son espouze, de lui suffisamment authorisée pour l'effect des présentes, demeurant en cette ville de Paris en leur hostel scis rue

Saint-Antoine, par° Saint-Paul au nom et comme stipullant en cette partie pour très hault et puissant prince Monseigneur François de Lorraine comte de Rieux, leur fils puisné à ce présent et de son consentement pour luy et en son nom d'une part Très hault et puissant Seigneur Messire Henry-François d'Ornano seigneur dudit lieu Mazargues, sa prise et Isle de Pouguerolles, conseiller du Roy en ses conseils d'estat, gouverneur pour sa Ma^{té} de l'Isle de Pouguerolles et de Saint-André les avignones, Colonel général des Corses, Très haulte et puissante dame Marguerite de Montlaur, son espouze, aussi de luy suffisamment authorisée pour l'effect desdites présentes demeurant de présent à Paris rue des Petits Champs paroisse Saint-Eustache. Et très haulte et puissante dame Madame Marie de Montlaur, veufve du feu très hault et puissant seign^r Messire Jean-Baptiste d'Ornano, vivant chevalier des ordres du Roy, lieutenant général pour sa ma^{té} en Normandie, mareschal de France, demeurant à Paris à l'hostel de Lanjuedoc, rue des Petits Champs, au nom et comme stipulante pour damoiselle Anne d'Ornano fille desdits seigneur et dame d'Ornano et de ladite dame mareschale, tant de son chef que par alliance dudit défunct Seigneur son espoux, ladite demoiselle aussi à ce présente et de son consentement pour elle et en son nom d'autre part, lesquelles parties de l'autorité permission et consentement de très hault très puissant et très exellant Prince Louis par la grâce de Dieu Roy de France et de Navarre, et de Très haulte très puissante et très exellente princesse Anne par la mesme grâce de Dieu Reine de France et de Navarre mère de sa Ma^{té} regente en France et en la présente par l'avis, conseil et consentement des princes, princesses, seigneurs et dames cy après nommez, à scavoir de la part desdits seig^r et dame d'Elbeuf et dudit seigneur leur fils, et de Très haulte et exellente princesse Madame Marguerite de Lorraine duchesse d'Orléans, et de Très haulte et excellente princesse Anne Marie-Louize d'Orléans fille de Monseigneur fils de France duc d'Orléans oncle du Roy, et de très hault et excellent prince Monseigneur Henry de Bourbon, prince de Condé, premier prince du sang premier pair de France, gouverneur et lieutenant général pour le Roy en Bourgogne bresse et berry de très haulte et puissante princesse Marguerite de Chabot duchesse don-airière d'Elbeuf mère ayeulle dudit seigneur futur espoux et de très haulte et puissante princesse Catherine de Joyeuse duchesse de Guise et de Joyeuse.

Et de la part de ladite future espouse de Très haut et puissant seigneur Messire François de Crequy de Bonne, duc de Lédiguières et Champlain, chevalier des ordres du Roy, gouverneur et lieutenant général pour Sa Majesté en la province de Dauphiné, allié de ladite dame de Montlaur, de Messire Joseph-Charles d'Ornano, oncle de ladite future espouse, conseiller du Roy en ses conseils d'estat, Maistre de la garde noble de monseigneur le duc d'Orléans, de messire Claude de Maugiron comte de Montlaur, seigneur d'Ampines, mestre de camp du régiment de cavalerie de la reine régente mère du Roy et mareschal des camps et armées de France ; cousin de ladite future espouse de Messire Illustrissime et Révérendissime François-Adémar de Monteil de Grignan archevesque d'Arles ; et de Messire Illustrissime et Révérendissime Jacques-Adémar de Monteil evesque de St-Paul volontairement recogneurent et confessèrent avoir faict, feront et font entre elles de bonne foy les traictés, accords, conventions et choses qui ensuivent pour raison du mariage dudit seigneur comte de Rieux et de ladite demoiselle d'Ornano qui sera célébré en face de nostre mère saincte esglise catholique apostolique et romaine dans le plus bref temps que commodément faire se pourra... etc.

... Outre pour les causes susdictes et pour la bonne amitié que ladite dame mareschalle porte à ladicte damoiselle future espouse sa niepce lcelle dame mareschalle a de sa pure, franche et libre volonté recogneu et confessé avoir donné, ceddé, quitté et tranporté par donnation irrévocablement faicte entre lesdicts en la meilleure forme qu'elle peut avoir lieu sans espérance de la pouvoir cy après révocquer en quelque sorte et manière que ce soit et icelle future espouse ce acceptant par ledit seigneur futur espoux et elle, tous et chacunes les biens meubles et immeubles de quelque nature qu'ils soient qui appartiennent de présent et se trouveront appartenir à ladite dame mareschalle au jour et heure de son décéds soubs les conditions qui ensuivent. Apcavoir à l'esgard des biens immeubles de la propriété, des terres et seigneuries de la Ville baronnye et château d'Aubenas et son mandement duquel dépendent les trois paroisses de..... (Mazires) et St-Didier ; les deux chateaux, terres et seigneuryes et mandements de St-Laurent en Corpon où il y a trois paroisses, scavoir, ledict St-Laurent, Lavilledieu et Lusan, le château, mandement et jurisdiction d'Usel composé de ladite paroisse d'Usel, de la paroisse de St-Julien et celle de St-Privast, le château, terre et paroisse de Vals la terre, château et mandement de Montpezat, la terre et juridiction de Primerolles, le château, terre et juridiction de Maires, le château, terre et juridiction de la Comté de Montlaur, le tout dans le païs de Vivarets et de la province de Languedocq, le château, terre et baronnie de Monbonne, la baronnie de Mirmande, la maison et seigneurie de Grateloup dans la vie du Puy avec la justice Vicelle tout devant la porte de l'église Notre-Dame au pays de Velay et dans la mesme province de

Languedocq, et le marquisat de Maubecq en Dauphi..é consistant en trois mandements, trois châteaux et terres séparées et néantmoings unies et limitées, scavoir celui dudit Maubecq, celui des Esparas et celui de St-Albin avec toutes leurs appartenances et dépendances avec une grande forest dudit Maubecq et une autre grande audit Montlaur et Maires. . . . .

Arrivant le déceds de ladicte damoiselle future espouze auparavant ladicte dame sans enfants, toutes les choses données retourneront en plain droit à icelle dame à la réserve desdites terres de Monbonne, Mirmande, Grateloup et Maires estimez cent cinquante mil livres, et desdits meubles jusques à la valeur desdites quatre-vingtz mil livres.

Et en cas que ladide dame fut déceddée lors du décès de ladicte damoiselle future espouze sans enfans, tous lesdicts biens donnez retourneront et appartiendront à Messire François-Paul d'Ornano, frère d'icelle damoiselle, ou au fils aisné dudit sieur d'Ornano, et, en cas de décéds dudict fils aisné sans enfans, au second fils dudict sieur d'Ornano et, au deffault du second, au troisiesme et quatriesme et ainsy des autres de masle en masle graduellement, et, au deffault des masles, à la fille aisnée et aux aultres filles selon le mesme ordre, et en cas qu'il y ayt un ou plusieurs enfants survivans ladicte damoiselle future espouze, tous lesdits biens donnez leur appartiendront librement sans aucune charge de restitution ou de fidecommis, audit cas du déceds. . . . .

Faict et passé à Paris au Palais-Royal en présence de leurs ma^{tés} et de nous conseiller du Roy en ses conseils et secrétaire de ses commandements qui avons receu le présent contract par le commandement de leurs dictes ma^{tés} le douzième jour de juillet mil six cents quarente cinq, et ont signé la minute des dites présentes.

Signé · de Cominge, et, de Guénégaud.

1689

PREUVES DE NOBLESSE FOURNIES PAR LE MARQUIS PIETRO-PAOLO
D'ORNANO POUR SON ADMISSION DANS L'ORDRE DE SAINT ETIENNE.
Pise, Arch. di St. San-Stefano.

7 septembre.

Acte de notoriété dressé à Ajaccio.

1689 a di 7 7mbre in Ajaccio nel Palazzo Episcopale alla Mane. Presentata divansi l'Illmo. Cavl. Paolo Vantini dal M P. N. B. Michel Angiolo supp^{te} essibente il mandato di Procura del prefato Ill. S Marchese Pietro Paolo Ornano fattogli per via di sostitusione dalli S^i Giacomo Santo Poggio e Filippo Felice suo figl:o della Bastia come procuratori principali di esso Illmo S. Marchese ricevuto per Matteo Cristofari Notaro li 30 Agosto caduto come et. Il Prefato Illo. S. Cav. Vantini, const. e in virtu della deputazione fattali dalla Prefata Illma e Sacra Religione dei Cav. dell'ordine di S. Stefano per assistere a de prove e vista e attesa l'instansa di do S Procuratore e ha detto d'esser pronto a d^a assistenza subito che saranno formati i Capitoli e prodotti i testimoni i da esaminarsi et cosi.

Il S. Michelangelo Cuneo de Sig^i di Ornano in virtu del mandato di procura ossia sostitusione fatta dalle Sg^i Giacomo Santo Poggi e Filipo Felice suo figlio cittadini della Bastia, procuratori principale dell'Ill. S Marchese Pietro Paolo del, fu Illmo S^{re} Cav. Giulio d'Ornano l'anno pnte sotto li 30 del caduto mese d'Agosto, rogato e sottoscritto da Matteo Cristofari Notaro che si presenta e in virtu della sud^a facolta o sia come meglio.

Comparendo avanti il Rev^{mo} S. Simone Maria Martelli Vicario Gnle della Citta di Aiaccio e specialmente deputato in virtu di

Decreto di Delegat[e] fatto da Monsig. Ill. Vescovo il giorno d'oggi che parim[t]. si presenta all'Ill[o] S Cav. Paolo Vantini Commissario deputato dall Illma Sag[a] Religione de Cavalieri dell Ordine di S. Stefano Papa e Martire alle cose infrascritte.

Per giustificaz[e] e legittimat. della nobilta dell antica famiglia de Sg[i] d'Ornano da quali immediatam discende il sud Ill. S Marchese Pietro Paolo e di tutti i suoi ascendenti sino alla quarta generatione e piu oltre, fa l'infrascritti capitoli, articoli e titoli quali intende di provare per mezzo de Testimoni de di fede e informati del contenuto in essi, sopra quali instantissm richiede che siano esaminati con l'assistensa del prefato Ill[o] S Cav Vantini o come meglio.

E primo intende di provare e far provare fede qualm[te] la famiglia d'Ornano da 200 anni in qua e più dalla quale discende il sud Ill. S Marchese Pietro Paolo e sempre stata stimata reputata e riguardata in tutto il Regno di Corsica per famiglia nobilis[ma] e si per la nobilta del sangue, come per il merito de personaggi ascendenti di d[o] Ill. S. Marchese e per li titoli speciosi con li quali anticam[te] erano decorati e nominati e come meglio diranno e più diffusamente i Testimoni da esaminarsi.

2° Che in tal grado e concetto di nobilta et sangue era e fu stimato in tutto il Regno di Corsica Orlando osià Orlanduccio d'Ornano ascendente del N. Ill. S Marchese o fià d'esso e della sua famiglia p[mo] stipite e come tale decorato, e nominato con titoli convenienti solamente a persone Ill[ri] e nobili li quali titoli con sud. nobilta e maggiore prerogative sono poi passate e hanno continuato in Gio. figlio di detto Orlando o sià Orlanduccio e successivam[te] in Vinciguerra d'Ornano figlio di d[o] Giovanni e poi in Lanfranco d'Ornano figlio di d[o] Vinciguerra ogn'uno de quali come tali sono sempre stati trattati, si sono mantenuti sensa verun esercitio incompatibile o disdicevole a famiglia illustre e nobile.

3º Che da dº Lanfranco d'Ornano descende Simone suo figlio legittimo e naturale, quale fu fatto poi Colonnello e ornato di quel titolo, che si conveniva a da carica d'estimatione e d'onore e che dal N. Col. Simone ne nacque Giulio di Ornano suo figlio legittimo e naturale e dal N. Giulio e N. Franᶜᵃ. Monticci ne discese parim. il Capº. Simone d'Ornano dal quale nacque Giulio d'Ornano Marchese Colonnello e Cav, di S. Stefano padre del do. Ill. S Marchese Pietro Paolo.

4º Esser parimtᵉ, vero che la N Franceschetta madre dell'Ilᵐ S. Cav Giulio juniore era parimᵗᵉ di casata nobilissᵐᵃ tanto per parte di padre, che fu il S. Gio Francº d'Ornano, quanto di madre che fu la Nᵃ Angelica figlia del S. Alfonso de feudatari d'Ornano.

5º Che parimt. la verita e stata ed e che tutti li suddi Sig. Ornano nominati e sopra detti capitoli, come anco la Sigᵃ Francᵃ Monticci con li suoi ascendenti per parte di madre alla nobilta del sangue, avevano unito la comodita de beni di fortuna per esser tutta la da famiglia e ognuno de suddⁱ in tempo suo e dei primi principali, e piu ricchi del Regno di Corsica, e che sono sempre vissutti onoratissimi e cristianamente et senza aver mai commesso omicidi, ne altri delitti, che li abbino potuto apportare qualche nota d'infamia, e come tali tanto nel Regno di Corsica quanto fuori, sono stati reconosciuti e reputati per aver conseguito in varie citta dell'Italia privilegi, titoli e onori, come meglio dichiaranno i Testimonj di cio informati.

6º Esser parimente la verita, che quantumque tutti li sopradⁱ Sgⁱ della famiglia Ornano per essere stati absenti dalla Citta e per aver abitato in Ornano, non hanno conseguito cariche in Citta, ad ogni modo attenta la qualita riguardevole de personaggi e delle loro famiglie avevano attitudine disposizione e abilita per conseguirle, per esser stati de più richi e più nobili non solo della Provincia d'Aiaccio, ma di tutto il Regno di Corsica e per esser l'altre ragioni che diranno li testimoni e che tutto cio si proverebbe conchiudentamente da pubbliche scritture se esse non fossero rimaste abbruciate in tempo delle Guerre civili e straniere per cui restarono incendiati li Archivj.

7' Che la famiglia sud[a] de S[gi] d'Ornano abia nella sua Arma l'insegne una torre con tre merli con due leoni attaccati alla porta di essa Torre in Campo Rosso, e turchino con di sotto a d[a] Torre un'Areola in Campo verde e in testa di d[°] scudo un mezzo leone con un pugnale nudo nella Branca ultime. Richiedendo, che alli Testimoni producendi siano avanti del Prefato Ill[mo] S. Comm[io] Fatti li opportuni Interrogatori, e sopradi cap[i] opportuna[mte] interrogati 1689 a 9 7bre.

Deposta pe[r] il N° M° R° Sig. Michelangelo Cuneo pro sostituto come in atti 1689 jorni di lunedi 22 Settembre alla mattina nel palazzo dell' Ill[mo] Rev[mo] Sig Giov. Paolo. . . . . Vescovo d'Aiaccio alla presenza del Rev[mo] Sig Simone Maria Martelli Vicario Generale specialmente deputato dal prefato Ill[mo] Monsig[re] Vescovo e dell' Ill[mo] Paolo Vantini a cio deputato dall' Il[ma] Santa Religione de S. Stefano Papa e Martire.

E comparso il Sarg[e] Matteo Ferrari cittadino d'Aiaccio e testimonio prodotto ricevuto e esaminato ad istanza del Molto Ill[re] Sig. Don Michel Angelo Cuneo de Sig. d'Ornano e respettivament e procuratore istituito dall Sig Giacomo Santo Poggio e Sig Felice suo figlio procuratori principali dell' Ill[mo] Sig. Marchese Pietro Paolo d'Ornano in virtu di Mandato de legittime essi procuratori procedo di far fede d'esso Signore e suoi, al quale dato guiramento di dire la verita confermato che corporalm^te le scritture alla presenza ha giurato e interrogato dell' eta, quanto abbia in Beni, ove abbiti e abbi per lo passato abitato.

R. Sono d'eta d'anni settantacinque ho tanto da vivere alla piazza, abito in Aiaccio e per il passato son stato in Genova, Venetia, e particolarmente in Roma per lo spazio di nove anni.

Interrog. se conosca il Sig. Marchese Pietro Paolo Ornani e se abbia cognizione de suoi ascendenti e della sua famiglia R^e : Conosco l'Illmo Sig. Marchese Pietro Paolo e ho conosciuto l'altri suoi fratelli, fra quali uno che si chiamava Carlo fu prelato, e ho conosciuto il Sig Cav Giulio padre di d° Sig Marchese Pietro Paolo per averlo servito per soldato a cavallo ; conforme ho servito il Cap° Simone suo padre, e avo del Sig. Marchese, per soldato e sarg^te di d sua Compagnia.

Interrog, se sa parente de esso Sig. Marchese Pietro Paolo il quale grado d'affinita e consanguinita naturale e spirituale :

Ripo : Sig. no.

Interg. se sia interessato col et D° Sig. Marchese Pietro Paolo abbia o abbia avuto con esso o sui ascendenti corrispondenza di traffico di negotio, sia stato suo fattore, gestore o altro.

Risp. Sig. nô.

Di poi lettoli li Capitoli.

E prima sopra il P^mo Capitolo, che la famiglia suddetta dei sg. d'Ornano dal tempo che dice il capitolo e sempre stata tenuta, trattata e reputata in tutto il Regno di Corsica per famiglia nobilis^ma e stimatis^ma dalla quale ne sono uscite persone di vaglia.

De Causa scientie.

R^e Lo so per averlo sentito dire da miei maggiori, da officiali e d'altre persone, e per esser cio publico et notorio non solo in questo Regno ma anco fuori e se queste prove fussero state demandate molti anni prima si sarebbe provato ogni cosa con certeza per essere adesso molti venuti a morte.

Di poi sul 2° capitolo Lettole detto titolo.

R^e Che tale famiglia dice per averlo sentito dire sono stati tenuti in concetto di persona nobili e per tali serviti e per quanto ha sentito non hanno mai esercitato arte o professione vile ma che sempre sono vissuti per li suoi redditi splendidam^{te}·

De cause scientie.

Per averlo inteso dire pubblicamente dal l'antichi di questa Citta come ho gia detto.

Di poi sopra il 3° capitolo.

Lettoli detto titolo.

R E vero quanto si contiene in detto titolo per aver conosciuto come ho gia detto tanto l'Ill S. Marchese Pietro Paolo, quanto il cav. Giulio suo padre e il cap° Sig Simone del N. S. cav Giulio e il Nob. Simone padre del N° S Giulio, conferma ne men) duo° Giulio non lo ho conosciuto ma ho sentito dire che il cav Giulio e cav Simone respettiv^{te} padre e avo del Marchese Pietro Paolo sono discesi dalli suddⁱ come dalla S. Francesca Monticci.

Dipoi sopra il 4° titolo, d° titolo lettoli é R^e : La S^a Francesca madre del N. Giulio moglie del cap. Simone era di quella casata, che dice il capitolo per esser figlia del N Franc^{co} Giov. d'Ornano De causa scientie.

R^e La S· Franceschetta non l'ho conosciuta perche mori; in Roma prima che io vi andassi e cio io l'ho sentito dire dall istesso cap° Simone suo marito conforme da miei maggiori e d'altri qual M^{ie} come la N· Franceschetta come la N· Angelica sua madre fossero di casata nobilissima; anzi della N· Francheschetta ho conosciuto tre fratelli uno dei quali si chiamava Pietro Paolo e l'altro Pietro M^a d'Ornano quali furono tutti Colonelli al Servizio della Ser^na Rep^a di Venetia e che l'altro maggiore dei tre era qure colonello allo stesso servizio sma non l'ho conoscinto.

Di poi sopra il 5° titolo d° titolo lettoli. R^e E verissimo che tutti i suddi Sgi nominati nei suddi capitoli erano persone comodissime e nobilissime e che tutti Sg. d'Ornano erano ricchi, comodi e de principali del qsto Regno di Corsica quali sono sempre vissuti come tali e delle sue proprie rendite, come e a mia notifica che non hanno mai commesso delitti verunno, ma solamente hanno fatte azioni onorate e da pari suoi.

De causa scientie.

R^e : Il cav Giulio e il cap. Simone padre e avo del S Marchese Pietro Paolo l'ho conosciuti come ho gia detto, l'altri per le relazione de miei maggiori e dai vecchi della citta che sono stati ricevuti e stimati in tutte le citta ove hanno avute occasioni d'andare e trattenersi e particolarmete in Roma io l'ho veduti in gran prezio si appresso i Principi, Cardinali e altre persone nobili e fine dal sommo Pontefice il quale stimava molto il cav Simone e ogni qualvolta voleva parlargli aveva libero adito.

Di poi sopra il 6° titolo d° titolo lettoli. R^e E vero che li fuddi Sgnori e tutti quelli della sudetta famiglia erano persone di aver cariche e delli principali d'Ornano in citta se vi fussero stati e se li avessero volute, si come l'hanno avute fuori, prio darsi che i loro maggiori l'abbino avute, quali e possibile siano state bruciate le scritture pubbliche l'anno 1615, in tempo che li vassalli si voltarono contro i loro S^ri d'Ornano e abbruciarono le case, cou tutte le scritture.

De causa scientie.

R° Aver sentito dire dalla maniera che ho detto di sopra, il detto incendio segui l'anno 1615 in tempo che io nacqui.

Interrog ᵗᵒ che significhi, le dignita, cariche, e onori avute, e possedute da suddetti S^ri d'Ornano in che tempo.

R^e il Cap° Simone dei Sg^i d'Ornano fu primo capitano in Venetia prima della creazione di Papa Urbano, dopo la creasione di Papa Urbano come che questo capitano Simone fu poi fatto Colonnello e Cap° di corazze e fece a sue spese due compagnie di Cavalli e dopo sei mesi ne fece un altra di Carabine e poi ne fece tre di fanti ma queste non fece a sue spese, ma militavano sotto la sua condotta.

Interrog. se sa la qualita de beni posseduti da suddetti Sign^i d'Ornano e se avevano patrimonio bastante da poter vivere d'entrata senza servizio di qualche professione e se sa che ogn'uno de suddetti abbia esercitato professione veruna e di qualsorte.

R^e Jo non posso dir altro, solamt^e che l'anno 1636 che venni in Corsica col Cav. Giulio sensij che esso S. Cav. Giulio di sua propria bocca disse, che aveva d'entrata di quaranta mila lire l'anno di moneta nostra ma che trenta sei mila lire li aveva certissim^te aveva luoghi di monti in Roma e disse che aveva dei conti in Napoli.

Interrog. Se esso ha mai veduto possedere beni stabili e di qual sorte e in qual luogo.

R^e Aveva una torre e altri beni stabili qui in Ornano che poi il Cavalier Giulio sentii dire li domasse alla Chiesa e parte ai suoi parenti e in Roma godeva e possedeva di suo proprio un palazzo in Piazza Navona che compro per 52 mila scudi Romani, con la Villa detta il Casaletto e un altra Villa detta la Vignola e aveva un altra casa vicino a S. Agostino e altri effetti dei quali non me ne ricordo,

Interrog. Se sa al pnte che qualita di beni stabili o mobili goda e possieda Ill. marchese Pietro Paolo in che consistino e dove sono.

R^e.Il Palasso di Piazza Navona intesi dire che papa Innocenzo decimo lo obligasse arvenderlo per la fabbrica di S Agnese e che per prezzo di d^o palazzo depositasse trenta mila scudi Romani non so pero se detti 30 mila scudi l'abbino consumati, ma credero di no per essere vissuti molti anni app^o la madre.

Int. se il d^o S Marchese Pietro Paolo abbi debiti.

R^e . Non lo so.

Interrog se detto S Marchese Pietro Paolo sii omicidiario o macchiato di altra infamia che l'impedisca di conseguir la grazia d'ottenere la Croce di S. Stefano.

R^e . Io credo di no.

Interrog Se esso Ill^o Sig. Marchese Pietro Paolo sia figlio o padre di famiglia, quanti fratelli e sorelle e respettivam^{te} abbia di quale eta, qualita, vita e costumi sia e se sia disposto per la militia di S. Stefano.

R^e .Quando ero in Roma so che aveva cinque fratelli ad esso par mi per quanto ho sentito dire, che non abia che un fratello religioso dell'Ordine dei carmelitani Scalzi e una sorella maritata a un tal de Cupio Cavalier Romano e un altra monaca nel monastero de Regina Cœli in Roma.

Di poi al settim) titolo, d^o titolo lettoli.

R^e .E veris^{mo} che l'arma della famiglia dei.S^i di Ornano abia una torre contre merli con due leoni attaccati in campo Rosso, e turchino con disotto a d^a Torre un arenola in Campo verde e in testa di d^o feudo un mezzo leone con pugnale nudo nella Branca.

De cause scintie.

Cosi per la verita per averla veduta sopra la capella di

dª famiglia posta nella Cattedrale d'Aiaccio posta a man sinistra quando s'entra in Chesa.

Inter. se sa chi possa esser meglio di lui o come lui informato della detta casata dei Sgi d'Ornano e lo dica.

Rᵉ. Il S. Abbate Giacomo Santo Ponte, il S. Canonico Ignazio Cacedone, il Rᵐᵒ Giovi. Batta Seggi ne saranno informati meglio di me per aver meglio memoria e peressere persone letterate.

Di poi sopra li Generali.

Rᵉ Mi son confessato e comunicato sempre alli tempi debiti, e l'ultima volta mi sono comunicato il giorno dello nativita et non sono mai stato processato escomunicato.

Di poi lettoli... se sa scrivere e avendo detto di no se lui ingiunto che faccia una croce.

Antonio Madescalco Not. e Canc deputato. A didetto poco poi e immediatamente d'ordine e assistenza come sopra e a la presenza delli Revᵐⁱ Simone Mª Martelli Vicario Gnle e deputato.

E comparso il Molto Revᵈᵒ S. Abbate Giacomo Santo Ponte testimonio prodotto ricevuto e essaminato ad istanza del suddᵒ Molto Revᵈᵒ S. Michel Angiolo Cuneo Arciprete e procuratre come sopra per provare e far fe de della nobilta dell'Illᵐᵒ S. Marchese Pietro Paolo d'Ornano al quale dato giuramento di dire la verita conforme a giurato tocche corporalmte le scritture Inter. al l'interrogatorio in ordine.

Rᵉ Sono di anni 60, ho mille scudi di reddito, abito ni Aiaccio e sono Canonico della Cattedrale di questa Citta e sono abitato in Aiaccio, Roma e Genova.

Al 2º: risponde: Conosco l'Illᵐᵒ S. Pietro Paolo e suoi ascendenti ed ho cognizione di sua famiglia e ho cognizione del S. Marchese Giulio suo padre,

Al 3° Resp° Non sono parente.

Al 4° Resp° Sig. no', massime in queste cose di poi lettoli capitoli. E primo al 1° capitolo R₆.E la verita del contenuto in detti capitoli per esser detta famiglia d'Ornano nobilissima e delle più Ill; del Corsica e secondo il mio guidizio, anche per lo spazio maggiore di 200 anni, essendo parim^{te} vero che detta famiglia ha avuto personaggi e signori di vaglia e ritengo che discende da un Barone Romano che venne col Conte Hugo Colonna à scacciare i saraceni di Corsica ne possa credere, che stipati si generosi possa aver avuto altro principio, che dal sud° e sono sempre stati nominati e chiamati e nobilitati con quel titolo chei da a persone nobili.

De cause scientie.

R₆. Per aver lo sentito dire e da miei maggiori e letto nell' istorie e per essere notorio.

Di poi sopra il 2° cap. lettoli d₀ Capitolo.

Rᵉ Gia ho detto il tempo della nobilta e origine di detta famiglia e ho sentito dire che i nomi contenuti in detto capitolo hanno goduto quella stima e concetto di nobilta che dice il Capitolo e per non aver mai esercitato arte o professione vile o meccanica, ma solamente professioni cavalieresche.

De cause scientie.

Rᵉ per averlo sentito dire da miei maggiori e per la notizia e fama comune che ne e in tutto il Regno di Corsica e fuori essendo famiglia conosciuta in Roma, Italia, Spagna e Francia e in tutta Europa.

Da poi sopra il 3° titolo. Lettoli soprad° titolo Rᵉ Ilo Inteso che questa famiglia abbia avuto due Simoni uno dei quali fu colonnello dal qual colonnelle Simone doppo ue sia nato il Sig Giulio dal Sig Giulio e Sig₍ₐ₎ Franᶜᵃ Monticci doppo ne et uscito il Cap Simone padre del Sig Cav. Giulio, padre del S. Marchese che ebbe detto Sig. Simone che fu Cap.no ebbe per moglie la Sig.a Franceschetta de S.gri Feudatari d'Ornano.

Da poi sopra il 3.o titolo Detto titolo lettoli.

R.e E verissimo che la Sig Franceschetta madre del Sig Cav. Giulio era di famiglia nobilis.ma e di quella de Sig Feudatari d'Ornano e ho sentito dire che da detta Casa ne siano usciti molti Colonnelli e M.ri di campo e altre persone celebri in arme. Io pero non ho conosciuto il Giov Franc.co de Ornano padre della d.a Sig Franceschetta ne la Sig.a Angelica madre dell'istessa Franceschetta, ma solamente per fama e per averlo sentito dire.

De causa scientie. R.e Per averlo sentito dire da miei antenati e della Sig.a Franceschetta ne ho veduti in Roma nella chiesa di S. Francesco di Ripa alla sinistra entrando il suo deposito con sue inscrizioni.

Da poi al 5.o capitolo Lettoli sud.o capitolo.

R.e Ho inteso dire che la casa de Monticci ascendenti di detta S. Franceschetta, oltre l'aver avuto vari personaggi in arme, ne sono da quella usciti de Vescovi nel Regno de Sardegna ed ho inteso dire che il padre si chiamasse Cap.o Lanfrancho di D.a S.a Francesca, e che la detta famiglia e quella d'Ornano sono sempre state nobilis.me e particolar.mt quella d'Ornano si siano apparentati con li piu ricchi del Regno di Corsica e che come tali si sono sempre accasati, anche fuori di Corsica e in tutte le citta ove sono andati sono stati stimati e riveriti per persone nobili et Ill.ri.

De causa scientie.

R.e Per averlo sentito dire e per aver veduto scritture autentiche per le quale apparisce che detta famiglia anticam.te nel Regno di Corsica e Citta d'Aiaccio e Pieva d'Ornano godevano e possedevano effeti censi e credito e ho sentito dire che il Cap.o

Simone fusse in grandissima stima appresso Papa Urbino, suo nipote e tutta la Corte Romana anzi di piu ho veduto un breve scritto del Re di Francia al Cav. Giulio con cui in occasione di una carica, che le conferiva nelle contingenze delle guerre di Orbetello e Portolongone le dava titolo di Marchese et d$_o$ brev^o app^t dall istesso Cav. Giulio che fedel^{mte} al presente si conservera app^o il S. Marchese Pietro Paolo e in occasione di malattia del sud^o S. Cav. Giulio l'ho veduto visitare al letto da varii S^{ig} Cardinali e dalli ambasciatori di Francia uno dei quali lascio in casa sua una credenza d'argento dorata bellissima che per la vaghezza d'essa tutte le persone audavano a vedela si, trattava da grande con Carosse, tre con otto cavalli estafieri e con la casa di grandis^{mo} lusso.

Al 6º Cap^o Detto 6º Cap^o lettoli.

R^e I^o ho veduta una scrittura antica in casa mia nella quale appariva che Dom^{co} d'Ornano di questa famiglia era stato inviato da questa Provincia d'Aiaccio con la carica d'oratore app^o il Senato Ser^{mo} di Genova, e questa e una delle principali cariche, che in quel tempo e in'appresso si e sempre stabilito conferire ai primi e principali cittadini, e non hanno avute altre cariche in citta per non averle volute e per essere stati fuori della Citta e del Regno essendo pero abilissimi ad esercitarle e goderle, puo essere che ne abbino avute, che non le sappia e per essere abbruciati l'archivii in tempo che i vassalli si ribellarono da suoi signori feudatari, con aver incendiato le loro case e torri, si siano aucora abbrucciate le scritture, che potrebbero faciemente far menzione della d^a famiglia e provare la loro nobilta e in Roma quando io vi ero osservai che il Cav Giulio e suoi figli erano tenuti in gran stima da contestabile Colonna e S^{gi} Cardinali.

Ad 5. Interrogato.

R° Il Cap. Simone e stato Cap° in Venezia e in Roma. Il Cav. Giulio e stato Colonnello epoi Cap° di tutto il Reggimento Corso fece alcune compagnie di corrazzere a sus spese e il S. Marchese Pietro Paolo ha avuto un fratello che e stato in prelatura e referendario delle signature di gratia e lo stesso S. Marchese e stato Paggio del Re di Francia d'Onore.

Ad 6 Inter.

R° Io non so se detti Sig^{gi} abbino esercitato professione veruna vile e meccanica, ma solam^{te} esercitatii cavaliereschi e militari e i loro antichi avevano molto patrimonio in Corsica e in Ornano e il Cap. Simone istituo suo figlio Cav. Giulio crede di scudi 200 mila e piu e ho veduto abitare un palazzo in Roma in Piazza Navona ed altri effetti.

Ad 7 Interr.

R° Gia ho detto sopra di piu posso aggiungere che aveva altre case luoghi de monti in Roma, in Venezia e credo anche in Florenzia.

Ad 8 Interr.

R° Precisamente non só ma salvo che il palazzo che furono obbligati a vendere al Papa Innocenzo somma che credo abbino ancora possegono sempre tutti gli altri effetti.

1606

11 avril.

DÉCRET D'AGRÉGATION DE SIMONE D'ORNANO AU PATRICIAT ROMAIN

IN NOMINE ONI NRI AMEN.

... Cunctis ubique pateat evidenter et notum sit quod Anno a salutiphera Dni Ntri Jesu Cristi Nativitate millesimo sexentesimo ottagesimo nono, Ind^e. duodecima die vero vigesima secunda mensis novembri Pontficatus autem Nri Iu Cristi

Patris et Dni Ni Alexandri divina Providentia Pape Octavi
anno ejus Ptus. Quod trans scriptum est tenoris sequentis
videlicet. Quod Pompeius Perlaomius, Hieronymus Ametus,
Franciscus Cinquirius Conservatores, De Simone Ornano di
Corsica Aiacent Dioces Corsicorum Militum Duce Julij filio
Romana Civitate Donando ad senatum retulerant S. P. Q. R....
fieri censuit. Cum ad augendam Servandamq. Remp. nontàm in
Cives Romanos meritis ac nobilitate Insignia premia honoresq.
conferre quam exterorum hominum virtutem benigne excipere
more Maiorum statutum sit, atque etiam ut ad summa vere
Laudis fastigia ardentius quisque contendat, ad Ipsam. Remp.
Ornandam et tutandam alacrior fiat illorum exemplo suis quos
digna laboribus perennia consequitos videat natura comparatur
sib. cumque S. P. Q. R. Simonem Ornano De Corsica Julii filium
ex Nobili familia Ortum acceperit, eumdemq. singulari in Po-
pulo Romano Charitate, fide et observantia semper *singulari...*
Fuisse nihilq. Indignum Viro Ingenus et contestata ac perenni
Maiorum suorum virtute unquam fecisse fidem ac Jus Juran-
dum, pie sancteque coluisse... plarie cognoverit ejus denique
Virtus Integritas bonitas et in rebus agendis Industria fenatuis
S. P. Q. R. satis probate sint. Ob eas res senatus existimare
Simonem predictum amplissimo hoc munere decorant, civitate
Romana donandum inque senatorum Ordinem merito cooptan-
dum esse. Itaque senatui percere ut Simoni eiusque liberis,
nepotibus, et Posteris in perpetuo in senatum venire sententiam dicere, Magistratus genere sacerdotio obtinere, Dona
libera, atque immunia habere bisque immunitatibus honoribus
gratiis, privilegiis uti fungi et posteri liceat... urbe..., perque
Omnes Reipublicæ gradus fungi lege liceret. Quodque Simon
predictus quique ab Ipso venient omnes Cives, Patritiique
Romani eodemq. Jure sint quo cives, Patritiiq. Romani nati ac

Jure Optimo facti sunt Gentemq. habeant S. C. aucthoritate Publico in consilio, viva voce ac nemine discrepante Populus Romanus libenter censuit qui... senatum existimatur eum contra Remp. fecisse que ut nota testataque in posterum essent ab actis publicis, in quibus hec continentur et servantur Privilegio quod fieriet subscribi mandavit. Anno ab Urbe redempto 1606, XI Aprilis Curtius Martholus Sacri S. P. Q. R. Scriba Angelus Puteus Sacri S. P. Q. R. Scriba,... quibus omnibus et singulis premissis...a me Notario publico Infrascripto suum vel plura transumptum seu transumpta conficere et que traderem instrumentum aut instrumenta opus fuerit et requisitus ero.

(Segue l'autentica dei Conservatori à Roma).

22 septembre

CERTIFICAT DES ANCIENS D'AJACCIO RELATIF A LA NOBLESSE DE LA MAISON D'ORNANO.

NOI AZIANI DELLA CITTA DI AIACCIO NEL REGNO DI CORSICA.

Facciamo piena et indubitata fedre che avendo noi esatta informazione della nobilta, prerogative, titoli, e dignita della famiglia Ornano, e della famiglia Monticchi dalle quali discende legittimamente l'Illmo S Marchese Pietro Paolo d'Ornano figlio legittimo e naturale del fu Illmo S. Cav. Giulio d'Ornano, e desiderando che in vigore della piena notizia, che ne abbiamo, le prefate famiglie i di cui antenati han dati ni ogni tempo saggi di sommo valore si nel Regno di Corsica come fuori di esso le appresso varij potentati e Repubbliche di Europa, oltre l'essere stati in questa Citta e Regno in grandissima estimazione d'onore e di pregio, siano riconosciute e riputate fra le piu antiche, nobili e ricche del presente Regno attesoche a causa delle guerre civili e straniere e principalmente delle guerre civili seguite l'anno 1559 con l'incendio accaduto in questa Citta mancano nel nostro Archivio le scritture e memorie, dalle quali potere aversi notizia che le dette famiglie d'Ornano e Monticchi potessero aver esercitato le prime cariche di questa Citta, essendo state in ogni tempo abili et idonei a conseguirle per essere state delle primarie e principali famiglie della Citta e del Regno.

Percio in fede della lor nobilta, e splendore e per i meriti grandi, che le rendono riguardevoli abbiamo voluti accompagnarle col presente attestato, che sara sottoscritto di nostra propria mano e dell'infrascripto Canc^e e sigillato col solito sigillo di questa nostra Citta in Aiaccio li 22 Settembre 1689.

fi Tomasino Pozzo di Borgo.
Valerino Stageno
Pierandrea Ornano
Giuseppe Giobij
Giuseppe Corso
Giov. Gironimo Cella Anziani

MICHELE BASSO CANCELLIERE.

Recueil des brevets concernant les ascendants du marquis
Pierre-Paul d'Ornano.

Pise, Arch. di St. S. Stefano.

Leonardus Donato Dei gratia Dux Venetiarum etc.

Il Governatore *Francesco Maria Ornano* Corso e venuto al servitio della Rep.a Nostra con quella prontezza che lo rende benemerito della S. N. Oltre l'altre sue fruttuose e onorate operazioni per le vestigie del quale camminando li fratelli e il nipote tutti insieme hanno disposto l'animo della loro Nazione a concorrere prontamente alli nostri stipendii. Onde potendosi ricevere nell'occorrenze pubbliche ogni buon servitio di d.a Natione e conveniente che esso Governatore riceva parimente qualche testimonio della gratia di questo Consiglio sendosi offerto ancora di fare cinquanta corsi a cavallo l'andera parte che il sopradetto. Francesco Maria Ornano sia creato Colonnello delle Compagnie solamente di fanteria Corsa fatte da Lui dovendo pero restare obligato a fare cinquanta corsi a cavallo ad ogni richiesta del Collegio Nostro con quello stipendio che sara poi terminato da questo Consilio e sotto quel capitano che sara nominato d'esso Ornano. Dovendo avere il Luogo Tenente suo dell'Infanteria seudi sedici al mese, accio con questa benigna dimostrazione possa ricevere il suo affetto ogni megliore eccitando nella congiuntura dei tempi presenti e nelle future pubbliche occorrenze e possa impiegare imsieme la sua persona conquella fede e valore che ha fatto per il passato. Quare Authoritate Sup.ti Consilii Mandamus vobis ut supradicitur partem observetis et ab omnibus Inviolabilis observari faciatis. Date In Nostro Ducali Palatio die XX novem tris Ind.e quinta MDCVL. Girolamo

Ramussio sec^rio pa Cancello Ducale lire 62. Per tabella ducale lire 16, soldi 3. A die 23 9mbre 1606 registrata in secr^ia del Proc^re Generale a detta.

Duce e Governatori della Rep^a di Genova concediamo licenza al Nobil Cap, Pietro Paolo d'Ornano che puossi audare nell'isola nostra di Corsica e seco condurre dui servitori e ivi fermarsi a suo piacere, perche d'esso non sii Bandito e possa auco d'essa partirsi quando li piacera senza che abbi causa di prendere alcuna licenza dai nostri Giusdicenti e officiali, cosi essendo volonta nostra et fede le presenti saranno impresse del nostro sigillo e firmate dall'Infro Can^re Vic^rio del stato nostro Idi Corsica. Date in Genova vel Nro Ducale Palazzo a di XIII di uglio 1603. Giacomo d'Ambrosio Can^re Loco sigilli.

Essendo conveniente che sia stato verso il magnifico Colonnello de Corsi quel med° che è stato osservato col precessor suo, poiche egli è stato eletto con li medesimi obblighi con li quali il morto Colonnello poteva e non essendo stato dichiarato nella sua ispeditione che egli abbia il luogo tenente come s'è sempre costumato, l'andera parte, che sia espressamente dichiarato che il sud°. Colonnello de Corsi sia coll'autorità di questo Cons° pagato un logo Tenente colla med^a paga colla quale veniva sodisfatto quello del preces sor suo, acciocchè in ogni occorrenza dell'assenza d'esso Colonnello vi sia soggetto chi abbia cura e comando della sua compagnia e possa egli continuare con quell'onorevolezza che ricerca il suo carico ad esercitare il fruttuoso servitio che ha fin'ora prestato. Quare Authoritate suprascripti Consilii Mandamus omnibus ad quos spectat ut suprà scriptam partem observent et ab omnibus observari faciant Dat. Nostro Ducali Palatio Die XVIII Januaris Ind^e X2 MDCXIII Agostino Dolce.

Marcus Antonius Memo Dei gratia Dux Venetiaruml universis et singulis presentes licteras inspecturis notum esse volumus Che essendo stato nominato dal *Sig. Simon Ornano Corso* Sig *Francesco Ornano Corso*... Cap° chi abbia a servire sotto di se nella carica de Fanti 200 di quella Notione, giusta la deliberazione, del Senato de 6 Maggio pross° egl'e'stato approbato dal Collegio alli 9 Agosto pross° promettendosi di ricevere ogni buon servitio. In Ducali Palatio Die XII septembris Inde XII. M D C XIII Giovanni Girardo ser^{vis} Rt° Verone In off° Banche Gutis.

P. Marcus Antonius Memo Dei gratia Dux Venetiarum Universis et singulis Rectoribus, Provisoribus, Cap^{ni}... civitatis Terrarum et locorum nostrorum, ne non Magistratibus huius Vrbis nostre Venetiar. et presertim prouisorum sup Cammeris, esterisque reppresentantibus, et ministris nostris pntibus et futuris ad quos he nostre pervenerint et.... spectat, vel spectare significamus hodie. Il travaglioso accidente occorso alla famiglia Ornano per la *morte* ultimamente seguita *del Colonnello Francesco Maria* e degno di tanta commiserazione per la perdita che ha fatto questa benemerita casa d'un valoroso soldato e Cap^{no} d'essa che ha servito la Rep^a, nostra con quell'integrita e fede che e benissimo nota a questo Consig° e viene al presente attestata dal Proved. Nro Generale in terra ferma dal Capitano di Brescia che conviene tenere in quanto sia possibile cosi *benemerita e nobile Famiglia gratificata* accioche abbia occasione di continuare nella sua devotione e fede verso la S. N. et essendosi inteso dalla scrittur.... che viene fatta dai fratelli d'esso Colonnello che la Compangia che già era sotto i' suo comando sia conceduta al maggior de suoi figlioli e la moglie d'esso Colonnello restata gravida a quali.... eredita che la speranza della publ^{ca} munificenza avendo caduno dei sopradetti per servire alla Rep$_a$ una *abbandonato la patria, e perduto tutto quello che per essa tenevano* ed essendo anche la morte del med. Colonnello veduta sensa alcuna supraintendenza le sei compagnie fatte da lui alle quali ricerc... il pubblico servitio che li sia dato... il quale le abbia governare et essendo questo carico nella medesima scrittura umilmente supplicato dal Cap· *Pietro Paolo Ornano* Fratello d'esso Colonnello soldato egli ancora di valorosa esperienza e ultimam^{te} adoperato in varie pub^e occorenze. Pero l'andera parte della compagnia de soldati Corsi che militavano sotto la carrica del Colonello *Francesco Maria Ornano* mancato ultimamente di vita sia colla solita benignita di questo Consiglio conceduta al figliolo magiore d'esso Colonnello con Titolo di cap^{no} e con el medesimo stipendio di scudi venticinque al mese come hanno l'altri Cap^{ni} de Corsi e con obbligo sino ch'egli si trovi in eta di potere attualmente sostenere questo peso d'essa Compagnia come li med$_i$ fratelli Ornansi sono offerti nella p^{ta} loco perittura sia governata d'un luogotenenente che sia soldato di valore e esperienza militare d'essere approvato dal Collegio ñro e sino appresso il Cap^{no}. *Pietro Paolo* Ornano con l'autorita di questo Consiglio creato Colonnello come era suo fratello delle Compagi^e solam^{te} d'infanterie corse fatte da lui e suoi fratelli con stipendio di scudi quattrocento all'anno dovendogli cessare li duecento che gode come Cap^{no} e con il med^o, obligo che aveva il p^{to} Colonello Fran^{co}. Maria di far cinquanta corsi a cavallo ad ogni richiesta del

Collegio N.ro con quel stipendio che sara poi terminato da questo Cons.o, e sotto quel Cap.no che dovera essere nominato dal p.to Colonnello Pietro Paolo acciocche con quella dimostrazione gratitudine della... continui tutta questa *benemerita casa* così l'animo consolato nel solito suo buono, fruttuoso e onorato servitio, quare autoritate suprascripti Mandamus... etc. die XII decembris Ind. XII MDCXIII.

Noi Pietro Barbarigo Procuratore di S. Marco, provveditore Generale dell' Arme per la Ser.ma Rep.a Venetia in terra ferma et Istria. Per aver noi conosciuto il buon servitio che ha prestato al Ser.mo Principe per questo campo Il Coll.o *Simone Ornano Corso avendo insieme con due suoi figlioli* parim.te Cap.ni della Ser.ma Repub.a dato bonissimo saggio del suo valore prontezza e fedelta in ogni fazione e occasione che s'e sempre presentata essendo finalm.te restato privo di vita nel fassione del Sig. Oratio Baglione il *Cap.o Gio. Francesco u.no dei suddi suoi figlioli* dopo l'aver combattuto valorosamente e avendo anche esso Colonnello Simone sopra il corso ricevuta moschettata nel condurre ad incontrare l'immico, certo numero de cavalli che a tale effetto furono mandati sotto la scorta d'esso Colonnello Simone, il quale per aver sempre servito pronta.te e fedel.me con intiera nostra sodisfazione per essere da noi riconosciuto per soggetto meritevole l'abbiamo pero' voluto accompagnare con la presente accio sia conosciuto questo suo buon servito e anco de proprii figlioli e favoriti conforme a che ricercano le loro onorate operazioni che giustam.e li rendono meritevoli della buona gratia del Principe e in fede di che la presente attestazione sara affermata di N.ra mano, e impressa col nostro solito sigillo e sottoscritta dal N.ro Consilier.

Data in Palma li 20 di Febbraio 1614, Piero Barberigo Pr ore.

Noi Antonio Girmani per la Ser^{ma} S^{ria} di Venitia Cap° di Brescia e del distretto. Ancorche per diverse Patente di publici rappresentanti appara il fruttuoso e onorevole servizio prestati dall' Illo. Sig. Colonnello *Pietro Paolo Ornano* Corso e che l'azione sue militari in qualunque carica nella quale è stata impiegata da questa Ser^{ma} Rep^a meritano d'avvantaggio il valore e l'esperienza sua: nondimeno la soddisfazione che di lui abbiamo vanta nel corso di questo nostro reg^{te} come destinato con la sua Compag^a nel presidio di questa importantissima Piazza avendo egli in tutte le pubbliche occorrenze dimostrata la fede e devozione sua prontezza nell' eseguire gl'ordini publici mantenere o sempre la sua Compagnia bene in ordine o de buoni valorosi soldati ci move a far le presenti in questo nostro ritorno alla patria per testimonio non meno del suo merito e dell'istessa verita, che per essere eccittar... d'altri a seguire le sue vestigie e insieme per mia publica attestazione a sua... che esso Sig. Colonnello Pietro Paolo si rende sempre piu meritevole della gratia sua. In à Brescia XX decembre 1614 Antonio Girmani Cap°.

Marcus Antonius Memmo Dei gratio Dux Venetiarum Universis et singulis Rectoribus Cap^{neis}... etc. Che attesi li meriti del *Col Simone Ornano* Corso e la prontezza ch'egli tiene d'impiegarsi in servizio della Sig^{ria} Nra. ritrovandosi egli fatto inabile a poter servire le sia per begnignita di questo Cons° concesso di poter porre sopra la sua compagnia di cento fanti corsi il *Cap° Giulio suo figliolo Giovine d'eta d'anni venti due*, pratico e esperto della professione militare con la sua med^a paga dovendo egli restare obligato di tener sempre della Compagnia all'ordine de buoni soldati della med^a sua nazione. Quare aucthoritate sup^{ti} Consilii Mandamus Vobis in soprascritta partem observati et ab omnibus inviolabiliter observari faciatis. Dato in Nro Ducali Palatio Die XXIX ubris ind^e, XIII, MDCXV.

Noi Benedetto Cozze per la Ser^{ma} Sig^{ria} di Venetia Provved. nell'Istria, l'onorato servizio prestato in questa provincia del Cap^{no} *Giulio Ornano* Corso colla sua Compagnia ricerca che attestiamo il merito che s'e acquistato appresso la gratia publica con l'adempire in tutte l'occorenze che si sono appresentate di combattere contro nemici e in *particolare alli 15 decembre 1615 mentre il Sig. Benvenuto Petrazza* audava per saccheggiare e abbrucciare le villi di Ospo e Grattovizza, esso *Cap. Giulio con 60 soldati soli della sua Compagnia ando ad incontrarlo e lo ributto con morte di molti de Loro se bene il sudd^{to} Petrazza era con 500 fanti* et in tutte l'occasioni ha dimostrato sempre ardore e coraggio percio ho voluto accompagnarlo con li presenti per testimonio del servitio prestato In Quor... Data in Capodistria li 20 Xbre 1615. Benetto da Cozza Proved^r.

Joannes Bembo Dei gratia Dux Venetiorum Universis et singulis Rectoribus, Cap^{neis} et representantibus nostris nec non Magistratibus hujus Urbis nostre Venet. et presertim Provisor omnibus et futuris ad quos haec executio spectat vel spectare poterit significamus. Che essendosi inteso da lettere e relazioni di Pro^{dre} Nri Generali delle Armi ed altri pubblici rappresentanti il fruttuoso e onorato servitio mostrato alla S.ria Nra da Dno *Pietro Paolo* Ornano Colonnello dei Corsi nelle p.nti occorrenze di guerra abbiamo stimato convenire alla pub.a munificenza soccorre al suo bisogno, come ha umilmente supplicato pero l'abbiamo col senato a 30 del Mese di Xbre concesso che li quindici scudi al mese assignati alla sua persona oltre all'ordinaria sua provvisione mentre servisse in attual servizio in Campo à settembre antecedente, come in essa deliber... debbano... ad essere pagati alla sua psona finche continuera nel nostro servitio in ogni luogo accio da questa publ.a dimostrazione del suo fedele e onorato servitio, pero commettemo a tutti e chiascheduno di noi che la presente concessione nostra debbiate seguire e fare che sia inviolabile eseguita. Data In Nro Ducale Palatio die V Junuarij Jnd.e U.ma MDCXVII.

Noi Fran.co Erizzo per la Serenis.ma Sig.ria di Venetia Proc.re Gnle in Campo. Ha servito il S capitano Giulio Ornano Corso colla sua Compagnia dal principio di questa guerra sino al presente con molto valore, bravura, fede e prontezza e in tutte le fazioni occorse con nemici... sotto Gradisca mentre si batteva all'assalto di Lucinij come alla Pontiba, a Forte di Zara, al Palazzo di Vipulzano a rompere il quartiere del nemico nel Bosco sopra il Ponte di Guritia alla sorpressa di S Floriano ed altri Posti ch'e occorso cosi di qua come di la de... di molte scaramuccie in campagna col nemico nelle quali fazioni ha con il testimonio del proprio sangue dato saggio della sua devozione verso sua serenita e del suo coraggio camminando sempre con detta sua campagnia di Vanguardia. Ovde essendo noi rimasti pienamente sodisfatti del suo bravo, onorato e fruttuoso servizio abbiamo risoluto

238   DOCUMENTS

attestare colla presente questa verita perche li servino sempre per testo del suo merito stimandolo noi degno d'ogni maggior carica. Dal Campo Veneto p° farra adi 10 xbre 1613 F.co Erizzo.

Noi Antonio Lando Prov.re Genle dell'Arme, Pro.re di S Marco per la Sere.ma Sig.ria di Venetia, in terra ferma et Istria, essendo morto il Cap.o Gio Fran.co Ornano Corso nella fazione seguita coll'nimici alli 23 d'agosto passato mentre portavano soccorso in Gradisca e tanta informazione della sufficienza e valore del S Giulio Ornano fratello del sopra Giov. Francesco l'elleggiamo Cap.no della compagnia de Corsi d'esso suo fratello colle condizioni solite e con la paga ordinaria, dovendo pero ricevere in se tuti li debiti pubblici che avesse esso S. Cap.o Giov. Francesco promettendosi che sia per prestare buono e onorato servizio commettendo a soldati che debbino riconoscerlo e onorarlo e obbedirlo e esserne fatta nota nelli Rolli, conforme all'ordinario. Dato in Campo a Fara li 24 7mbre 1617 L. Antonio Lando P.re di S. Marco.

Noi Antonio Lando Pro.re di S. Marco per la Ser.ma Sig.ria di Venetia et Provd.re, Genle delle Armi in terra ferma d'Istria. Il Cap. Giulio Ornano Corso ha prestato e onorato servizio colla sua compagnia de Corsi in questa Guerra dal principio di essa in tutte l'occasioni ha dato saggio del suo valore el della divozione che tiene verso sua Ser.ta e particolarm al assedio e batteria di Gradisca al l'assalto del quartiero di Lucinij alla presa della Pontiba al forte de Zarra al Palazzo di Vipulzano ove e resto ferito di Moschettata a rompere il quartiero dell iminico nel Bosco sopra il Ponte... di Guritia alla sorpresa di S. Floriano e altri Porti ch'è occorso di qual come di la di Lisonzo e in molte scaramuccie in campagna co l'inimico nella quali fazioni s'è diportato onoratam.te dandoci a conoscere per valoroso soldato e intelligente delle cose di guerra. Per il che abbiamo stimato ragionevole il farlo le presenti e testimonio del suo molto merito stimandolo degno dogni maggior carica in quorum... Data in Campo a Zarra li 23 7mbre 1617. L. Antonio Laudo P.re di S. Marco.

Noi Antonio Lando Prore di S. Marco per la Ser.ma Sig.ria di Venetia Prore G.nle dell'Armi in terra ferm e Istria. Il S Cap.o Simon Ornano Corso ha servito da principio della p.nte guerra fino al p.nte con molto valore, fede e prontezza in tutte l'occasioni occorse coll'inimico essendosi ritrovato a Chiavoreto forte di Zarra al Ponte Vecchio di Goritia al tempo della batt.ria rompere il quartiero nel Bosco dell'inimico sopra d. Ponte al Palazzo di Vipulzano alla sorpresa di S. Floriano ed altri porti al soccorso cosi di qua come di la del Bisonzo e in molte scaramuccie in Campaga coll'inimico nelle quali fazioni ha con testimonio del proprio sangue dato saggio della sua divozione verso.... Onde essendo noi rimasti pienam.te sodisfatti del suo buono e onorato e fruttuoso servizio abbiamo voluto attestare con li p.nti questa verita perche ha servito sempre per testimonio del suo merito, stimandolo degno d'ogni maggior carica e della gratia pub.a. In quorum fede. Date In Campo a Zarra le 24 7mbre 1617 L.

Noi Camillo Trevisan per la Ser.ma Sig.ria. di Venetia Prore

della Cancelleria Crovatta e Albanese in Campo siccome il Cap^o Giulio Ornano Corso Capitano d'una Compagnia di Corsi sino nei.... moti della pnte guerra del Friuli che venne a questo servitio diede vivo segno della sua grande fede, e divozione essendosi fatto conoscere fra tutte le fazioni, assalti, scaramuccie e nelli più importanti occorrenze massime nell'approcci prima di Gradisca e nelli conquisti de Forti di Vucerij, Zarra e Vipulziano alla sorpresa di Florenzio andando sempre colla sua Compagnia e quella del fratello di Vauguardia e pu volte venne con dette compagnie a spalleggiar la Cavalleria alla riva di Lisonzo e diportatosi sempre da valoroso e coraggioso Capitano che merita esser favorito della gratia di sua Ser ^a per il che ho voluto accompagnarlo colle presenti per testimonio del suo merito in quorum fid. Data iz Campo a Zarra li 23 7m:re 1617
L. Cam. Trevisan.

Noi Pietro Barbarigo Prod e Prov. Generale delle Armi per la Ser^{ma} Rep^a di Venetia in terra ferma et Instria.

Ha servito il Cap^o Giulio Ornano Corso con la sua compagnia dal principio di questa guerra nel Friuli per lo spazio di due anni continui in campo con molto valore bravura fede e prontezza in tutte le fazioni accorse col nemico cosi sotto Gradisca mentre si batteva all'assalto di Lucinij, come alla Pontiba al forte di Zarra, Castello di Viluppano, alla Battecca del Ponte di Gorizia a rompere il quartiero del nemico nel bosco sopra d^o Ponte, ed alla sorpresa di S. Floriano e altri Posti tanto di quica, comedi là del Pisonzo e in molte scaramuccie in compagnia cominciando sempre colla sua compagnia di Vauguardia nelle fazioni avendo col testimonio del proprio sangue dorso saggio della sua devozione verso sua Ser^{ia} e del suo molto valore e coraggio offerendosi sempre con molta prudenza insieme colla sua compagnia a tutte l'imprese difficili. Per il che essendo noi rimasti pienamente sodisfatti del suo buono e curagio e fruttusso servizio l'abbiamo colla presente voluto attestare per essere la verita, accio gli serva nelle sue occorrenze ni testimonio del suo merito stimandolo degno d'ogni altra maggior carica. Dato in Palma li 14 febraio 1610. L. Pietro Barbarigo.

Antonius Pirolo Dei gratia Dux Venetiar Universis et singulis Rectoribus et representantibus. . etc., videlicet :

La pronta esibizione del Mag° Simone Ornano Corso di far levata di cinquecento fanti italiani colle ordinarie condizioni e il merito particolare di questa nobissima casa che col spargimento del proprio sangue ha dato segui alla S^{ria} N^{pa} della sua singolar divozione in diverse occasioni e in particolare nella Guerra del Frioli, dove il Cap. Giovano Francesco suo figliolo fini la vita gloriosamente in fazione sono cause degne d'abbracciare la predetta offerta, pero l'audera parte che sia data carica al predetto Ornano di condurre al servizio della Signoria Nra dentre al termine di mesi tre prossimi cinquecento fanti Italiani forestieri di alcuna divozione colle sovvenzioni ordinarie di Ducati due per soldato e le paghe per terzo de scudi 24 in 26, come si sono fatte queste ultime levate di centocinquanta fanti deveranno esser posti per riempimento della compagnia che al presente e sotto di lui, con condizione che due della predette compagnie abbiano la riserva per caduna dopo cessati li pnti bisogni colla paga di quel luogo, dove serviranno dovendo avere la piazza d'Arme a Verona e a Crema e la presenta levata s'intendera a cento delli due mila fanti ultimam.te deliberati per questo cons° Quare auchoritate suprascripti consilii mandamus vobis ut supracripta partem observetis, et ab omnibus inviolabiliter observari faciatis. Date in nostro Ducali Palatio die 23, Martio Inde V.ª 1619 Alexandro Basanello secretario Reg.ri Verone, in off.

C. P. Antoninus Pirolo Dei gratia Dux Venetiar. Universis et singulis Rectoribus Provisoribus Capitaneis e representantibus nostris quibuscumque nec non Magistratibus Hujus Urbis Nostre Venetiar et presertim provisoribus Ministris pntibus et futuris ad quos he nostre pervenerint et exequatio spectact... vel spectare poterit significamus hodie. In Conso° Nro rogator, captam fuisse partem tenoris infrascritti videliceti. Sono tanto degne e rilevanti le fatige fatte nec nostri servizii dalla famiglia Ornano il che prima d'ogni altra ha condotto al nro stipendio le militie corse ed e' cosi conspicuo e abondante il merito d'essa per il lungo e fruttuoso serviziosigillato... d'alcuni della stessa casa colla propria vita e per la singolare divozione verso la repubblica nra e' ben conveniente abbracciar l'occasione di dimostrar ai medesimi Ornani la pubblica gratitudine. Onde in essi si confermi e accresca li effetti di ben servire e in altri nasca il medesimo con questo esempio. Però conforme alla riverente istanza hora sentita dal Colonnello Pietro Paolo il quale gode gia di stipendio scudi cinquecentottanta l'anno. L'andera parte che il sopra° Col.o Pietro Paolo sia condotto alli servitii della Sig.ria Nra per anni cinque di ferma e due di rispetto intendendosi questi a pubblico beneplacito con stipendio di ducati ottocento all'anno e con obbligo di servire in tutte quelle occasioni che gli sara comandato dovendogli cessare ogni altro stipendio e provvisione che avesse e la pnte condotta s'intenda principiar dal giorno che si presentera nel Collegio nostro. Quare authoritate... in N^{ro} Ducali Palatio die 9 Imbris ind^e 6^a Agostino Vianulo Sec^{rio}.

C. P. Franciscus Erizzo Dei gratia Dux Venetiarum Universis et singulis Rectoribus Provisoribus Cap$^{ne's}$ Gnlibus et rappresentantibus Nris quibuscumque ad quos he nostre pervenerint et exequtio spectat vel spectare poterit. Significamus hodiè in Cons°. Nro rogator capta fuisse partem tenoris Infra videlicet. Emorto ultimam^{te} il Col°. Francesco Ornani che ha servito la S^a con ogni punctualita imitando gli altri di questa famiglia morti nell impiego attuale. Resta Don Alfonso Ornano unico figlio del gia benemerito Col° Francesco Maria che introdusse la nazione e li Parenti quali presenta attestati di molti buoni servizii da Lui resi al tempo delle guerre di Mentova e nelle presenti, prega il titolo del Colonnello avendo esercitata la carica nei pericoli della passata Campagna e offerisce in ogni caso adempiere, il resto della levata che manca e che fu offerto dal Colonnello Francesco, pero l'andera parte che Don Alfonso Ornano sia dichiarato e eletto Colonnello del reggimento de corsi in luogo del Col° Francesco mancato di vita con tutte le prerogative e preeminenzie proprie della carica la quale doveva da lui esser esercitata col stipendio e obblighi della sua condotta. Quare aucti supti consilii mandamus vobis et supta parte observetis et ab omnibus jnviolabiliter et observari faciatis Date In Nro Ducali Palatio die 26 Augusti Ind^e 12^a 1644.

Aluiso Mocenigo per la Ser^{ma} Repp° di Venetia Prov nello stato di Terra ferma. La famiglia Ornani che per lungo corso d'anni ha continuato questo servizio s'e resa sempre per la qualita di soggetti che ha prodotto e per il merito che per sempre s'e andata acquistando degna di Testimonii piu riguardevoli di pubblica gratiosa munificenza, ora riconoscendo nei appoggiata ad ogni termine di convenienza e di giustizia l'istanza umilissima di Don Gio Franco Ornano e inclinando percio a renderlo consolato nel merito che egli parimente possiede per tutte le parti di valore e d'esperienza bene adempiti nei travagli alla passata campagna deve ha servito di qua e di la percio, e sotto li forti di .... come sergente maggiore de Corsi del fu Colo Franco Ornano suo cugino abbiamo destinato e destiniamo la Compagnia di Fanteria di q.ta nazione che egli gode in testa di Giulio Ornano suo nepote, eleggendolo Cap sopra la Compagnia stessa con obbligo pero al medemo Don. Giov. Francesco d'assistere alla cura e sopra intendere ad essa fino che il pred.o Cap.o Giulio si avanzi .... ben certi che sotto l'educazione ch'egli avera a ricevere dalla disciplina del Zio sia per prestare ad aministrazione de suoi maggiori onorato e fruttuoso servitio, dovendo quanto alla paga osservarsi nella donazione d'essa della condotta di d.o Don Gio. Francesco ciocche s'osservera col figlio del Colonnello Alfonso Ornani e con altri di simili conditioni costituendolo il Pubblico juro ad altra determinazione non abbia a sortire agravio maggiore li presenti siano registrati ove occorre e eseguire e fatte eseguire da chi s'aspetta. In quorum Fid. In Venetia Adv.12 9bre 1644 Aloise Mozzenigo.

Dominicus Contarena Dei gratia Dux Venetiarum Universis et singulis Rappresentantibus Nris ad quos he... Accoppiando il

Marechse Pietro Paolo Ornano alle Benemerenze de Congionti sempre recenti nella pubblica memoria per la qualita dell'impieghi tenamente prestati vel l'occorrenze della presente Guerra e in altre passate turbolenze della Rep^a l'ardore della propria devotione e le brame di palesarsi non dissimile da quelli s'e portato venturiere a proprie spese la Campagna passata nella Piazza di Candia dove esercitando con prove di valore i talenti della virtu sua e quell'esperienza militare appresa longamente servendo al servizio de Principi Esteri ha contribuito cosi il fruttuoso il suo servizio che s'e reso degno delle maggiori attestazioni de nostri rappresentanti e mentre continua tutta via vell'istessi ogetti di benservire e d'accrescere alla famiglia istessa nuovi gradi di meritere la pub^a munificenza esercitando alti di gradimento verso di lui, conosce proprio dargli modo di fermarsi al nostro servizio e ben certi di ricevere quel frutto che tanto necessario si rende nella congiuntura presente. Pero l'andera parte che il Marchese Pietro Paolo Ornano sia condotto alli servitii della S^a per annii cinque di fermo e due di rispetto di ducati cinquecento all'anno e con obbligo di servire dove e come gli sara comandato nella piazza di Candia all'obbedienza del Cap^{no} Gnle da Mar qual condotta li dovera principiar dal giorno della partenza conforme l'ordinari. Quare Mandamus vobis ut exequi debeatis. Date In Nro Reali Palatio Die 16 Aprilis Jnde 7^a 1666 Girolamo Vignola.

Noi Francesco Morosini per la Ser^{ma} Repub^a di Venetia Cap^o Gnle. Tratto da spiriti generosi e fomentato da fervido coraggio con farsi volontario in questa piazza. Il S Marchese Pietro Paolo d'Ornano di grido e di condizioni riguardevoli che ha saputo tra queste gravissime,.. nel corso di questa compagnia, rendersi aggiutato in merito contra distinto e far... il sommo di quel valore che l'accompagna non tosto pose il piede a terra che si condussi nel posto di Sabionera ardente di fiamme in... e nell'assalti da Turchi dati con irruzioni risoluti a Bonetti vi espose per difesa la vita non lasciando d'accorrere nelle parti pia travagliate... mentre fu assalito quel Balnardo col comodo della spazziosa Brucchia fattaci dall'inimico tra i primi sostenne le pia vementi aggressioni del medemo e nella disgressione della zuffa diede singolare impulso con prove di tutto rimarco al proprio merito. Più si rese segnalato nella sortita che gli fu appoggiata dall'Eccmo Prov^e Gnle di mar Cornaro id cui fece della di lui attivita e col far spianar alcuni ridotti dell'inimico e sotterrar qual che cassa di Piombo causo inestimabil avantaggio a quest'armi. Non trascuro il suo intervento in molte altre che si fecero alla Sabionera e desideroso di gloria seppe mendicarla tra li bollori più fervidi delle zuffe insorte e particolar mente in quella che segui li 4 stante a S. Andrea per lo spazio di 4 ore ove non solo furono diroccate in gran numero di Turchi ma incogniatogli auco un cannone da venti e alla prima Batteria e sostenute l'inondazione più de... che fecero l'ultime violenze per scotersi dalle stragi che gli venivano imprese e fra le mische più sanguinose non fu de... e oltre a queste espresse preclare azioni in tant'altre s'e appianata la via a quelle Benemerenze, de quali coronato merita tutte le commendazioni e le lodi che da noi per tali restano affermate a chi... s'assottano col sig. del fonte nro attestato che rilasciato gli viene in estimazione non meno che per render palese dimostranze tante pregiabili in quorum bandia li 30 7bre 1667 S. et Francesco Morosini.

Noi Francesco Morosini per la Ser^a Rep^a di Venetia Cap^{no} Glne. Avanzato a gradi distinta benemerenza il Tenente colonnello Francesco Mª Crnani colla scorta delle proprie azioni s'e conciliato universale l'estimazione e commui l'applausi dimostratosi non inferiore di zelo de suoi antenati da quali fu installata la divozione nella Nazione Corsa e indotta ad intraprendere questo servizio da che si rassgne alle pubbliche disposizioni coll' impieghi tutto se stesso, nell'evidenza di più disastrosi cimenti res eamicabile il concetto che gl'e n'e' dirivato. Principio a travagliare dall... della corrente molestissima guerra e in tutta la serie d'essa non s'intermisero le di lui applicazioni, s'inferse l'incomodi del P^{mo} e 2° attacco di questa piazza e altra Brecchia che fecero Turchi nel balnardo Martinengo rilevó combattendo colpo di moschettata, dimoró qualche tempo sopra l'armatae in tutte le fazioni che seguirono dimostró l'ardire del suo coraggio.

Nello sbarco che fu fatto in Culata ha valorosamente supplito all'incombenza dell'artiglieria presso il sargente maggiore di Battagliaria Las cases. Passato sopra le nove cooperó in gran parte alla presa de Vascelli fatta dall' Illu^{mo} Cap^{no} delle medeme Diede sotto Stanghio dove per colpo di moschettata in una gamba fu quasi ridotto agli estremi. Prosegui sopra l'istesse anco sotto la diresione dell Illust^o Cap$_o$ Grimani e rese al pubblico vantaggio non disuguali nel divertirne l'approdam^{te} de soccorsi inimici, ne mai d'altro dimostro il proprio valore dandone alle fiamme una nave inimica e tre prese impiegandoli nell'acquisto di dieci vascelli levati a viva forza sotto la fortezza del Volo finalmente. si condusse in questa piazza dove persistendo da principij di queste travagliosissime vessazioni sino al presente presente s'e reso degno degl'affetti tutti della pubblica munificencentissima gratia. Resultano pienamente d'attestazioni dell'Eccmo S. General Marchese Villa le comandazioni e applausi che le conciliarno le zelantissime sue applicazioni nella difesa della Rivellin. S. Andrea e progressi sopra i lavori inimici l'hanno caduto. Ne stancatosi percio l'animo suo con infatigabile ed ugual generosita prosegue anche nelle correnti turbulenze il fervore delle sue parti e dopo aver contribuito a tutte le fazioni seguite rilevo nel mentre procurava porre in difesa il Bonetto Manipassa moschettata nel petto che ridottolo ad evidenza irreparabile di perdersi lo tiene tutt'ora gravato e essendone vacata colla'morte di Bonaventura Rossi la carica di Colonnello della Nazione Corsa abbiamo veduto d'elegger come in virtu delle pnti eleggiamo il soprad. Francesco M_a Ornani per Colonnello, invece del defunto Rossi, cou tutti gl'obblighi prerogative e paga alla med_o spettanti dovendo come tale essere riconosciuto e ubbidito dagli officialie soldati subordinati nelle attinenze tutte di pubblico servitio avera a servirsi per Colonnello della Compagnia che fu del sopra. Colon. Rossi e arrestare a pubblica dispositione quella ch'egli di presente comanda dovendo essere registrate le pnti dove e come occorresse. Caudiali I5 Quibre 1668 J H Francesco Morosini.

C. P. Dominicus Cautareno Dei gratia Dux Venetiar Omnib. et singulis rappresentantibus nostris quibus... ad quos he nostre pervenerint et earum executio spectat vel spectare poterit significamus hodie in Consilio Nro Rogator... ut infra videlicet. Facendo istanza il Sig. Marchese P. Paolo d'Ornano stipendiato nostro ordinario di portarsi a Roma per aggiustamento interessi. Riesce conveniente ora che cade l'urgenza di valersi di lui di renderlo sodisfatto. Pero l'andera parte che al Marchese P. Paolo d'Ornano sia permesso licenza mesi sei di portarsi come sopra. Dovendo in questo mentre correre l'ordinario stipendio di sua condotta, e dalli Ragionali Ducali li siano fatte le note necessarie Quare auctoritate Consilii mandamus vobis, etc. Date in Nro Ducali Palatio die 6 decembre Inde Ga 1670. Agostino Bianchi Sec^rio.

Facciamo fede noi Simone della Rovere per la Ser^ma Sig^ria di Venetia et Govern. Palma come il Sig^e Cap Simone Ornano corso e stato bandito dall'Isola di Corsica per far gente per la sud^a Ser^ma Sig^ria con confiscazioni di tutti i suoi beni che si ritrovava nel suo Paese essendo a quel tempo seguitato dalla corte gli fu da essa intercetta la Barca, salvandolui con grandissima fatica la vita e non solo ad esso in confiscata la robba ma anco le ragioni della Sig^a Franceschetta sua moglie e della Sig^a Isabella sua figliola, la qual Sig^a Franceschetta per voler difendere le sue ragioni dotali fu tenuta in progione in Genova e dopo e stata relegata il simile anche avvenne al Q^m Sig Cap^o Francesco loro figliolo morto in Campo, che essendo stato in Corsica a far gente passim per questo servitio fu incontrato dalla Corte dove fatte l'archibugiate a fatica si salvo e essendosi questi condotto a questo servizio mediante li meriti della loro casa hanno condotto il numero della sua gente di buoni soldati di Corsica e di Genova e per esser cosi la verita li abbiamo fatto la presente e sigillata con il uro sigillo Di Palma li 23 citre 1617 Simone della Rovere.

Don Giovanni Medici convenendo al servizio della Ser^ma Rep^a e al buon governo di questo esercito per la morte del Cap. Francesco Ornano seguita alli giorni passati in l'azione fatta coll'inimico provedere alla fua Compagnia d'un capitano valoroso e esperto atto al governo e comando militare d'esso e conoscendo noi la sufficenza, virtu valore e fede di voi Cap⁰ Giulio Ornano Corso fratello del sud⁰ Capitano e che in voi concorrono tutte le altre qualita meritevoli di det'o comando, pero abbiamo determinato d'eleggervi, nominarvi e de furtarvi si come in virtu della pnte nra tra Patente per quanto a noi spetta v'eleggiamo, nominiamo e deputiamo per Capitano di detta Compagnia accio da i soldati d'essa e d'ogni altra sorte ricevuto e obedito come tale affine che possiate.... che vi promettiamo di nove si conviene e perche vi siano ancora debiti tempi li soliti fragam^ti a tal causa appartenenti promettendoci che vi deporterete in maniera che vi avanzerete in merito con servizio del Principe e nostra lode in fede di che la presente sara firmata di nra prop^a mano impressa col nostro solito sigillo e sotto peritta dal l'infra nro segretario, Dato dal campo Veneto vel Quart⁰ di Varra a XIX decembre 1617 Don Giov. Medici.

Don Giovanni Medici. Per aver noi conosciuto il buon servizio che ha prestato al Ler^mo Principe in questo Campo il Colonello Simone Ornano Corso avendo insieme con doi suoi figlioli parim^te Cap della Ser^ma Repa dato buonissimo saggio del suo valore, prontezza e fedelta in ogni fazione e occasione che s'e sempre presentata, essendo finalmente restato privo di vita in fazione del Sigr oratio Baglioni, il Cap^n Giov. Francesco uno de sud^i suoi figlioli dopo l'aver combattuto valorosamente oltre l'esserli morti, un altro figliolo minore di patimento e avendo anche Esso Col⁰ Simone sop^a il corso ricevuto una moschettata nel condurre ad incontrar l'inimico che a tale effetto furno da noi mandati sotto la scorta d'esso Col Simone il quale per aver sempre servito fedelmu^te con intiera ñra sodisfazione e per essere da noi riconosciuto come soggetto meritevole l'abbiamo pero voluto accompagnare con la pñte acio sia da ognuno conosciuto questo suo buon servitio e anco de proprii figli e favoriti conforme a che ricercano le loro onorate operazioni che giustamente si rendono meritevoli della buona grazia del Prin. cipe. In fede di che la pñte attestazione sara firmata di nra propria mano impressa col nostro solito sigillo e sottoscritta dall'infr° nr° Sec^rio Dato nel campo Veneto vel Quart. di Zarra li 24 ottobre 1617 Don Giov. Medici.

Noi Lottario Conti Barone Romano, Duca di Poli Marchese di Patrica. Dovendo noi per ordine dell'ill^mo Sig Cardinale Aldobrandi no assoldare in servitio de S. S. e de suoi stati tre mila fanti e trecento Cavalli con facolta di levar gente ... dalle Militie di detti stati e essendo necessario di nominare per Cap^ni persone di qualita, fede e esperienza militare accio che levino e conduchino la detta gente con li buoni ordini e discipline che conviene, averemo risoluto di nominare come per tenor della presente nominimao e eleggiamo il Cap^no. *Pietro Paolo* d'Ornano Corso nel qual concorrono le de buone parti e altre per Cap° di ducento fanti dandoli autorita di fare a questo effetto toccare Tamburo e levar soldati etiàm delle militie dello Stato Ecclesiastico concedendogli tuttigli altri onori e emolumenti convenienti a simile carica conforme agli ordini di d° Sig, e comandando che per tale sia conosciuto e rispettato da tutti dagli ufficiali et soldati della sua Compagnia ricevuto e ubbiadito, pero non sia chi l'impedisca anzi gli dia ciascheduno aiuto e favore perche cosi e mente della Sta Sua et in fede abbiamo fatto fare la pñte quale sara firmata di nra mano e segnata col nro sigillo. Data in Roma li 4 di qmbre 1597 Lotarius Conti.

252 DOCUMENTS

Noi Lottario Conti Barone Romano, Duca di Poli, Marchese di Patrica. Si ordina a Voi Cap° Pietro Paolo d'Ornano Corso che domani il di 16 di Novembre vi partiate di questo Citta ed andate verso Rimini per la via Flaminia e della Marca representandovi in Ancona all'Ill° S Card^{le} Ildobrandmo per intendere quello che comanda, accertando che li vostri soldati vadino con quell'ordine e disciplina che conviene a buona gente e godendo di tutti quei privilegi che troverete per l'osterie esser concessi da Mons. Malvasia Com^{rio} qnle a quell'esercizio e Dio vi accompagni e conduci. In fede di che abbiamo abbiamo fatta fare la pnte, la quale sara firmata di nra mano e segnata con il nro Sigillo Dato di Roma questo di 16 qmbre 1590. Lottario Conti Barone.

Noi Pietro di S. Nicolo in Carcere Diac^{tur}, Card. Albrandino della S^{me} R. C. Camerlengo Legato di Ferrara e del Stato Ecc^{co} gen^{les} sopraintendente. Essendo stato il S Simone Ornano Deputato per capo di settecento soldati corsi e avendo servito con detta carica per spazio di due anni confida che non sia per mancare d'attendere al servisio con la diligensa e fede che ha datto fin qui. Abbiamo pero voluto con la pnte constituirlo si come in effetto lo constituiamo Colonnello di detti fanti con oneri, carichi e privilegi che hanno li altri colonnelli corsi e con provisione di cento scudi solo il mese senza pretendere ne esso ne suoi ufficiali altri emolumenti volendo che continui per l'avenire come ha fatto per il passato senza alterare e uniovare cosa alcuna senza espresso ordine nro comandando percio a tutti i singoli officiali e soldati sottoposti alla sua carica che per tale riconosciano assistino e obbedischino a Si Feudatari, Baroni, Governatori Podesta. Priori e Communita dello Stato di

Sta Chiesa, mediate ed immediate soggetti che med. lo riconoschino per tale come di sopa e lo favorischino et aiutino in ogni occorenza per servitio di N. J. e che di piu lo provedano d'alloggiamenti secondo il solito gratij e di vetto vaglia e d'ogni altra cosa che li bisogni per vivere suo e de soldati ad onesti preghi. Non facendo il contrario sotto pena della disgrazia di N. L. e altre reservate a No arbitrio e in fede. Dato in Roma il dì X di 9mbre 1601 P. Card. Aldobrand Diacono Jannosio Secrio.

Noi Pietro per la divina misericordia della S. R. Chiesa Diacono Card. Aldobrandino Cammerlengo e dello stato Eccco Gente sopraîntendente. Avendo il Capo Domenico Ornano remuziata in mano ñra la compagnia de fanti Corsi che egli ha tenuto alcuni anni al servitio della sede Apostolica e volendo ora per ordine datoci a bocca da N Sige provederla di Capo abbiamo voluto eleggere noi Capo Pietro Paolo Ornano fratello di detto Capo Domenico come quello che insieme con i nostri per diversi servizi fatti nello Stato Ecclesiastico... questa Santa Sede, pero confidati nella sufficienza e valore nostro con le pnte vi diputiamo Capitano di detta Compagina con tutti l'onori stipendi, privilegi e carichi e soliti darsi ad altri Capni delle sede Apostolica comandando percio agli officiali e soldati di detto Compagnia che per tale vi riconoschino e obbediscano e a tutti Sig Feudatarii, Baroni, Universita, Communita, Ministri particolari a abditi de Sa Chiesa mediate e immediate soggetti che vi rispettino onorino e vi faccino somministrare a prezzi onesti le vettovaglie e altre cose necessarie per il viver per il viver vostro e di vostri soldati. Dandovi anco allogiamto. secondo il solito non facendo in contrario sotto pena della disgrazia di S. N. e altre reservate a Nro arbitrio e in fede Dato in Roma a di 1° di Giugno, 1603 P. Card Aldobrandino Giacomo Jannosio Sec^rio Francesco Borghese Duca d'Arignano Gle di S^a Chiesa e delle Galere.

Dovendo il ½ Cap° *Pietro Paolo* Ornano tornarsene alla patria dopo aver servito bene e fedelmte la sedia Apostolica per spazzio di sei dici anni incirca con una compagnia di Corsi e d'essi desiderando noi che quel merito ch'egli s'ha acquistato appresso Nro Sig^re e questa S^a Sede col suo buon servitio li sia di onore e profitto in ogni loco dove l'occorrera di capitare abbiamo voluto accompagnarlo con la pnte con la quale facciamo fede a chiunque la leggera che il soprad Cap°. Pietro Paolo Ornano s'e portato in tutte le sue fazioni valorosamente e che con buona grazia de N. Sig^e e nra parte ora dal servizio de S. B^ne e per fede del vero abbiamo ordinato che li sia fatto il pnte benservito che sara sottoscritto di Nra mano e sigillato col nro solito sigillo. Dato in Roma, le 29 Agosti 1603. Francesco Borghese. Francesco Baldi Sec^rio.

Francesco Borghese Duca d'Arignano Gnle di S. Chiesa e delle Galere. Dovendo *il Cap° Simone Ornano* tornarsene alla patria dopo aver servito bene e fedelmt^e la sede Apostolica per spazio di sedici anni incirca con una compagnia de Corsi e et desiderando noi che quel merito che egli si ha acquistato appresso N. Sig^re e questa santa sede col suo buon servitio li sia d'onore e profitto in ogni loco dove li occorera capitare abbiamo voluto accompagnarlo colla pnte con la quale facciamo fede a chiunque la leggera che il soprad° Cap° Simone si e portato in tutte le sue fazioni valorosamente e che con buona gratia di

Nr. Sig.e e nra parte dal servitio de S. B.ne e in fede del vero
abbiamo ordinato che li sia fatto il p.nte benservito che sara
sottoscritto di nra mano e sigillato col nro soluto sigillo. Dato
in Roma li 5 di Settembre 1603 Francesco Borghese.

Carlo Barberini Gnle di L. Chiesa. Avendo il Cap.o *Simone
Ornano* servita la sede Apostolica per moltissimi anni continuati
in ufficio di Cap.o de Corsi come si mostrano le sue patenti e ben
serviti e avendo noi avuta piena certezzha della sua qualita,
fedelta, diligenza e valore mostrato da Lui non solam.te vel predetto servizio ma in occasione di guerra ancora in Italia e fuori
volentieri ci siamo mossi a crearlo, dichiararlo e costituirlo
siccome facciamo in vigore di questa Nra lettera Patente a
nro beneplacito Cap.o della compagnia de Corsi che guarda la
Provincia di Campagna e maritima con tutti quelli onori pesi
privilegi, facolta, provisioni e emolumenti soliti a godersi da
simili officiali. Comandiamo pero ad ogni officiale e soldato
della pred.a Compagia che per tale l'accettinno, trattino e
obbedischino in tutto quello che concerne il suo carico. E inoltre d'ordine di S. B.re comandiamo a tutti li Feudatari, Baroni,
Governatori, Podesta, Luegotementi, Priori e Communita tanto
me diatam.te quanto immediatam.te soggetti alla sede Apostolica
cha per quanto hanno cara la gratia de Nro S.re e Nra l'aiutino
e favorischino in tutto l'occorenze per servizio di S. Santita,
nonostante qualsivoglia in contrario et in fede. Date in Roma
XV Quibre 1623, Carlo Baberini Gnle di S. Chiesa Antonio Benedetti sec.rio.

Carlo Barberini Gnle di L. Chiesa. Dovendo noi d'ordine di
N. Sig.re assoldare di nuovo duecento fanti corsi per servizio

dello stato Ecc°° e sapendo noi quanta sia la devozione propria e ereditaria del Cav. Guilio Ornano verso la sede apostolica e quanto ci possiamo in ogni tempo promettere della fedelta, esperienza prudenza e valore nostrato da lui in Italia e altrove volontieri ci siamo mossi ad onorarlo del carico di Cap^{no} delli suddi duecento Fanti con obligo pero che debbino esser levati da lui medemo con questa condizione adunque lo creamo in vigore de questa nra lettera Patente costituiamo e deputiamo a nro beneplacito Cap° delli predetti Fanti dandogli tutti quegli onori facolta, provisioni, privilegi e emolumenti soliti di godersi da simili officiali, comandiamo pero ad ogni officiale e soldato della predetta Compagnia che per tale l'accettino, trattino e obedischino in tutto quello che concerne il suo carico. E inoltre d'ordine di S. B^{no} comandiamo a tutti li Feudatari, Baroni, Governanti, Podesta, Luogotenenti, Priori e Comunita tanto mediatam^{te} quanto immediatam^{te} soggetti alla sede Apostolica che per quanto hanno cara la gralia de Nro Sig^{re} e Nra lo aiutino e favorischino in tutte l'occorenze per servitio di S. Santita nonostante qualsivoglia cosa in contrario. E in fede Dato ni Roma li 30 quibre 1623, Carlo Barberino Gnle di Sta Chiesa, Antonio Benedelli Sec^{rio}.

Carlo Barberino Gnle de Sta Chiesa. Dovendo noi d'ordine di N. Sig^{e} provedere di persona esperte di fede, e di valore la quale con carico di Governatore delle Armi della Piazza di Nettuno accuratam^{te} e con diligenza governi e comandi quella soldatesca e essendo informato che nel Col° Simone Ornano le pred^{e} qualita concorrono volontieri siamo indotti ad onorarlo del sud carico si come facciamo eleggendolo in vigore di questa nra lettera Patente constituendolo e deputandolo a nro beneplacito Governatore dell'Armi della sudda Piazza cou gli onori, pesi, facolta e privilegi e emolumenti soliti a godersi di simili officiali. Volendo pero che prima di pigliarne il possesso egli debba prestare in nra mano o del Governatore della suda terra il solito giuramento di bene e fedelm^{te} esercitare il suo carico Comandiamo pertanto a chiunque spetta che per tale l'accettino trattino e riconoschino sotto pena della nra disgrazia e altre a nro arbitrio e in fede. Dato in Roma 1° Luglio 1629. Carlo Barbernio Gnle Antonio Benedetti Sec^{rio}.

Taddeo Barberino Gnle di Sta Chiesa Dovendo noi provedere la Compagnie de Corsi quartierata al pnte nella Provincia del l'Ombra di Cap^{no} cosperto, fedele e diligente e essendo informati che nel Cav Giulio Ornano le pred$_e$ qualita concorrono oltre al merito che s'ha acquistato col lungo puntuale servizio che ha prestato e che tuttavia presta nella med^a carica. Volentierie ci siamo indotti a confermarlo in quella si come lo confermiamo in virtu di questa nra lettera patente e di nuovo l'eleggiamo e deputiamo a nro beneplacito Cap^{no} della suda Compagnia con gli onori pesi, facolta, emolumenti e stipendij che ha avuti e goduti per lo passato. Ordinando percio a chiunque spetta che per tale l'accettino, trattino ericonoschino sotto pena della nra disgrazia e ni fede. Dato in Roma q^{to} de 15 Marzo 1631, Taddeo Barberino Pref^o di Roma Gle di Sta Chiesa. Dovendo il Cav. Giulio Ornani d'ordine nro e per servitio di Nro Sig^{re} uscire di Roma con qualche numero di soldati Corsi della Compagnia del Col^o Simone padre abbiamo stimato bene d'accompagnarlo si come facciamo con la pnte con la quale ordiniamo e comandiamo a tuttie singoli, cosi Cap ed altri officiali come a soldati delle militie tanto a peie come a cavallo a quali accadera che questa med$_a$ nra sia presentata che debbono acendirli e prontam^e obedirlo come per loro medesim come con le loro soldatesche in tutto quello che per lo med$_o$ servitio della Santita Sua possa occorrere sotto pena a chi manchera di accudirli e con prontezza ubbedirlo della vita e confiscazione de beni e in fede. Data in Roma li 19 Genuaro 1649 Taddeo Barberino.

Taddeo Barberino Pref$_o$ di Roma Gnle di S Chiesa. Dovendo il Cav. Giulio Ornano d'ordine nro e per servitio de nro Sig^{re} uscire di Roma con qualche numero di soldati corsi, abbiamo stimato bene d'accompagnarlo si come facciamo colla pnte colla quale ordiniano e comandiamo a tutti cosi Cap^{ni} e altri officiali come soldati delle militie tanto a piedi quanto a cavallo ai quali accadera che questa nra medesima sia presentata che li accudiscono cosi per loro medesimi come colle loro soldatesche e prontamt$_e$ l'obbedischino in tutto quello che occorre per il med^o servitio della Ste Sua sotto pena della vita e confiscazione de beni a chi contravverra e non l'obbedira con la dovuta prontezza e in fede. Dato in Roma li 21 Luglio 1640 Taddeo Barberino.

Noi Card^e Antonio Barberini. Dovendo noi d'ordine de Nro S^{re}far levata di gente a piedi e a cavallo per servizio di S. R^{ae} e della Sede Apostolica e capitanarla de soggetti di fede e valore esperime et essendo informati che nel S^{re} Col. Cav. Giulio Ornani le sudd qualita concorrimo ci siamo volentieri ad appoggiare alla sua persona il comando d'una Compagnia di Cavalli di cento Carabine si come facciamo eleggendolo in virtu di questa nra lettera patente constituendolo e deputandolo a

nro beneplacito Cap° come sopra con l'onori, facolta e privi
legi soliti di a godersi da simili officiali e con la provvizione
di scudi settanta infra il mese da corrergli da giorno che egli
cominciera a marciare con la sud^a sua Compagnia, Comandiamo pertanto a chi spetta che per tale l'accettino, trattino e
riconoschino sotto pena della nra disgrazia e d'altre a ñro arbitrio e in fide. Dato a Viterbo li 20 7mbre 1642. Il Card Antonio Barberini.

Il Card° Antonio Barberini Camerlengo di Sta Chiesa legato
de latere. Dovendo noi provvedere la soldatesca Corsa che si
trova in Roma e nello Stato Ecc^co di sogetto idoneo e di fede e
valore esperimentato il quale la governi e la comandi con titolo
di Colonnello e facia quello di piu che spetta a tal carico e sapendo noi bene quanto questo si confaccia al Cav. Giulio Ornani per lo saggio che a dato di se stesso per lo spazio di venti
anni che con molta sua lode ha servito nro S^re e la Sede Apos-
ca ni carico di Cap^no d'una compagnia di duecento fanti della
med^a natione oltre altri servizi prestati in Italia volontieri
ci siamo mossi in riguardo del suo merito ad onorarlo del sud°
carrico si come facciamo eleggendolo ni virtu di q^ta nra lettera patente constituendolo e deputandolo a nro beneplacito
Colonnello come sopra con l'onori, pesi, facolta, privilegi e
emolumenti soliti e con lo stipendio di scudi cinquanta vita il
mese da corrergli dal giorno della data di questa comandiamo
pertanto ad ogni Cap° ufficiale e ministro di S. R^ne et alli Cap^ni
Officiali e sodat tutti di d^a Natione e ad ogni altro a chi spetta che per tale l'accettino trattino e riconoschino sotto pena
della nra disgrazia e d'altri anco arbitrio e in fede Dato in Bo-
logna il 1° Gennaro 1643. Il Card Antonio Barberini

Taddeo Barberini Pref° di Roma Gule di Sta Chiesa. Dovendo noi per ordine e servizio della Santita di Nro S^re, far levata d'alcune altre Compagnie di Corazze e Carabine e quello provvedere de Cap^i Nobili non meno per fede che per experienza e valore. Quindi che essendo noi informati che nel Col° Giulio Ornano le pred° qualita concorrono volentieri incliniamo ad appoggiare alla sua persona il comando d'una compagnia di cento corazze e di 50 carabine con un tenente fragato sopra d^e Carabine elleggendo il med°, Colonnello Ornano Cap° della truppa e l'altra Compagnia da levarsi da lui per dover poi con essa servire dovunque accadera che sia commandato e sotto l'officiali maggiori che gli saranno destinati lo eleggiamo per tanto in virtu della pnte e anco beneplacito lo constituiamo e deputiamo Cap° di cento corrazze e di cinquecento Carabine e capo Truppa dell'una e l'altra d'esse da levarsi da lui come sopra coll'onori, pesi, facolta, privilegi e emolumenti soliti e con stipendio di scudi ottanta il mese da correrglị dal giorno della data della presente comandiamo per tanto a chiunque spetta che per tale l'accettino, trattino, e riconoschino sotto la pena della nra disgrazia e d'altre a nro arbitrio e in fede. Dato in Roma li 16 Maggio 1643 : Taddeo Barberini Corintio Beiuri sec^rio.

Duce e Gov della Rep^a di Genova. Concediamo licenza al Nob. Cap° *Pietro Paolo d'Ornano* che possi andare nell'isola nostrra di Corsica e seco condurre due suoi servitori e ivi fermarsi a suo piacere purche d'esso non sia Bandito e possa anche d'essa partirsi quando le piacera senza che abbia causa di prendere alcuna licenza da Nri Giusdicenti e officiali, cosi essendo volonta nra e per fede le presenti saranno impresse del nor solito sigillo e firmate dall infra Canc^re et Secr^io del Stato Nro di Corsica. Dato in Genova nel Nro Ducal Palazio a di 13 di Luglio 1607 Giacomo d'Ambrosi Can^re.

1672
4 décembre.
Brevet de Sergent-Major et de Gouverneur pour Paolo-Francesco d'Ornano.
Archives d'Ornano.

Avendo il Magnifico Capitan Paulo Francesco d'Ornano in piu occasioni di Servigio publico, e particolamente in questi moti di guerra col Signor Duca di Savoia mostrato il suo corraggio, e isperienza da lui acquistata nel lungo maneggio delli armi, non avendo mai tralasciate quelle parti che son proprie di un buon soldato come appare di suoi larghissimi attestati e confidando noi che con pari prontezza, ed affetto debba continuare gli effetti del suo valore conforme han fatto i suoi antenati che han servito la Ser^ma Rep^ca con ogni sodisfazione. L'abbian percio eletto, sicome in vigor delle presente lo eleggiamo in Sargente Maggiore e Governatore di un Regim^to distribuito in quattro Compagnie coll'autorità, onori, carichi e stipendij soliti darsi à simili uffciali.

Dovra dunque ognuno riconoscerlo per tale, egli ufficiali, ed altri soldati que avrà sotto il suo commando prestargli la dovuta Ubidienza sotto ogni pena a noi arbitraria.

In fede del che saranno le presenti nostre impresse col nostro solito sigillo, e sottoscrite dall'inf^to n'ro Canc^re e Sec^rio.

Dato ni Genova nel nostro Real Palazzo il di 4 dicembre 1672.

    Signature,   Cachet,   Signature.

1758

Fragment d'une lettre de Pascal Paoli où il est question de Ferdinando d'Ornano et de sa famille.

Archives d'Ornano.

Oletta, 29 agosto 1758.

In Niolo potete, come bramate, portar 15 soldati; dovendo pero agire, servitevi principalmente de' capi delle pievi; a voi non mancano sopra cio ripieghi. Camminate all' esuzione della tasse per le tre pievi, e presto il danaro in mano.

Si e spedito Paolo Geronimo per munizioni, e per liberar padron Giuseppe. In Bastia temono di pagar il delitto n'aver preso le armi cantro il nostro campo, ed il timore li tiene solleceti. Alcuni avisi portano che loro pensano far un irruzione sopra Furiani e Bugiglia, dove pero vi stà la nostra truppa. Colonna comincia a trovare difficoltà. Il tribunale stesso di Celavo mi parve fare poco. Io gli ho risposto che usi prudenza.

E arrivato il conte Ferd. Maria Ornano, e credo seco lui il signor Matteo Buttafoco. Questo procura frastornarlo ancora. Questa parte e veramente Africana. Con mio fratello parlerete degli altri affari.

1776

12 mars.

Arrêt du Conseil Supérieur concernant la famille d'Ornano.

(Archives d'Ornano).

Vu par le Conseil supérieur la requête à lui présentée par François-Marie, Brigadier des armées du Roy, Joseph-Antoine commissaire de la Junte de Guagno, tous deux frères fils du feu Colonel Lucque, Antoine, Alfonse et Pierre-Marie, frères fils du feu Jean-Baptiste, Jean-Baptiste et Jean Lucques fils de feu

Alfonse, autre François-Marie fils du feu Pascal, Antoine François, Paul François et Ferdinand frères fils du feu Pierre André et Fabrize fils du feu Dominique tous d'Ornano, afin de vérification et reconnoissance de leurs titres de noblesse ; au bas de laquelle requête est l'ordonnance de la Cour de soit communiqué au Procureur Général du Roy le réquisitoire de l'avocat Procureur Général du Roy, afin de nomination de deux conseillers rapporteurs pour l'examen des titres, l'ordonnance de la Cour portant nomination de MM. Belgodere et Roussel pour commissaires rapporteurs.

Vu aussi les pièces produittes par les suppliants.... (1)

Certificat des officiers municipaux des diverses communautés de la piève d'Ornano portant que les suppliants sont des principales familles au delà des monts, qu'ils ont toujours vécu et vivent encore noblement sans avoir ni eux ni leurs ancêtres exercé aucuns métiers, ledit certificat en datte du vingt-sept décembre dernier et jours suivants. Au bas duquel est un certificat du notaire Jean Dominique Foata sans date qui atteste que les signatures étant au bas dudit certificat sont celles des podestats et Pères des Communes y dénommés et ensuitte est la légalisation dudit S$_r$ Bonaparte qui certifie la signature dudit Foata notaire de la Justice Royale d'Ajaccio en datte du trente janvier dernier.

Procès-verbal dressé le vingt-huit décembre mil sept cent soixante-quinze par ledit notaire Jean-Dominique Foata par lequel il atteste s'être transporté à la requête de Joseph-Antoine et Antoine Ornano au couvent de St-François d'Ornano à l'effet de reconnaître les armes de la famille d'Ornano, avoir vu dans l'église dudit couvent à côté de la chapelle de Saint-Joseph

---

1. Ces pièces ont été mentionnées pour la plupart dans la partie généalogique.

fondée par ladite famille et au bas d'un tableau de ce saint en face du maître d'hôtel un marbre sur lequel est sculpté l'effigie du colonel Renuccio Ornano vêtu d'un habit de guerre à l'usage du temps où il vivait, ayant la cuirasse et le casque, au tour de la pierre l'inscription suivante : « S. delli nobili capitano Francesco Luogotenente, Antonio Francesco fratelli de Ornano et loro successori 1628. » Au milieu de la pierre, un écu qui malgré sa vétusté paraît être au champ de gueules chargé d'une tour, dominé par trois tourelles ajourée d'une grande porte et acolée de deux lions naturels grimpants, l'écu surmonté d'un casque tourné du côté droit ouvert et orné de plumes. Ledit procès-verbal dressé en présence du frère Philippe de Siché gardien, et d'autres religieux dudit couvent qui y ont signé et apposé le sceau du couvent.

Certificat de quatorze nobles donné à Ajaccio le deux février dernier portant que les supliants ont toujours vécus et vivent noblement ainsi que leurs pères et ayeuls, qu'ils ont toujours porté le nom de Ornano, qu'aucun d'eux n'a exercé de métier, qu'ils ont plutôt suivi la profession des armes et dans les premiers grades avec le titre de colonel, de major, de capitaine qu'ils n'ont fait aucune action capable de tenir leur noblesse, qu'ils se sont au contraire comportés honorablement, qu'ils sont regardés comme des plus anciennes et considérables familles du delà des monts, chose notoire même par ancienne tradition, au bas duquel certificat est celui du notaire Laurent Pozzo di Borgo du trois février dernier, qui atteste que les signatures étantes au bas dudit certificat sont celles des nobles dénommés, et ensuite est la légalisation du Sr Buonaparte du même jour qui certifie la signature du même notaire.

Un arbre généalogique contenant la description de la descendance des supliants depuis Antoine et Paul de Ornano jusqu'aux supliants conforme à ce qui est ci-dessus désigné, au bas duquel est un écu au champ de gueules, chargé d'une tour au naturel donjonnée de trois tourelles ajourée d'argent, accollée de deux lyons grimpants naturels, ledit écu surchargé d'un casque ouvert entièrement, tourné du côté droit et orné de plumes.

Conclusions de l'avocat Procureur général du Roy, ouy le rapport desdits MM. Belgodère de Bagnaja et Roussel conseilliers rapporteurs tout considéré.

Le Conseil supérieur a admis les titres produits par les dits François-Marie et Joseph-Antoine frères, fils du feu colonel Luc, Antoine, Alfonse et Pierre-Marie frères, fils du feu Jean-Baptiste, Jean-Baptiste et Jean Luc frères, fils du feu Alphonse, autre François-Marie fils de feu Ignace ; Joseph-Marie fils de feu Jean Luc. Pierre François fils de feu Pascal, Antoine François, Paul François et Ferdinand frères fils du feu Pierre André et Fabrize fils du feu Dominique, tous d'Ornano, comme bons, suffisants et valides, en conséquence les déclare nobles de noblesse prouvée au-delà de deux cents ans, ordonne qu'eux, leurs enfants et descendants jouiront des droits, privilèges, prérogatives et prééminences attachées à la ditte qualité, et que le présent arrêt sera inscrit tout au long sur le registre des familles nobles ayant fait preuve.

Fait au Conseil supérieur à Bastia, le douze mars mil sept cent soixante-seize.

Signé : ROUSSEL, BELGODERE DE BAGNAJA rapporteur, BAUDE.

ARMOIRIES

Les armoiries des anciens seigneurs de Cinarca semblent avoir été : *d'argent à une tour donjonnée au naturel :* Ainsi concluons-nous des armoiries communes à tous les Cinarchesi. Le manuscrit Archinto, armorial lombard du temps du pape Pie IV (1), donne au nom de Cinarca (T. I, n° 14401) les armes suivantes : *Palé d'or et de sable de six pièces, et sur le sable douze triangles renversés d'or* (3, 3, 3, 3). Nous ne pouvons dire si ces armes sont d'origine Corse quoiqu'il ne nous paraisse pas possible qu'elles concernent une famille étrangère à la Corse.

Les premiers seigneurs d'Ornano, portèrent, comme nous le prouvent d'anciennes inscriptions : *De gueules à la tour d'or soutenue de deux lions du même.*

Ces armes furent ensuite modifiées comme suit : *De gueules au château d'or donjonné de trois tours du même, celle du milieu plus élevée que les deux autres, et chargé de deux lions rampant contre la porte.* Un écusson figuré sur le tombeau d'Antoine-François d'Ornano (1628) au couvent de Saint-François d'Ornano est ainsi décrit dans l'arrêt du Conseil Supérieur du 12 mars 1776, concernant la branche aînée de cette famille.

Sampiero portait :

De... à un lion rampant, au chef chargé d'une molette d'éperon. Tel est le sceau apposé par lui à droite de sa signature sur une importante quittance qui figure au département des

---
1. Bibliothèque du roi à Turin.

manuscrits de la Bibliothèque Nationale. On sait qu'après le siège de Perpignan il fut autorisé à porter la fleur de lis en ses armoiries. L'essai d'Armorial corse de la collection Clairambault (1) note brièvement cette modification par la note suivante :

« Sampiero : *un lion et une fleur de lys* ».

Alphonse d'Ornano, maréchal de France porta d'abord :

Parti : au 1 de gueules à leur tour donjonnée d'or; aux 2 d'or au lion de gueules, au chef d'azur chargé d'une fleur de lis d'or.

Plus tard ces armoiries modifiées prirent un caractère définitif généralement adopté aujourd'hui par les membres de la maison d'Ornano :

Ecartelé : aux 1 et 4 de gueules à leur tour donjonné d'or; aux 2 et 3 d'or au lion de gueules, au chef d'azur chargé d'une fleur de lis d'or. Devise : Deo Favente Comes Corsiæ.

Les descendants d'Alfonso (naturale), qui en vertu des lettres-patentes du cardinal Colonna (2), firent précéder leur nom de celui de Colonna au xvi° siècle, prirent en même temps les armes de la maison romaine. L'un d'eux Sébastien Colonna, coseigneur d'Ornano, habitant Aubenas en 1696, fit enregistrer ses armes dans l'Armorial général (Généralité de Montpellier) :

Parti : au 1 de gueules à la colonne d'argent, la base et le chapiteau d'or, surmontée d'une couronne du même; au 2 gueules au château d'or donjonné de trois tours du même, celle du milieu plus élevée que les deux autres, sommée d'une aigle et chargée de deux lions affrontés rampant contre la porte.

Le maréchal Philippe-Antoine d'Ornano issu de cette branche

---

1. Paris, *Bibliothèque Nationale*, msc. fr. T. 917.
2. Voir aux pièces justificatives.

reçut de Napoléon Ier, avec le titre de comte, les armes suivantes, enregistrées au Sénat le 22 novembre 1808 :

Coupé : au 1 parti d'azur au glaive en pal (des comtes de l'empire) et d'hermines plein (des alliés de la famille impériale) ; au 2 de gueules à un griffon d'or.

Les armes portées aujourd'hui par cette branche sont :

Écartelé aux 1 et 4 de gueules à une tour donjonnée d'or, aux 2 et 3 d'or au lion de gueules. Sur le tout comme dessus.

Il reste à citer le sceau de Pierre Ornano, capitaine des galères du roi Henri II (1).

De... à un chevron accompagné de trois étoiles 2 et 1.

Jouve et Boyer, imprimeurs-éditeurs, 15, rue Racine, Paris.

ARMOIRIES DE LA MAISON

D'ORNANO

ET DES

FAMILLES QUI LUI SONT DIRECTEMENT ALLIÉES

Armoiries primitives de la Maison d'

ORNANO

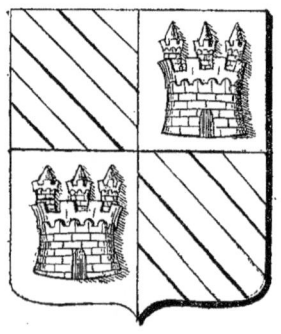

ADHÉMAR DE GRIGNAN

CECCALDI (COLONNA)

BONAPARTE

BACCIOCHI

COLONNA

ESPARBÈS

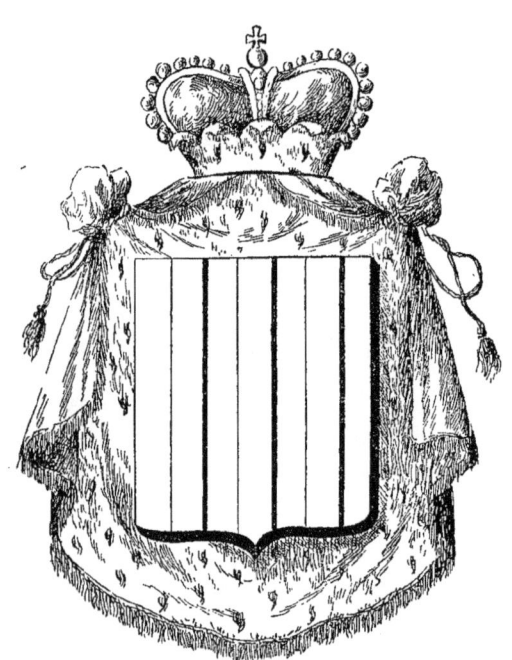

FAUCIGNY

GONZAGUE

ISTRIA (COLONNA D')

LASCARIS

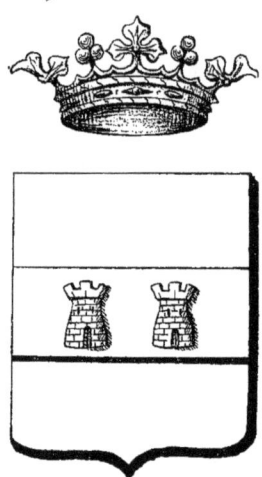

LASSERAN-MASSINCOMME-MONTLUC

LECA

LACZINSKI

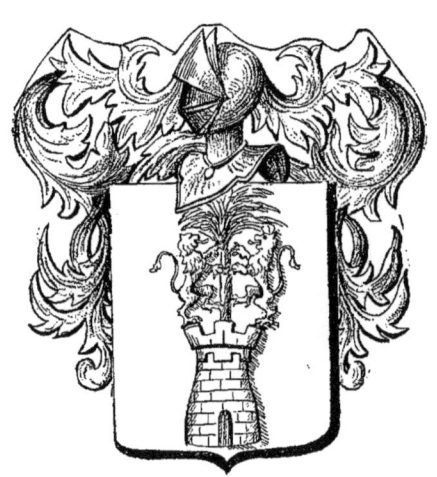

LINCHE

LORRAINE-HARCOURT

ORNANO
(Maréchaux Alphonse et Jean-Baptiste)

ORNANO (COLONNA D')

ORNANO
(Maréchal Philippe-Antoine)

RAYMOND-MODÈNE

ROCCA ET ISTRIA

DU ROURE

VOYER D'ARGENSON

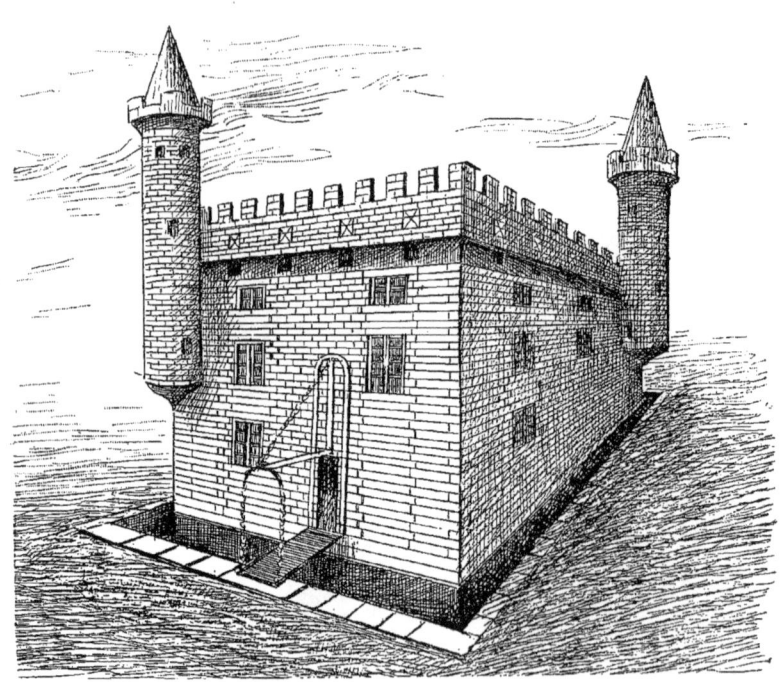
MAISON DE SAMPIERO A SAINTE-MARIE

TOMBEAU

A Sainte-Marie Siché

MARÉCHAL ALPHONSE D'ORNANO

HABITATION DE SAMPIERO CORSO A VICO D'ORNANO

(COMMUNE DE SAINTE-MARIE-SICHÉ)

C'est sur la façade principale de cette habitation qui appartient à la branche aînée de la maison d'Ornano que le prince Napoléon (Jérome) a fait poser une plaque en l'honneur de Sampiero Corso.

MARÉCHAL JEAN-BAPTISTE D'ORNANO

MARÉCHAL PHILIPPE-ANTOINE D'ORNANO

STATUE DE SAMPIERO CORSO

(Par Vital Dubray)

Erigée à Bastelica.

www.ingramcontent.com/pod-product-compliance
Lightning Source LLC
Chambersburg PA
CBHW060355170426
43199CB00013B/1879